메가쌤 교육학

개념 인출서

인출 연습문제

2023 중등교원 임용시험 대비

메가스터디가 만든 교원임용 전문브랜드 메가쌤

메가쌤

집필·검수
메가쌤 임용연구소

발행 초판 1쇄 2022년 5월 30일
펴낸곳 메가쌤
편집기획 한영미 이채현
디자인 메가스터디DES
판매영업 순아람 오지은 박종규 최득수
출판등록 2007년 12월 12일 제322-2007-000308호
주소 (06657) 서울시 서초구 반포대로 81, 4층 (서초동, 영림빌딩)
문의 1661-7391
홈페이지 www.megassam.co.kr

ISBN 978-89-6634-173-3 (13370)
정가 18,000원

Copyright ⓒ 메가엠디(주)
이 책에 대한 저작권은 메가엠디(주)에 있습니다.

· 이 책은 저작권법에 따라 보호받는 저작물이므로 무단전재와 무단복제 및 배포를 금지하며
· 책 내용의 전부 또는 일부를 이용하려면 반드시 저작권자와 출판권자의 서면동의를 받아야 합니다.
· 메가쌤은 메가엠디(주)의 교원임용 전문 브랜드입니다.

PREFACE

모든 순간이 헛되지 않도록

지난 여름, 임용고시 브랜드 론칭을 위해 모인 회의실은 오래도록 불이 꺼지지 않았습니다. 콘텐츠 개발, 투자 방향, 서비스 우선순위까지 무엇 하나 쉽게 결정되는 것이 없었습니다. 흔한 자랑으로 들리겠지만 메가스터디는 다양한 수험 분야에서 합격 서비스를 구현해 내는 일에 익숙했고 그 시간이 오래 걸리지 않았기에 오래도록 꺼지지 않는 회의실 불은 고통스러운 숙고의 시간들이었습니다.

그렇게 계절이 지나 봄이 왔을 즈음, 우리는 메가쌤의 첫걸음을 선보였습니다. 그것은 강의도 강사도 학원도 아닌 교육학 교재였습니다. 방대한 이론·서술형 답안·정답이 아닌 문제 해결 능력을 요구하는 시험의 특성상 제대로 된 교재가 합격의 첫걸음이라는 결론에 이르렀고, 통상 1년 이상이 소요되는 오랜 고시 공부 기간이 헛되지 않기 위해서는 더더욱 체계적인 교재 라인업을 구성하는 것이 필요하다고 판단했습니다.

이런 맥락에서 우리 교재에는 '빠른 합격', '단기 완성', '족집게 문제'와 같은 수식어가 없습니다. 어쩌면 '호시우보[虎視牛步](범처럼 노려보고 소처럼 걷는다는 뜻으로, 예리한 통찰력으로 꿰뚫어보고 성실하게 노력한다)'와 같은 오랜 격언이 더 어울릴지도 모르겠습니다. '통합 이론서-출제 이론 공략서-기출 공략서-개념 인출서'로 이어지는 메가쌤 교재 라인업은 매 순간 최선을 다하는 수험생의 모든 순간을 올곧이 결실로 만들겠다는 높은 자부심을 가지고 있습니다.

메가쌤 교육학 개념 인출서는 지금까지 학습한 이론을 점검할 수 있도록 출제 가능성이 높은 필수 이론을 바탕으로 문제를 출제하였으며, 「인출 연습문제」와 「인출 연습문제&모범답안」으로 분권하여 다양한 학습 활용이 가능하도록 구성하였습니다. 「인출 연습문제」로 출제 영역별 필수 이론 점검 및 사고 인출 학습을 하고 「인출 연습문제&모범답안」으로 빠른 답안 확인 및 개념 점검, 암기 학습을 한다면 방대한 교육학 개념을 효율적이고 확실하게 잡을 수 있을 것입니다. 완전무결한 책이라 단언할 수는 없겠지만, 적어도 우리 콘텐츠로 학습하는 모든 순간은 헛되지 않을 것이라 자부합니다.

우리의 교재가 예리하고 정확한 호랑이의 눈이 되어, 소처럼 우직하게 걸어가는 누군가의 발걸음을 모두 빛나게 해주길- 진심으로 바라봅니다.

메가쌤 임용연구소

C/O/N/T/E/N/T/S

- 중등교사 임용시험 정보　　　　　　　　6p
- 교육학 과목 정보　　　　　　　　　　　8p
  출제 경향 분석 | 효율적인 교육학 학습법
- 메가쌤 개념 인출서 구성　　　　　　　10p

PART 01　교육과정　　　　　14p

PART 02　교육행정　　　　　32p

PART 03　교육공학 및 교육 방법　　　58p

PART 04　교육평가　　　　　82p

PART 05 교육심리　　　104p

PART 06 생활지도 및 상담　　　126p

PART 07 교육사회학　　　140p

PART 08 교육사 및 교육철학　　　156p

중등교원 임용시험 정보

▶ '응시자격', '시험 과목 및 유형', '시험 일정'은 지역별로 차이가 있으니, 반드시 응시하고자 하는 지역 시·도교육청 홈페이지에서 안내를 확인하시기 바랍니다.

시험명 공립(국, 사립) 중등학교교사 임용후보자 선정경쟁시험

응시자격 선발예정 표시과목의 중등학교 준교사 이상 교원자격증 소지자 및 부전공 표시과목 교원자격증 소지자(차년도 2월 해당 과목 교원자격증 취득 예정자 포함)
※ 2013년부터 한국사능력검정시험(국사편찬위원회) 3급 이상 합격자에 한해 교원 임용시험 응시 자격을 부여하고 있음

시험 과목 및 유형

• 제1차 시험

시험 과목 및 유형			문항 수	배점		시험 시간
교육학	1교시	논술형	1문항	20점		09:00~10:00 (60분)
전공	전공 A	2교시	기입형	4문항	8점	40점	10:40~12:10 (90분)
			서술형	8문항	32점		
	전공 B	3교시	기입형	2문항	4점	40점	12:50~14:20 (90분)
			서술형	9문항	36점		
소계				23문항	80점		
합계(배점)				24문항	100점		

• 제2차 시험

시험 과목	시험 시간
교직적성 심층면접, 교수·학습 지도안 작성, 수업능력 평가(수업실연, 실기·실험)	시·도교육청 결정

※ 제2차 시험은 시·도별, 과목별로 다를 수 있음

시험 일정

사전 예고문	시험 공고	원서 접수	제1차 시험		제2차 시험	최종 합격자 발표
			시험	합격자 발표	시험	
6~8월	10월	10월	11월	12월	1월 실기·시험평가 교수·학습 지도안 작성/수업실연 교직적성 심층면접	2월

시험 관리 기관	• 시·도교육청: 시행공고, 원서 교부·접수, 문답지 운송, 시험 실시, 합격자 발표 • 한국교육과정평가원: 제1차 시험 출제 및 채점, 제2차 시험 출제
출제 원칙	• 중등학교(특수학교 포함) 교사에게 필요한 전문 지식과 자질을 종합적으로 평가함 • 학교 교육 현장에서 실제적으로 적용할 수 있는 지식, 기능, 소양을 종합적으로 평가함 • 지식, 이해, 적용, 분석, 종합, 평가, 문제해결, 창의, 비판, 논리적 기술 등을 종합적으로 평가하기 위해 다양한 문항 유형으로 출제함 • 중등학교 교사 양성기관의 교육과정을 충실히 이수한 자면 풀 수 있는 문항을 출제함 • '중등교사 신규임용 시·도공동관리위원회'가 발표한 『표시과목별 교사 자격 기준과 평가 영역 및 평가 내용 요소』를 참고하여 출제함
교육학 출제 범위	• 교육학 문항 수는 1개이나 보통 그 안에 4개 안팎의 세부 내용으로 나뉘고, 이것을 하나의 주제로 묶어 묻는 형식 • 배점은 대체로 20점 중 5점을 형식 및 주제 연계성에 할당하고, 세부 내용별로 각각 4점 또는 3점을 부여

구분	출제 범위 및 내용	배점 예시
논술의 내용 [총 15점]	교육부 고시 제2017-126호(2017.8.30.)의 부칙 제3조(경과조치) 제13호에 근거한 교육부 고시 제2016-106호(2016.12.23.)의 [별표2] '교직과목의 세부 이수기준'에 제시된 교직이론 과목	4
		4
	교육학개론, 교육철학 및 교육사, 교육과정, 교육평가, 교육방법 및 교육공학, 교육심리, 교육사회, 교육행정 및 교육경영, 생활지도 및 상담	4
	※ 특수(중등) 과목, 비교수 교과도 동일하게 적용	3
논술의 구성과 표현 [총 5점]	논술의 내용과 주제의 연계 및 논리적 형식	3
	표현의 적절성	2
합계		20

채점기준 및 방법	• 중등교사 임용시험 문항의 '모범답안'과 '채점기준'은 비공개를 원칙으로 함 • 채점은 채점위원 3인의 독립 채점으로, 확정된 채점기준에 따라 하나의 답안에 대하여 3인이 독립적으로 채점 후 평균 점수를 산출함

교육학 과목 정보

단순 이론 암기를 넘어
교육 현장에 접목하는 **입체적 학습이 필수!**

교육학은 교사로서 전문적인 능력을 측정하는 시험으로 지식, 이해, 적용, 분석, 종합, 평가, 문제 해결, 창의, 비판, 논리적 기술 등을 종합적으로 평가합니다.

교육학 출제 경향은 이론의 단순 암기 수준을 확인하기보다는 실제 교육 현장에서 교사에게 필요한 역량과 결부하여 관련 이론을 활용할 준비가 되었는지를 묻는 방향으로 변화하고 있습니다. 질문에 대한 답을 인출하는 것을 기본으로 하되, 관련 개념을 현장에 적용한 사례는 어떤 모습일지, 문제가 있다면 어떻게 보완할 수 있을지 등을 사고하며 문제를 풀어야 합니다. 이렇듯 교직 사례에 대한 구체적인 조건을 제시하며 지식의 활용을 묻는 열린 문제가 늘어남에 따라 내용 이해를 바탕으로 이를 교육 현장에 적용할 수 있는 문제 해결 능력이 요구되고 있습니다.

▶ 학년도별 출제 경향 분석

구분	주제	출제영역		
		교육사 및 교육철학	교육과정	교육심리
2022	학교 내 교사 간 활발한 정보 공유를 통한 교육의 내실화		수직적 연계성	
2021	학생의 선택과 결정의 기회를 확대하는 교육		교육과정 운영 관점	
2020	토의식 수업 활성화 방안, 초연결 사회에서의 소통과 협력		영 교육과정	인지 발달 이론(비고츠키)
2019	수업 개선을 위한 교사의 반성적 실천, 모둠 활동		학습 경험 조직 원리 잠재적 교육과정	지능 이론(가드너)
2018	학생의 다양한 특성을 고려하는 교육, 학생의 학업 특성 결과		개발 모형(워커)	
2017	2015개정 교육과정의 실질적 구현 방안, 단위 학교 차원		내용 조직 원리	
2016	교사가 갖추어야 할 역량		경험 중심 교육과정	발달 이론 - 인지(반두라), 비인지(에릭슨)
2015 상반기	다양한 요구에 직면한 학교 교육에서의 교사의 과제			
2015	학교 교육 문제 확인 및 개선 방안 모색	자유교육	백워드 교육과정 설계	
2014 상반기	학교 부적응 행동, 수업 효과성		학문 중심 교육과정	
2014	수업 시 소극적 행동 및 학습 동기 유발		잠재적 교육과정	

• 효율적인 교육학 학습법

이론 학습	출제 이론 체득	인출 연습	실전 연습
교육학 과목의 전반적인 이해	효율적인 학습을 위한 필수 이론 체득	개념 인출 및 개념과 현장의 사례를 적용한 실전형 인출 연습	본고사와 동일한 환경 및 문항을 통한 실전 경험 체득

기출 학습

| 출제 경향 분석 | 기출문제 상세 분석 | 기출 변형 문제 연습 | 기출형 실전 문제 연습 |

출제영역					제시문 형식
생활지도 및 상담	교육공학 및 교육 방법	교육평가	교육행정	교육사회학	
	딕과 캐리의 체제적 교수설계 모형	총평관	학교 중심 연수		교사 2인 대화
	구성주의 학습 웹/ 자원 기반 학습	자기평가	의사결정 이론/모형		대학 친구에게 편지
	구성주의 학습 (토의법, 정착 수업)	평가의 유형 평가 도구의 양호도	학교조직론(조직 문화)		교사 협의회 4인
		준거 참조 평가, 능력 참조 평가, 성장 참조 평가	지도성		성찰 메모
	PBL	내용 타당도	장학		교사 2인 대화
	구성주의 학습 환경 설계 (조나센)	형성평가	교육기획		신문기사, 교장 1인과 교사 3인
		준거 지향 평가	학교조직론(비공식 조직)		자기개발 계획서
	일반적 교수 체제 설계		학교조직 (관료제, 이완결합 체제)	기능론적 관점	학교장 특강
	켈러 ARCS 모형		학습조직		워크숍 분임 토의 결과
행동 중심 상담, 인간 중심 상담			장학	차별 접촉 이론, 낙인 이론	교사 성찰 일지
	협동 학습	형성평가	지도성 이론 (허시와 블렌차드)	문화실조	교사 대화

메가쌤 인출서 구성

→ 출제 가능성이 높은 필수 이론을 활용하여 학습 내용을 인출해 내는 연습을 반복할 수 있도록 구성하였습니다.

- 다양한 학습 활용이 가능하도록 2권으로 구성
- 출제 영역별 필수 이론 점검 및 사고 인출 학습을 위한 "인출 연습문제"
- 빠른 답안 확인 및 개념 학습(점검/암기)을 위한 "인출 연습문제&모범답안"

• **메가쌤과 함께하는 교육학**   효율적인 교육학 학습을 위한 메가쌤 교육학 시리즈

메가쌤 통합 이론서 상/하	메가쌤 출제 이론 공략서 필수편 & 확인편	메가쌤 개념 인출서 인출 연습문제 & 모범답안	메가쌤 전국모의고사 /메가쌤 채움모의고사

교육학 과목의 전반적인 이해	효율적인 학습을 위한 필수 이론 체득	개념 인출 및 개념과 현장의 사례를 적용한 실전형 인출 연습	본고사와 동일한 환경 및 문항을 통한 실전 경험 체득
이론 학습	**출제 이론 체득**	**인출 연습**	**실전 연습**

메가쌤 기출 공략서
인출편 & 실전편

기출 학습

| 출제 경향 분석 | 기출문제 상세 분석 | 기출 변형 문제 연습 | 기출형 실전 문제 연습 |

CHAPTER 1 교육과정의 이해

CHAPTER 표기

CHAPTER별 인출 문제

인출 연습문제
· 나의 학습 계획에 맞춰, 출제 키워드 중심으로 이론 및 사고 인출 연습
· 스터디 모임에서 인출 연습문제 활용

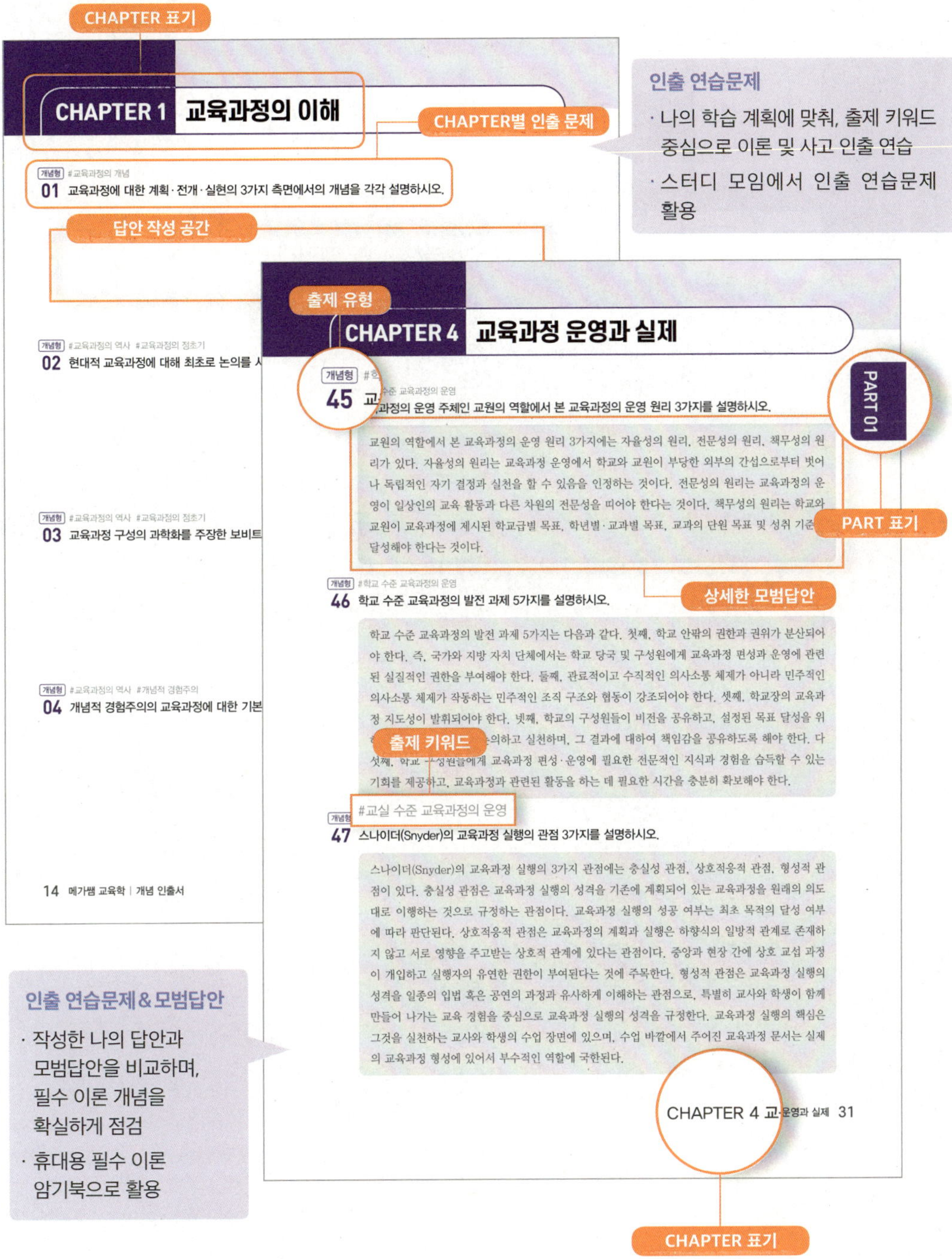

[개념형] #교육과정의 개념
01 교육과정에 대한 계획·전개·실현의 3가지 측면에서의 개념을 각각 설명하시오.

답안 작성 공간

[개념형] #교육과정의 역사 #교육과정의 정초기
02 현대적 교육과정에 대해 최초로 논의를 시

[개념형] #교육과정의 역사 #교육과정의 정초기
03 교육과정 구성의 과학화를 주장한 보비트

[개념형] #교육과정의 역사 #개념적 경험주의
04 개념적 경험주의의 교육과정에 대한 기본

14 메가쌤 교육학 | 개념 인출서

출제 유형

CHAPTER 4 교육과정 운영과 실제

PART 01

[개념형] #학교 수준 교육과정의 운영
45 교육과정의 운영 주체인 교원의 역할에서 본 교육과정의 운영 원리 3가지를 설명하시오.

교원의 역할에서 본 교육과정의 운영 원리 3가지에는 자율성의 원리, 전문성의 원리, 책무성의 원리가 있다. 자율성의 원리는 교육과정 운영에서 학교와 교원이 부당한 외부의 간섭으로부터 벗어나 독립적인 자기 결정과 실천을 할 수 있음을 인정하는 것이다. 전문성의 원리는 교육과정의 운영이 일상인의 교육 활동과 다른 차원의 전문성을 띠어야 한다는 것이다. 책무성의 원리는 학교와 교원이 교육과정에 제시된 학교급별 목표, 학년별·교과별 목표, 교과의 단원 목표 및 성취 기준을 달성해야 한다는 것이다.

PART 표기

[개념형] #학교 수준 교육과정의 운영
46 학교 수준 교육과정의 발전 과제 5가지를 설명하시오.

상세한 모범답안

학교 수준 교육과정의 발전 과제 5가지는 다음과 같다. 첫째, 학교 안팎의 권한과 권위가 분산되어야 한다. 즉, 국가와 지방 자치 단체에서는 학교 당국 및 구성원에게 교육과정 편성과 운영에 관련된 실질적인 권한을 부여해야 한다. 둘째, 관료적이고 수직적인 의사소통 체계가 아니라 민주적인 의사소통 체계가 작동하는 민주적인 조직 구조와 협동이 강조되어야 한다. 셋째, 학교장의 교육과정 지도성이 발휘되어야 한다. 넷째, 학교의 구성원들이 비전을 공유하고, 설정된 목표 달성을 위해 협력하고 실천하며, 그 결과에 대하여 책임감을 공유하도록 해야 한다. 다섯째, 학교 구성원들에게 교육과정 편성·운영에 필요한 전문적인 지식과 경험을 습득할 수 있는 기회를 제공하고, 교육과정과 관련된 활동을 하는 데 필요한 시간을 충분히 확보해야 한다.

출제 키워드

[개념형] #교실 수준 교육과정의 운영
47 스나이더(Snyder)의 교육과정 실행의 관점 3가지를 설명하시오.

스나이더(Snyder)의 교육과정 실행의 3가지 관점에는 충실성 관점, 상호적응적 관점, 형성적 관점이 있다. 충실성 관점은 교육과정 실행의 성격을 기존에 계획되어 있는 교육과정을 원래의 의도대로 이행하는 것으로 규정하는 관점이다. 교육과정 실행의 성공 여부는 최초 목적의 달성 여부에 따라 판단된다. 상호적응적 관점은 교육과정의 계획과 실행은 하향식의 일방적 관계로 존재하지 않고 서로 영향을 주고받는 상호적 관계에 있다는 관점이다. 중앙과 현장 간에 상호 교섭 과정이 개입하고 실행자의 유연한 권한이 부여된다는 것에 주목한다. 형성적 관점은 교육과정 실행의 성격을 일종의 입법 혹은 공연의 과정과 유사하게 이해하는 관점으로, 특별히 교사와 학생이 함께 만들어 나가는 교육 경험을 중심으로 교육과정 실행의 성격을 규정한다. 교육과정 실행의 핵심은 그것을 실천하는 교사와 학생의 수업 장면에 있으며, 수업 바깥에서 주어진 교육과정 문서는 실제의 교육과정 형성에 있어서 부수적인 역할에 국한된다.

CHAPTER 4 교육과정 운영과 실제 31

CHAPTER 표기

인출 연습문제&모범답안
· 작성한 나의 답안과 모범답안을 비교하며, 필수 이론 개념을 확실하게 점검
· 휴대용 필수 이론 암기북으로 활용

개념 인출서
인출 연습문제

PART 01

교육과정

CHAPTER 1 | 교육과정의 이해
CHAPTER 2 | 교육과정 개발
CHAPTER 3 | 교육과정 유형
CHAPTER 4 | 교육과정 운영과 실제

CHAPTER 1 교육과정의 이해

개념형 #교육과정의 개념
01 교육과정에 대한 계획·전개·실현의 3가지 측면에서의 개념을 각각 설명하시오.

개념형 #교육과정의 역사 #교육과정의 정초기
02 현대적 교육과정에 대해 최초로 논의를 시작한 사람과 그의 기본 입장 3가지를 설명하시오.

개념형 #교육과정의 역사 #교육과정의 정초기
03 교육과정 구성의 과학화를 주장한 보비트(Bobbit)의 교육과정 구성 5단계를 설명하시오.

개념형 #교육과정의 역사 #개념적 경험주의
04 개념적 경험주의의 교육과정에 대한 기본 입장 3가지를 설명하시오.

개념형 #교육과정의 역사 #재개념주의

05 파이너(Pinar)에 의하여 1970년대부터 추진되어 온 교육과정 재개념화의 기본 입장 3가지를 설명하시오.

CHAPTER 2 교육과정 개발

[개념형] #교육과정 개발의 일반적 원리 #교육 목표 분류

06 블룸(Bloom)은 인지적 영역을 복잡성의 수준에 따라 6가지 수준으로 분류했다. 6가지 수준과 예시를 각각 설명하시오.

[개념형] #교육과정 개발의 일반적 원리 #교육 목표 분류

07 크래쓰월(Krathwohl)은 정의적 영역을 내면화의 수준에 따라 5가지 수준으로 분류했다. 5가지 수준과 예시를 각각 설명하시오.

[개념형] #교육과정 개발의 일반적 원리 #교육 내용의 선정

08 교육 내용의 선정 원리 중 타당성의 원리, 확실성의 원리, 흥미의 원리에 대해 설명하시오.

[개념형] #교육과정 개발의 일반적 원리 #교육 내용의 조직

09 최 교사는 '중학교 3년 동안 배워야 할 과목 수가 너무 많아 학생들의 학습 부담이 크다.'라고 했다. 최 교사가 교육과정 설계의 문제를 제기한 조직 요소를 설명하시오.

[개념형] #교육과정 개발의 일반적 원리 #교육 내용의 조직
10 교육 내용 조직의 수직적 연계성의 개념과 의의를 설명하시오.

[개념형] #교육과정 개발 모형
11 타일러(Tyler)의 교육 목표 진술 방법과 진술 방법에 따른 예시 1가지를 설명하시오.

[개념형] #교육과정 개발 모형
12 타일러(Tyler)의 전통적 교육과정 개발 모형에서 교육 목표 설정 시 고려해야 할 사항 3가지를 설명하시오.

[개념형] #교육과정 개발 모형
13 타일러(Tyler)의 전통적 교육과정 개발 모형에서 학습 경험 선정 시 고려해야 할 일반 원칙 5가지를 설명하시오.

모범답안 16~18p

CHAPTER 2 교육과정 개발

[개념형] #교육과정 개발 모형
14 타일러(Tyler)의 전통적 교육과정 개발 모형의 장점과 단점 3가지를 각각 설명하시오.

[개념형] #교육과정 개발 모형
15 타일러(Tyler)의 전통적 교육과정 개발 모형의 특징 2가지를 설명하시오.

[개념형] #교육과정 개발 모형
16 타바(Taba)의 교육과정 개발 모형과 타일러(Tyler)의 전통적 교육과정 개발 모형의 차이점 3가지를 설명하시오.

[개념형] #교육과정 개발 모형
17 타바(Taba)의 교육과정 개발 모형의 장점 3가지를 설명하시오.

[개념형] #교육과정 개발 모형
18 슈왑(Schwab)의 교육과정 개발 모형의 개념을 설명하시오.

[개념형] #교육과정 개발 모형
19 워커(Walker)의 실제적 교육과정 개발 모형(자연주의적 모형)의 교육과정 개발 절차를 설명하시오.

[개념형] #교육과정 개발 모형
20 파이너(Pinar)가 주장한 쿠레레(Currere) 방법의 4단계를 설명하시오.

[개념형] #교육과정 개발 모형
21 아이즈너(Eisner)는 교육과 관련된 다양한 문제를 이해하기 위한 미학적 탐구법으로 교육 감식안과 교육 비평을 강조했다. 교육 감식안과 교육 비평의 개념을 설명하시오.

모범답안 19~21p

[개념형] #교육과정 개발 모형
22 아이즈너(Eisner)의 예술적 교육과정 개발 모형에서 강조하는 교육 목표 3가지를 설명하시오.

[개념형] #교육과정 개발 모형
23 스킬벡(Skilbeck)의 학교 중심 교육과정 개발 모형의 교육과정 개발 단계를 설명하시오.

[개념형] #교육과정 개발 모형
24 스킬벡(Skilbeck)의 학교 중심 교육과정 개발 모형의 주요 특징 3가지를 설명하시오.

[개념형] #교육과정 개발 모형
25 스킬벡(Skilbeck)의 학교 중심 교육과정 개발 모형에서 주장한 교육과정 분권화의 필요성 5가지를 설명하시오.

[개념형] #교육과정 개발 모형
26 위긴스와 맥타이(Wiggins & McTighe)의 백워드 설계 모형의 절차 3단계를 설명하시오.

[개념형] #교육과정 개발 모형
27 위긴스와 맥타이(Wiggins & McTighe)의 백워드 설계 모형의 특징 4가지를 설명하시오.

[개념형] #교육과정 개발 모형
28 아들러(Adler)가 주장한 파이데이아(Paideia) 교육 선언의 주요 개혁안 5가지를 설명하시오.

모범답안 21~24p

CHAPTER 3 교육과정 유형

개념형 #교육과정 층위에 따른 구분
29 표면적 교육과정과 잠재적 교육과정을 설명하고, 차이점 3가지를 설명하시오.

개념형 #교육과정 층위에 따른 구분
30 잠재적 교육과정의 의의 3가지를 설명하시오.

개념형 #교육과정 층위에 따른 구분
31 영 교육과정의 개념과 특징 3가지를 설명하시오.

개념형 #교육과정 수준에 따른 구분
32 국가 수준 교육과정의 한계점 3가지를 설명하시오.

[개념형] #교육과정 수준에 따른 구분
33 학교 수준 교육과정의 개념과 필요성 3가지를 설명하시오.

[개념형] #교육과정의 내용에 따른 구분 #교과 중심 교육과정
34 헉슬리(Huxley)가 주장한 광역형 교육과정의 개념을 설명하고, 장점과 단점을 각각 설명하시오.

[개념형] #교육과정의 내용에 따른 구분
35 경험 중심 교육과정의 특징 5가지를 설명하시오.

[개념형] #교육과정의 내용에 따른 구분
36 경험 중심 교육과정의 장점과 단점 2가지를 각각 설명하시오.

모범답안 25~27p

[개념형] #교육과정의 내용에 따른 구분
37 경험 중심 교육과정의 유형 3가지를 설명하시오.

[개념형] #교육과정의 내용에 따른 구분
38 중핵 교육과정의 교육 목적과 학교 기능에 따른 원리를 설명하시오.

[개념형] #교육과정의 내용에 따른 구분
39 학문 중심 교육과정의 장점과 단점 3가지를 각각 설명하시오.

[개념형] #교육과정의 내용에 따른 구분 #학문 중심 교육과정
40 나선형 교육과정의 특징과 구성 원리 3가지를 설명하시오.

[개념형] #교육과정 유형 #교육과정의 내용에 따른 구분
41 인간 중심 교육과정의 교육 목적과 수업의 특징 3가지를 설명하시오.

[개념형] #교육과정 내용에 따른 구분 #구성주의 교육과정
42 내러티브(Narrative) 교육과정의 개념과 목표, 내용, 방법, 평가 측면에서의 특징을 설명하시오.

[개념형] #통합 교육과정 #교과 통합의 유형
43 교과 통합의 유형 3가지를 설명하시오.

[개념형] #통합 교육과정 #운영 원칙
44 교과 통합 운영의 원칙 3가지를 설명하시오.

모범답안 28~30p

CHAPTER 4 교육과정 운영과 실제

개념형 #학교 수준 교육과정의 운영
45 교육과정의 운영 주체인 교원의 역할에서 본 교육과정의 운영 원리 3가지를 설명하시오.

개념형 #학교 수준 교육과정의 운영
46 학교 수준 교육과정의 발전 과제 5가지를 설명하시오.

개념형 #교실 수준 교육과정의 운영
47 스나이더(Snyder)의 교육과정 실행의 관점 3가지를 설명하시오.

개념형 #교실 수준 교육과정의 운영
48 홀(Hall)의 실행 수준 5단계의 개념과 의의 2가지를 설명하시오.

[개념형] #현대 교육과정 쟁점과 이론
49 2015 개정 교육과정에서 추구하는 인간상의 특징 4가지를 설명하시오.

[개념형] #현대 교육과정 쟁점과 이론
50 2022 개정 교육과정의 주요 특징 4가지를 설명하시오.

[개념형] #현대 교육과정 쟁점과 이론
51 '교육과정 – 수업 – 평가 – 기록의 일체화'의 각 요소를 연관성 있게 설명하시오.

[개념형] #현대 교육과정 쟁점과 이론
52 자유학기제의 정의와 목적 3가지를 설명하시오.

모범답안 31~34p

개념형 #현대 교육과정 쟁점과 이론
53 고교학점제의 개념을 설명하시오.

개념형 #현대 교육과정 쟁점과 이론
54 고교학점제의 기대 효과를 학생, 교사, 학교의 입장에서 설명하시오.

개념형 #현대 교육과정 쟁점과 이론
55 교육과정 재구성의 개념과 교실에서 이루어지는 교육과정 재구성의 특징을 설명하시오.

사고형 #현대 교육과정 쟁점과 이론
56 진로연계학기의 개념을 설명하고, 학교급별 운영 예시를 각각 설명하시오.

사고형 #현대 교육과정 쟁점과 이론

57 고교학점제가 2025년부터 전면 시행될 때 예상되는 어려움과 해결 방안을 학생과 교사의 측면에서 각각 설명하시오.

모범답안 34~35p

메가쌤
교육학
개념 인출서
인출 연습문제

PART 02

교육행정

CHAPTER 1 | 교육행정의 이해와 발달 과정
CHAPTER 2 | 동기 이론
CHAPTER 3 | 학교조직론
CHAPTER 4 | 지도성 이론
CHAPTER 5 | 장학행정
CHAPTER 6 | 의사결정과 의사소통
CHAPTER 7 | 교육기획과 교육재정
CHAPTER 8 | 학교·학급 경영

CHAPTER 1 교육행정의 이해와 발달 과정

[개념형] #교육행정의 개념
01 조건정비론과 행정과정론의 개념을 설명하시오.

[개념형] #교육행정의 성격
02 교육행정의 일반적 성격을 설명하시오.

[개념형] #교육행정의 원리
03 교육행정의 민주성의 원리를 설명하시오.

[개념형] #교육행정의 발달 과정
04 테일러(Taylor)가 과학적 관리론에서 주장한 인간관과 과학적 관리의 원리 5가지를 설명하시오.

[개념형] #교육행정의 발달 과정
05 테일러(Taylor)의 과학적 관리론의 의의와 한계 2가지를 각각 설명하시오.

[개념형] #교육행정의 발달 과정
06 과학적 관리론을 교육행정에 적용한 보비트(Bobbit)의 주장을 설명하고, 교육행정에 과학적 관리론을 적용했을 때의 문제점을 설명하시오.

[개념형] #교육행정의 발달 과정
07 페욜(Fayol)의 산업관리론의 행정 과정을 설명하시오.

[개념형] #교육행정의 발달 과정
08 베버(Weber)가 관료제론에서 주장한 권위의 종류 3가지를 설명하시오.

모범답안 38~40p

[개념형] #교육행정의 발달 과정
09 애보트(Abbott)가 주장한 학교의 관료제적 특징 5가지를 설명하시오.

[개념형] #교육행정의 발달 과정
10 메이요와 뢰슬리스버거(Mayo & Roethlisberger)의 호손 실험의 의의와 비판점 3가지를 각각 설명하시오.

[개념형] #교육행정의 발달 과정
11 이론화 운동의 특징과 의의 2가지를 각각 설명하시오.

[개념형] #교육행정의 발달 과정
12 체제론의 등장 배경과 기본 모형의 구성 요소를 설명하시오.

[개념형] #교육행정의 발달 과정
13 개방 체제의 개념과 특징 3가지를 설명하시오.

[개념형] #교육행정의 발달 과정
14 겟젤스와 구바(Getzels & Guba)의 역할과 인성의 상호 작용 모형과 군대조직, 예술가조직, 학교조직을 설명하시오.

[개념형] #교육행정의 발달 과정
15 체제론의 장점과 단점 2가지를 각각 설명하시오.

모범답안 40~43p

CHAPTER 2 동기 이론

개념형 #내용 이론
16 교육행정의 관점에서 매슬로우(Maslow)의 욕구 위계 이론의 시사점 3가지를 설명하시오.

개념형 #내용 이론
17 허즈버그(Herzberg)의 동기 위생 이론에서 동기 요인과 위생 요인의 개념과 그 둘의 관계를 설명하시오.

개념형 #내용 이론
18 앨더퍼(Alderfer)의 생존·관계·성장 이론(ERG 이론)의 개념과 매슬로우(Maslow)의 욕구 위계 이론과의 차이점 2가지를 설명하시오.

개념형 #과정 이론
19 브룸(Vroom)의 기대 이론에서 유인가와 보상 기대, 성과 기대의 개념을 설명하시오.

[개념형] #다양한 동기 이론
20 로크(Locke)의 목표 설정 이론의 개념과 좋은 과업 목표의 특징 3가지를 설명하시오.

[개념형] #동기의 종류 #내재적 동기와 외재적 동기
21 내재적 동기와 외재적 동기의 통합을 위한 경력 단계 프로그램을 교사의 지위에 따라 설명하시오.

모범답안 44~46p

CHAPTER 3 학교조직론

개념형 #조직의 이해
22 조직의 원리 중 기능적 분업의 원리와 적도집권의 원리를 설명하시오.

개념형 #조직의 이해 #조직의 구조
23 공식조직과 비공식조직의 차이점 3가지를 설명하시오.

개념형 #조직의 이해 #조직의 구조
24 계선조직과 참모조직의 개념을 설명하고, 특징 2가지를 각각 설명하시오.

개념형 #조직의 이해 #조직 유형론
25 파슨스(Parsons)의 사회적 기능 유형 4가지를 설명하시오.

[개념형] #조직의 이해 #조직 유형론
26 칼슨(Calson)의 봉사 조직 유형의 개념과 유형 4가지를 설명하시오.

[개념형] #조직의 이해 #조직 유형론
27 에치오니(Etzioni)의 순응 유형의 개념과 유형 1, 5, 9 조직을 설명하시오.

[개념형] #조직의 이해 #학교조직의 성격
28 호이와 미스켈(Hoy & Miskel)이 제시한 전문적 관료제의 관료적 성격 5가지를 설명하시오.

[개념형] #조직의 이해 #학교조직의 성격
29 학교조직의 관료적·전문적 성격의 이중 구조 2가지를 설명하시오.

모범답안 47~50p

개념형 #조직의 이해 #학교조직의 성격
30 이완결합체제의 개념과 특징 3가지를 설명하시오.

개념형 #조직의 이해 #학교조직의 성격
31 조직화된 무정부의 개념과 특징 3가지를 설명하시오.

개념형 #조직의 이해 #학교조직의 성격
32 학습조직의 장점과 필요성 2가지를 각각 설명하시오.

개념형 #조직의 이해 #학교조직의 성격
33 전문적 학습 공동체의 개념과 특징 5가지를 설명하시오.

개념형 #조직문화론
34 맥그리거(Mcgregor)의 X-Y이론의 개념을 설명하고, X이론과 Y이론을 설명하시오.

개념형 #조직문화론
35 아지리스(Argyris)의 미성숙·성숙 이론의 시사점 3가지를 설명하시오.

개념형 #조직문화론
36 스타인호프와 오웬스(Steinhoff & Owens)의 학교문화 유형론에서 학교문화의 유형을 설명하시오.

개념형 #조직풍토론
37 핼핀과 크로프트(Halpin & Croft)의 학교풍토의 유형 6가지를 설명하시오.

모범답안 50~53p

[개념형] #조직풍토론
38 윌로워(Willower)가 주장한 학교풍토론의 개념과 보호지향적 학교의 특징 3가지를 설명하시오.

[개념형] #조직갈등론
39 갈등의 순기능과 역기능 3가지를 각각 설명하시오.

[개념형] #조직갈등론
40 토머스(Thomas)의 갈등 관리 전략 5가지를 설명하고, 전략을 사용할 수 있는 적절한 상황을 각각 설명하시오.

CHAPTER 4 지도성 이론

개념형 #전통적 리더십 이론

41 리더십 특성 이론과 행동 이론의 개념과 한계 2가지를 각각 설명하시오.

개념형 #전통적 리더십 이론 #상황적 리더십 이론

42 피들러(Fiedler)의 상황 이론에서 주장한 상황적 요인 3가지를 설명하시오.

개념형 #전통적 리더십 이론 #상황적 리더십 이론

43 허시와 블랜차드(Hersey & Blanchard)가 주장한 상황적 리더십 이론의 리더십 유형 4가지를 설명하시오.

개념형 #전통적 리더십 이론 #상황적 리더십 이론

44 레딘(Reddin)이 주장한 3차원 리더십 모델의 개념과 한계점 3가지를 설명하시오.

모범답안 53~56p

[개념형] #새로운 리더십 이론
45 케르와 제메르(Kerr & Jermier)가 주장한 리더십 대용 상황 모형의 특징과 의의 2가지를 각각 설명하시오.

[개념형] #새로운 리더십 이론
46 변혁적 리더십의 특징 4가지를 설명하시오.

[개념형] #새로운 리더십 이론
47 슈퍼 리더십(초우량 리더십)의 특징 3가지와 한계점 2가지를 설명하시오.

CHAPTER 5 장학행정

개념형 #장학의 이해
48 장학의 개념과 특징 3가지를 설명하시오.

개념형 #장학의 유형
49 지구별 장학의 개념과 장학 활동을 설명하시오.

개념형 #장학의 유형 #교내장학
50 임상장학의 개념과 단계를 설명하시오.

개념형 #장학의 유형 #교내장학
51 임상장학 단계 중 관찰 전 협의회의 주요 활동 5가지를 설명하시오.

모범답안 56~59p

[개념형] #장학의 유형 #교내장학
52 동료장학의 개념과 특징 3가지를 설명하시오.

[개념형] #장학의 유형 #교내장학
53 동료장학의 형태 3가지를 설명하시오.

[개념형] #장학의 유형 #교내장학
54 약식장학의 개념과 의의 3가지를 설명하시오.

[개념형] #장학의 유형 #기타 장학
55 마이크로티칭의 개념과 절차를 설명하시오.

[개념형] #장학의 유형 #기타 장학

56 선택적 장학의 개념과 특징 2가지를 설명하시오.

CHAPTER 6　의사결정과 의사소통

개념형　#의사결정
57　의사결정의 유형 4가지를 설명하시오.

개념형　#의사결정　#의사결정의 네 가지 관점
58　의사결정의 관점 중 합리적 관점과 참여적 관점에 대해 설명하시오.

개념형　#의사결정　#의사결정의 이론 모형
59　합리 모형의 개념과 한계점 2가지를 설명하시오.

개념형　#의사결정　#의사결정의 이론 모형
60　점증 모형의 특징과 한계 2가지를 각각 설명하시오.

개념형 #의사결정 #의사결정의 이론 모형

61 쓰레기통 모형의 개념과 특징 4가지를 설명하시오.

개념형 #의사결정 #의사결정 참여 모형

62 브리지스(Bridges)의 참여적 의사결정 모형의 적절성과 전문성에 대해 설명하시오.

개념형 #의사결정 #의사결정 참여 모형

63 호이와 타터(Hoy & Tarter)의 참여적 의사결정 모형의 수용 영역과 수용 영역 밖의 사항을 설명하시오.

개념형 #의사결정 #의사결정 참여 모형

64 브룸과 예튼(Vroom & Yetton)의 의사결정 모형의 의사 결정 형태 5가지를 설명하시오.

모범답안 61~63p

개념형 #의사소통
65 의사소통의 개념과 기능 4가지를 설명하시오.

개념형 #의사소통 #의사소통의 종류 #의사소통의 형식에 따른 분류
66 공식적 의사소통과 비공식적 의사소통의 개념을 설명하고, 장점과 단점을 각각 설명하시오.

개념형 #의사소통 #의사소통의 기법
67 조하리 창의 4개 영역을 설명하시오.

CHAPTER 7 교육기획과 교육재정

개념형 #교육기획 #교육기획의 이해
68 교육기획의 효용성과 한계성 4가지를 각각 설명하시오.

개념형 #교육기획 #교육기획의 접근 방법
69 교육기획의 수익률에 의한 접근 방법의 개념을 설명하고, 장점과 단점을 각각 설명하시오.

개념형 #교육재정 #교육재정의 운영 원리
70 교육재정의 개념을 설명하고, 지출 단계와 평가 단계에서 필요한 운영 원리를 각각 설명하시오.

개념형 #교육재정 #교육예산 편성 기법
71 성과주의 예산제도의 개념을 설명하고, 장점과 단점을 각각 설명하시오.

모범답안 64~66p

[개념형] #교육재정 #교육예산 편성 기법
72 영 기준 예산제도의 개념을 설명하고, 장점과 단점 2가지를 각각 설명하시오.

[개념형] #교육재정 #학교 재정 운영의 문제
73 학교 재정 운영의 문제점 3가지를 설명하시오.

CHAPTER 8 학교·학급 경영

개념형 #학교 경영

74 학교 경영의 원리 7가지를 설명하시오.

개념형 #학교 경영 #학교 자율 경영

75 단위학교 책임경영제의 개념과 특징 3가지를 설명하시오.

개념형 #학교 경영 #학교 경영 기법

76 목표관리기법(MBO)의 효과와 한계 4가지를 각각 설명하시오.

개념형 #학교 경영 #학교 경영 기법

77 학교 경영 기법 중 과업평가계획기법(PERT; Program Evaluation and Review Technique)의 개념과 특징 3가지를 설명하시오.

모범답안 66~68p

개념형 #학급 경영 #학급 경영의 원리

78 학급 경영의 원리 7가지를 설명하시오.

MEMO

메가쌤 교육학

개념 인출서
인출 연습문제

PART 03

교육공학 및 교육 방법

CHAPTER 1 | 교육공학
CHAPTER 2 | 교수설계 모형
CHAPTER 3 | 교수 방법
CHAPTER 4 | 교수·학습 이론

CHAPTER 1　교육공학

[개념형]　#교육공학의 이해　#교육공학의 정의
01 미국교육공학회(AECT)에서 정의한 교육공학의 개념과 영역을 설명하시오.

[개념형]　#교육공학의 이해　#교육공학의 영역
02 교육공학에서 평가 영역의 개념과 4가지 하위 영역을 설명하시오.

[개념형]　#교육공학의 이해　#교육공학의 역사　#시각 교육
03 호반(Hoban)의 교육과정 시각화 이론의 특징 3가지를 설명하시오.

[개념형]　#교육공학의 이해　#교육공학의 역사　#시청각 통신 교육
04 벌로(Berlo)의 SMCR 모형의 개념과 의사소통의 4가지 요인을 설명하시오.

[개념형] #교육공학의 이해 #교육공학의 역사 #시청각 통신 교육
05 쉐논과 슈람(Shannon & Schramm)의 통신 과정 모형에서 경험의 장, 잡음, 피드백의 개념과 효과적인 통신을 위한 조건 2가지를 설명하시오.

[개념형] #교수매체
06 교수매체의 기능 4가지를 설명하시오.

[개념형] #교수매체
07 교수매체를 선정할 때 고려해야 할 사항 5가지를 설명하시오.

[개념형] #교수매체
08 하이니히(Heinich)의 ASSURE 모형 6단계를 설명하시오.

모범답안 72~75p

[개념형] #교수매체
09 하이니히(Heinich)의 ASSURE 모형에서 매체의 활용 5단계를 설명하시오.

[개념형] #교수매체 #교수매체 연구
10 매체 속성 연구의 개념과 한계점 2가지를 설명하시오.

[개념형] ##교수매체 #교수매체 연구
11 매체 비교 연구의 개념과 한계점 3가지를 설명하시오.

CHAPTER 2 교수설계 모형

개념형 #교수설계의 이해
12 교수(수업)와 학습의 차이점 4가지를 설명하시오.

개념형 #교수설계의 이해
13 교수설계의 서술적 이론과 처방적 이론을 설명하시오.

개념형 #교수설계의 이해
14 교수설계의 3가지 변인을 설명하시오.

개념형 #교수설계의 이해
15 교수설계의 일반적인 절차를 설명하시오.

모범답안 75~78p

개념형 #교수설계의 이해 #교수설계의 일반적 절차
16 교수설계에서의 교수 목표의 일반적 진술과 명세적 진술을 설명하고, 행동적 교수 목표 진술의 장점과 단점 2가지를 각각 설명하시오.

개념형 #교수설계의 이해 #교수설계의 일반적 절차
17 타일러(Tyler), 메이거(Mager), 그론룬드(Gronlund)의 목표 진술 방식을 설명하시오.

개념형 #교수설계 모형
18 교수체제설계(체제적 교수설계, ISD)의 개념과 특징 3가지를 설명하시오.

개념형 #교수설계 모형
19 ADDIE 모형의 5단계를 설명하시오.

개념형 #교수설계 모형
20 딕과 캐리(Dick & Carey)의 체제적 교수설계 모형의 개념과 요구 분석에서 요구의 종류 5가지를 설명하시오.

개념형 #교수설계 모형
21 딕과 캐리(Dick & Carey)의 체제적 교수설계 모형 중 교수 전략 개발 단계를 설명하시오.

개념형 #교수설계 모형
22 조나센(Jonassen)의 구성주의 학습 환경 설계 모형의 개념과 교수 활동 방법 3가지를 설명하시오.

사고형 #교수설계 모형
23 효과적인 피드백의 조건을 학생의 입장에서 2가지, 교사의 입장에서 1가지 설명하시오.

모범답안 78~81p

CHAPTER 3 교수 방법

개념형 #교수 방법
24 강의법의 개념을 설명하고, 강의법을 수업에 적용하기 적절한 경우와 적절하지 않은 경우 2가지를 각각 설명하시오.

개념형 #교수 방법
25 강의법의 장점과 단점 3가지를 각각 설명하시오.

개념형 #교수 방법
26 문답법의 개념과 수업의 절차 4단계를 설명하시오.

개념형 #교수 방법
27 토의법의 개념을 설명하고, 장점과 단점 2가지를 각각 설명하시오.

개념형 #교수 방법 #토의법
28 공개 토의(포럼)의 개념과 특징 2가지를 설명하시오.

개념형 #교수 방법 #토의법
29 버즈 토의의 개념을 설명하고, 장점과 단점 2가지를 각각 설명하시오.

개념형 #교수 방법 #토의법
30 토의법을 수업에 적용하여 진행하는 단계에서 교사의 역할 3가지를 설명하시오.

개념형 #교수 방법
31 듀이(Dewey)의 문제 해결 학습의 수업 절차를 설명하고, 장점과 단점 2가지를 각각 설명하시오.

모범답안 82~84p

개념형 #교수 방법
32 킬패트릭(Kilpatrick)의 프로젝트 학습(구안법)과 문제 해결 학습의 차이점 2가지를 설명하시오.

개념형 #교수 방법
33 관리적 자기주도 학습과 구성적 자기주도 학습의 개념을 각각 설명하시오.

개념형 #교수 방법
34 학생들의 자기주도 학습을 증진시킬 수 있는 방안 5가지를 설명하시오.

개념형 #교수 방법 #개별화 학습
35 개별 처방 교수법(IPI)의 개념과 절차를 설명하시오.

[개념형] #교수 방법 #개별화 학습
36 팀티칭의 개념을 설명하고, 장점과 단점 2가지를 각각 설명하시오.

[개념형] #교수 방법 #협동 학습
37 협동 학습의 5가지 원리를 설명하시오.

[개념형] #교수 방법 #협동 학습
38 직소 모형 중 직소 I 모형을 설명하시오.

[개념형] #교수 방법 #협동 학습
39 성취 과제 분담 모형(STAD)의 개념과 절차를 설명하시오.

모범답안 85~88p

[개념형] #교수 방법 #협동 학습
40 자율적 협동 학습의 개념과 특징 2가지를 설명하시오.

[개념형] #교수 방법 #협동 학습
41 협동 학습의 장점과 단점 3가지를 각각 설명하시오.

[사고형] #교수 방법
42 학생들의 사회성을 이끌 수 있는 교수 방법 2가지를 구체적으로 설명하시오.

CHAPTER 4 교수·학습 이론

개념형 #객관주의 교수·학습 이론
43 캐롤(Carroll)의 학교 학습 모형의 개념과 교육적 의의 3가지를 설명하시오.

개념형 #객관주의 교수·학습 이론
44 블룸(Bloom)의 완전 학습 모형의 교육적 의의 3가지를 설명하시오.

개념형 #객관주의 교수·학습 이론
45 발견 학습의 개념과 특징 3가지를 설명하시오.

개념형 #객관주의 교수·학습 이론
46 발견 학습의 절차를 설명하시오.

모범답안 88~91p

[개념형] #객관주의 교수·학습 이론
47 발견 학습의 장점과 단점 3가지를 각각 설명하시오.

[개념형] #객관주의 교수·학습 이론
48 유의미 학습과 암기 학습의 특징 2가지를 각각 설명하시오.

[개념형] #객관주의 교수·학습 이론
49 유의미 학습에서 유의미한 학습 과제를 설명하시오.

[개념형] #객관주의 교수·학습 이론
50 유의미 학습의 주요 수업 원리 6가지를 설명하시오.

[개념형] #객관주의 교수·학습 이론
51 유의미 학습의 선행조직자 교수 모형 중 인지조직(인지구조) 강화 단계를 설명하시오.

[개념형] #객관주의 교수·학습 이론
52 목표별 수업 이론의 학습 조건 중 내적 조건의 개념과 4가지 요소를 설명하시오.

[개념형] #객관주의 교수·학습 이론
53 가네(Gagne)의 목표별 수업 이론에서 학습 결과의 5가지 유형을 설명하시오.

[개념형] #객관주의 교수·학습 이론
54 목표별 수업 이론의 9가지 수업 사태 중 학습 준비에 관한 수업 사태의 교사와 학습자의 활동을 설명하시오.

모범답안 91~94p

CHAPTER 4 교수·학습 이론 71

[개념형] #객관주의 교수·학습 이론
55 메릴(Merrill)의 내용 요소 제시 이론에서 내용 차원의 요소 4가지를 설명하시오.

[개념형] #객관주의 교수·학습 이론
56 메릴(Merrill)의 내용 요소 제시 이론의 교수 처방 중 1차 제시형을 설명하시오.

[개념형] #객관주의 교수·학습 이론 #라이겔루스의 교수설계 이론
57 개념 학습 이론(미시적 전략)의 개념과 종류 3가지를 설명하시오.

[개념형] #객관주의 교수·학습 이론 #라이겔루스의 교수설계 이론
58 정교화 이론(거시적 전략)의 개념과 7가지 기본 전략 중 선수 학습 요소의 계열화를 설명하시오.

[개념형] #객관주의 교수·학습 이론 #라이겔루스의 교수설계 이론
59 정교화 이론(거시적 전략)의 7가지 기본 전략 중 요약자와 종합자의 차이점과 구성 방식 3가지를 각각 설명하시오.

[개념형] #객관주의 교수·학습 이론
60 켈러(Keller)의 학습 동기 설계 이론(ARCS 이론)의 동기 유발 요소 중 자신감을 유발하기 위한 전략 3가지를 설명하시오.

[개념형] 객관주의 교수·학습 이론
61 켈러(Keller)의 학습 동기 설계 이론(ARCS 이론)의 동기 유발 요소 중 만족감을 유발하기 위한 전략 3가지를 설명하시오.

[개념형] #구성주의 교수·학습 이론
62 교수 이론 관점에서 인지적 구성주의와 사회적 구성주의의 개념을 설명하고, 구성주의 학습관 3가지를 설명하시오.

모범답안 94~97p

[개념형] #구성주의 교수·학습 이론
63 구성주의 관점에서 본 교육 방법 3가지를 설명하시오.

[개념형] #구성주의 교수·학습 이론
64 인지적 도제 이론의 의의와 한계 2가지를 각각 설명하시오.

[개념형] #구성주의 교수·학습 이론
65 구조화된 문제와 비구조화된 문제의 개념을 각각 설명하고, 인지적 유연성 이론의 교수 원칙 3가지를 설명하시오.

[개념형] #구성주의 교수·학습 이론
66 상황 학습 이론의 설계 원리 3가지를 설명하시오.

[개념형] #구성주의 교수·학습 이론
67 상황 학습 이론의 실행공동체의 개념과 특징을 설명하시오.

[개념형] #구성주의 교수·학습 이론
68 문제 중심 학습(PBL)의 개념과 특징 3가지를 설명하시오.

[개념형] #구성주의 교수·학습 이론
69 문제 중심 학습(PBL)의 구성 요소 3가지를 설명하시오.

[개념형] #구성주의 교수·학습 이론
70 상보적 교수 이론의 개념과 수업 전략 4가지를 설명하시오.

모범답안 97~100p

[개념형] #구성주의 교수·학습 이론
71 자원 기반 학습 이론 중 Big 6 정보 리터러시 모형을 설명하시오.

[개념형] #구성주의 교수·학습 이론
72 목표 기반 시나리오(GBS)의 개념과 설계 원리 6가지를 설명하시오.

[개념형] #이러닝, 온라인 교수·학습 이론
73 컴퓨터 보조 수업(CAI)의 유형 중 개인 교수형의 특징 3가지를 설명하시오.

[개념형] #이러닝, 온라인 교수·학습 이론
74 컴퓨터 보조 수업(CAI)의 유형 중 시뮬레이션의 특징 3가지를 설명하시오.

[개념형] 이러닝, 온라인 교수·학습 이론
75 이러닝, 온라인 교수·학습의 장점과 단점을 설명하시오.

[개념형] #이러닝, 온라인 교수·학습 이론
76 컴퓨터 관리 수업(CMI)의 개념과 유형 2가지를 설명하시오.

[개념형] #이러닝, 온라인 교수·학습 이론
77 멀티미디어의 개념과 교육적 의의 3가지를 설명하시오.

[개념형] #이러닝, 온라인 교수·학습 이론
78 ICT의 개념과 교육 유형 2가지를 설명하시오.

모범답안 100~103p

[개념형] #이러닝, 온라인 교수·학습 이론
79 모바일 러닝의 특징과 교육적 의의 2가지를 각각 설명하시오.

[개념형] #이러닝, 온라인 교수·학습 이론
80 액션 러닝의 개념과 특징 3가지를 설명하시오.

[개념형] #이러닝, 온라인 교수·학습 이론
81 플립드 러닝의 교육적 의의 3가지를 설명하시오.

[사고형] #객관주의 교수·학습 이론
82 오수벨(Ausubel)의 유의미 학습의 비판점과 이를 보완할 수 있는 방법을 설명하시오.

모범답안 103~104p

MEMO

메가쌤
교육학
개념 인출서
인출 연습문제

PART 04

교육평가

CHAPTER 1 | 교육평가의 유형
CHAPTER 2 | 교육평가 모형
CHAPTER 3 | 평가 방법 선정과 개발
CHAPTER 4 | 평가 결과의 활용

CHAPTER 1 교육평가의 유형

개념형 #교육관
01 선발적 교육관과 발달적 교육관의 차이점 5가지를 설명하시오.

개념형 #교육평가관
02 교육평가관 중 평가관의 인간관과 증거 수집의 방법, 결과의 활용 방법을 설명하시오.

개념형 #교육관 #교육평가관
03 이 교사는 교육의 목적을 자아실현으로 보고, 학생들의 자율적이고 적극적인 학습 참여를 독려한다. 이 교사가 생각하는 교육관의 명칭과 이에 적합한 검사관의 개념과 특징을 설명하시오.

개념형 #평가 준거에 따른 유형
04 목표 지향 평가의 개념과 특징 3가지를 설명하시오.

[개념형] #평가 준거에 따른 유형
05 목표 지향 평가의 장점과 단점 2가지를 각각 설명하시오.

[개념형] #평가 준거에 따른 유형
06 규준 지향 평가의 장점과 단점 3가지를 각각 설명하시오.

[개념형] #평가 준거에 따른 유형
07 김 교사는 학생이 지닌 능력과 학습 결과를 비교하여 평가하고자 한다. 이때 김 교사가 활용해야 하는 평가 유형의 명칭과 해당 유형의 장점과 단점 3가지를 각각 설명하시오.

[개념형] #평가 준거에 따른 유형
08 A학생은 학습 전과 후에 동일한 시험을 치렀다. 학습 전에는 80점을 받았고, 학습 후에는 90점을 받았다. 이 교사는 이 현상에 중점을 두고 평가하려고 한다. 이 교사가 활용할 수 있는 평가 유형의 개념과 특징 2가지를 설명하시오.

모범답안 108~111p

CHAPTER 1 교육평가의 유형

개념형 #평가 준거에 따른 유형
09 성장 지향 평가의 장점과 단점 3가지를 각각 설명하시오.

개념형 #평가 시기에 따른 유형
10 진단평가의 특징과 효과적 시행 방안 3가지를 각각 설명하시오.

개념형 #평가 시기에 따른 유형
11 형성평가의 개념과 제작 절차를 설명하시오.

개념형 #평가 시기에 따른 유형
12 박 교사는 다음 학기에 학생들에게 적합한 수업 방법을 제공하기 위해 학생들의 학업 성취 정도 파악과 전체적 수업 내용 및 수준을 점검할 수 있는 평가를 실시해야 한다고 생각했다. 박 교사가 시행해야 하는 시기에 따른 평가 유형의 개념을 설명하고, 특징과 효과적 시행 방안 3가지를 각각 설명하시오.

[개념형] #평가 영역에 따른 유형
13 인지적 평가의 개념과 문항 개발 시 유의점 3가지를 설명하시오.

[개념형] #평가 영역에 따른 유형
14 정의적 평가의 개념과 필요성 3가지를 설명하시오.

[개념형] #평가 영역에 따른 유형 #정의적 평가
15 사회성 측정법의 개념과 교육적 가치 4가지를 설명하시오.

[개념형] #평가 방법에 따른 유형
16 양적 평가의 개념을 설명하고, 장점과 단점 2가지를 각각 설명하시오.

모범답안 111~114p

[개념형] #평가 방법에 따른 유형
17 양적 평가와 질적 평가의 차이점 5가지를 설명하시오.

[개념형] #수행평가 #수행평가의 이해
18 수행평가의 필요성 2가지를 설명하시오.

[개념형] #수행평가 #수행평가의 이해
19 수행평가의 설계 4단계를 설명하시오.

[개념형] #수행평가 #수행평가의 이해
20 수행평가의 수행 과제를 선정할 때, 고려해야 할 사항 4가지를 설명하시오.

[개념형] #수행평가 #수행평가의 이해
21 수행평가의 채점 준거를 선정할 때, 고려해야 할 사항 4가지를 설명하시오.

[개념형] #수행평가 #수행평가의 이해
22 선택형 시험으로 대표되는 전통적 평가 체제와 수행평가로 대표되는 대안적 평가 체제의 차이점 5가지를 설명하시오.

[개념형] #수행평가 #수행평가의 유형과 방법
23 수행평가의 방법 중 포트폴리오 평가의 특징 3가지와 평가 방법 2가지를 각각 설명하시오.

[개념형] #수행평가 #수행평가의 이해
24 수행평가의 장점과 단점 3가지를 각각 설명하시오.

모범답안 114~117p

[개념형] #수행평가 #수행평가의 유형과 방법
25 포트폴리오 평가와 전통적인 평가의 차이점 4가지를 설명하시오.

[개념형] #성취평가제
26 성취평가제의 목적을 설명하고, 장점과 단점을 각각 설명하시오.

[개념형] #성취평가제
27 성취평가제의 개념과 특징 3가지를 설명하시오.

[개념형] #표준화 검사
28 표준화 검사의 개념과 기능을 설명하시오.

[개념형] #표준화 검사
29 표준화 검사의 한계점 4가지를 설명하시오.

CHAPTER 2 교육평가 모형

개념형 #목표 중심 모형
30 타일러(Tyler)의 목표 달성 모형의 절차와 특징 3가지를 설명하시오.

개념형 #목표 중심 모형
31 타일러(Tyler)의 목표 달성 모형의 장점과 단점 3가지를 각각 설명하시오.

개념형 #목표 중심 모형
32 프로버스(Provus)의 괴리 모형에서 표준, 수행 측정, 괴리 정보의 개념을 설명하고, 절차를 설명하시오.

개념형 #의사결정 모형
33 스터플빔(Stufflebeam)의 CIPP 모형에서 의사결정에 따른 평가 유형 4가지를 설명하시오.

[개념형] #의사결정 모형
34 CIPP 모형의 개념과 평가 역할과 평가 유형 간의 관계에 따른 평가 방법을 설명하시오.

[개념형] #의사결정 모형
35 CIPP 모형의 장점과 단점 3가지를 각각 설명하시오.

[개념형] #의사결정 모형
36 김 교사는 교수 프로그램의 목표를 달성하기 위해 무엇이 요구되는지 살펴보려고 한다. 김 교사가 수행하려는 내용이 CIPP 모형의 평가 유형과 CSE 모형의 절차 중 어느 부분에 해당하는지 명칭과 개념, 특징을 설명하시오.

[개념형] #의사결정 모형
37 앨킨(Alkin)의 CSE 모형의 개념과 특징 3가지를 설명하시오.

모범답안 119~122p

[개념형] #판단 중심 모형
38 최 교사는 프로그램이 본래 의도한 목표를 달성했더라도 그 외의 부수적인 효과 때문에 폐기될 수도 있고, 반대로 목표의 달성에는 실패했지만 긍정적인 부수적 효과가 커서 그 프로그램이 채택될 수 있으므로 목표와 관계없이 교육 관계자의 요구를 기준으로 프로그램의 실제 효과나 가치를 판단해야 한다고 생각한다. 최 교사가 적용할 수 있는 평가 모형의 명칭과 평가 방안 5가지를 설명하시오.

[개념형] #판단 중심 모형
39 스크리븐(Scriven)의 탈목표 평가 모형의 개념을 설명하고, 장점과 단점 2가지를 각각 설명하시오.

[개념형] #판단 중심 모형
40 스테이크(Stake)의 안면 모형(종합 실상 모형)의 선행 요건, 실행 요인, 성과 요인을 각각 설명하시오.

[개념형] #판단 중심 모형
41 아이즈너(Eisner)의 예술적 비평 모형 중 교육 비평의 3가지 측면을 설명하시오.

[개념형] #판단 중심 모형

42 아이즈너(Eisner)의 예술적 비평 모형의 장점과 단점 3가지를 각각 설명하고, 학생의 학습 기회를 확대시키기 위한 방안을 설명하시오.

모범답안 122~123p

CHAPTER 3 평가 방법 선정과 개발

[개념형] #평가 도구의 양호도 #타당도
43 윤 교사는 문항의 내용이 중요한 교과 내용을 보편적으로 포괄하고 있는지에 대한 타당도를 검증하려고 한다. 윤 교사가 고려해야 하는 타당도의 개념과 특징 2가지를 설명하시오.

[개념형] #평가 도구의 양호도 #타당도
44 준거 타당도 중 공인 타당도와 예언 타당도에 대해 설명하시오.

[개념형] #평가 도구의 양호도 #타당도
45 결과 타당도의 개념과 특징 2가지를 설명하시오.

[개념형] #평가 도구의 양호도 #신뢰도
46 신뢰도의 개념과 접근 방법 2가지를 설명하시오.

[개념형] #평가 도구의 양호도 #신뢰도
47 정 교사는 반 학생들에게 동일한 인성 검사를 두 번 실시했다. 정 교사가 인성 검사에 대한 신뢰도를 측정할 때, 사용할 신뢰도 추정 방법의 개념과 단점 3가지를 설명하시오.

[개념형] #평가 도구의 양호도 #신뢰도
48 동형검사 신뢰도의 개념을 설명하고, 장점과 단점 2가지를 각각 설명하시오.

[개념형] #평가 도구의 양호도 #신뢰도
49 문항 내적 합치도의 개념을 설명하고, 장점과 단점 2가지를 각각 설명하시오.

[개념형] #평가 도구의 양호도 #신뢰도
50 신뢰도를 향상시키기 위한 방법 5가지를 설명하시오.

모범답안 124~126p

[개념형] #평가 도구의 양호도 #타당도 #신뢰도
51 타당도와 신뢰도의 관계를 설명하시오.

[개념형] #평가 도구의 양호도 #객관도
52 객관도의 개념과 객관도를 향상시키기 위한 방법 5가지를 설명하시오.

[개념형] #평가 도구의 양호도 #실용도
53 실용도의 개념과 실용도를 향상시키기 위한 방법 3가지를 설명하시오.

[개념형] #평가 도구의 제작
54 평가 문항의 제작 절차를 설명하시오.

개념형 #평가 도구의 제작 #평가 문항의 제작
55 문항 제작의 기본 원리 3가지를 설명하시오.

개념형 #평가 도구의 제작 #평가 문항 유형
56 선택형 평가 문항을 제작할 때의 유의 사항 5가지를 설명하시오.

개념형 #평가 도구의 제작 #평가 문항 유형
57 선택형 문항의 종류 3가지를 설명하고, 각각의 장점과 단점을 설명하시오.

개념형 #평가 도구의 제작 #평가 문항 유형
58 논문형 문제의 종류 2가지와 채점 기준 작성 방법 2가지를 설명하시오.

모범답안 127~129p

개념형 #평가 도구의 제작 #평가 문항 유형
59 선다형 문항을 만들 때의 유의 사항 3가지를 설명하시오.

개념형 #평가 도구의 제작 #평가 문항 유형
60 서답형 문항의 종류 3가지를 설명하고, 장점과 단점을 각각 설명하시오.

사고형 #평가 도구의 양호도
61 서·논술형 평가 채점이 공정하고 신뢰로운 채점이 되도록 교사가 할 수 있는 노력 5가지를 쓰시오.

CHAPTER 4 평가 결과의 활용

개념형 #평가의 오류
62 김 교수는 입시 면접에서 인상이 좋은 지원자 A에게 높은 점수를 주었다. 김 교수가 저지른 평가 오류의 개념과 특징 2가지를 설명하시오.

개념형 #평가의 오류
63 평가 오류를 최소화할 수 있는 방안 3가지를 설명하시오.

개념형 #문항 분석 #고전 검사 이론
64 고전 검사 이론의 문항 난이도의 개념과 규준 지향 평가와 목표 지향 평가의 관점에서 문항 난이도를 설명하시오.

개념형 #문항 분석 #고전 검사 이론
65 고전 검사 이론의 문항 변별도의 개념과 특징 2가지를 설명하시오.

모범답안 130~132p

[개념형] #문항 분석 #문항 반응 이론
66 문항 반응 이론의 개념과 해석 방법을 설명하시오.

MEMO

메가쌤
교육학
개념 인출서
인출 연습문제

PART 05

교육심리

CHAPTER 1 | 학습자의 인지적 특성
CHAPTER 2 | 학습자의 정의적 특성
CHAPTER 3 | 학습자의 발달
CHAPTER 4 | 학습 이론
CHAPTER 5 | 적응과 부적응

CHAPTER 1 학습자의 인지적 특성

개념형 #지능 #지능의 측정 #지능 지수 해석의 유의점
01 지능 지수를 해석할 때의 유의점 5가지를 설명하시오.

개념형 #지능 #지능 이론
02 스피어만(Spearman)의 일반 요인설의 개념을 설명하고, 일반 요인(g요인)과 특수 요인(s요인)을 각각 설명하시오.

개념형 #지능 #지능 이론
03 카텔(Cattell)의 지능 이론에서 주장한 지능의 일반 요인을 설명하시오.

개념형 #지능 #지능 이론
04 스턴버그(Sternberg)의 삼원 지능 이론에서 지능의 3가지 요소와 성공 지능에 대해 설명하시오.

[개념형] #지능 #지능 이론
05 가드너(Gardner)의 다중 지능 이론의 의의와 다중 지능 이론을 적용한 교육 프로젝트 접근법 2가지를 설명하시오.

[개념형] #지능 #지능 이론
06 가드너(Gardner)의 다중 지능 이론의 개념을 설명하고, 장점과 단점 2가지를 설명하시오.

[개념형] #지능 #지능 이론
07 가드너(Gardner)의 다중 지능 이론에서 제시한 지능 9가지를 설명하시오.

[개념형] #지능 #지능의 측정 #지능 검사
08 비네(Binet)와 터만(Terman)의 지능 측정 검사를 설명하시오.

모범답안 136~139p

개념형 #지능 #지능 이론
09 감성 지능의 개념과 이를 길러 줄 수 있는 수업 방법 2가지를 설명하시오.

개념형 #창의력 #인지적 요소
10 길포드(Guilford)가 주장한 창의력의 개념과 인지적 요소 4가지를 설명하시오.

개념형 #창의력
11 창의력 이론의 장점과 단점 2가지를 각각 설명하시오.

개념형 #창의력 #창의력 계발 기법
12 박 교사는 학생들에게 창의성을 발휘하여 해결할 수 있는 학습 과제를 제시하고, 비판 없이 자유롭게 생각을 교환할 수 있도록 하였다. 박 교사가 사용한 창의력 계발 기법의 개념과 기본 원리 4가지를 설명하시오.

[개념형] #창의력 #창의력 계발 기법
13 시네스틱 기법의 개념과 유추 기법 4가지를 설명하시오.

[개념형] #창의력 #창의력 계발 기법
14 창의력 신장을 위한 수업 방법과 교사의 태도 3가지를 각각 설명하시오.

[개념형] #인지 양식
15 장 의존형의 개념과 특징 3가지를 설명하시오.

[개념형] #인지 양식
16 장 의존형의 학습 특성과 교수 전략 3가지를 각각 설명하시오.

모범답안 139~141p

개념형 #인지 양식
17 장 독립형의 특징과 교수 전략 3가지를 각각 설명하시오.

개념형 #인지 양식
18 정 교사는 A학생이 반응 속도는 느리지만 사려가 깊어서 정확한 반응을 한다고 생각하였다. A학생의 학습 유형과 이와 반대되는 학습 유형을 설명하시오.

개념형 #인지 양식
19 학습자가 시각적 과제를 지각하는 방법에 기초하여 구분한 학습 유형에 대해 설명하시오.

개념형 #인지 양식
20 문제 해결을 위해 어떤 사고와 연합 전략을 활용하는가에 기초하여 구분한 학습 유형에 대해 설명하시오.

개념형 #인지 양식
21 콜브(Kolb)의 학습 양식의 개념과 4가지 학습 단계를 설명하시오.

개념형 #인지 양식
22 문 교사는 B학생이 논리성과 치밀성이 뛰어나고 귀납적 추리에 익숙하여 이론화를 잘한다고 생각했다. 콜브(Kolb)의 학습 유형에 비추어 볼 때, B학생의 학습 유형을 설명하시오.

개념형 #인지 양식
23 최 교사는 A학생이 상상력이 뛰어나고 상황을 여러 관점에서 조망하여 다양한 분야에서 많은 아이디어를 낸다는 것을 발견하였다. 콜브(Kolb)의 학습 유형에 비추어 볼 때, A학생의 학습 유형을 설명하시오.

개념형 #인지 양식
24 이 교사는 D학생이 아이디어를 실제적으로 잘 응용할 뿐만 아니라 가설 설정과 연역적 추리에 익숙하며 기술적 과제와 문제를 잘 다룬다고 생각했다. 콜브(Kolb)의 학습 유형에 비추어 볼 때, D학생의 학습 유형을 설명하시오.

모범답안 142~144p

개념형 #인지 양식
25 변화에 대한 개인적인 반응과 선호하는 학습 전략에 따라 구분한 학습 유형을 설명하시오.

개념형 #인지 양식
26 학습자 인지 양식의 장점과 단점 2가지를 각각 설명하시오.

사고형 #창의력 #창의력 계발 기법
27 창의성 함양을 위한 수업에서 유의해야 할 점 3가지를 쓰시오.

CHAPTER 2 학습자의 정의적 특성

개념형 #동기의 이해
28 동기의 개념과 동기와 학습의 관계 3가지를 설명하시오.

개념형 #동기의 이해 #동기의 종류
29 동기의 종류 2가지를 설명하시오.

개념형 #동기의 이해 #동기의 종류
30 외재적 동기와 내재적 동기를 유발할 수 있는 방법 3가지를 각각 설명하시오.

개념형 #동기 이론
31 매슬로우(Maslow)의 욕구 위계 이론에서 성장 욕구와 결핍 욕구를 설명하고, 욕구 위계 이론의 교육 방법 2가지를 설명하시오.

모범답안 144~147p

[개념형] #동기 이론
32 데시와 라이언(Deci & Ryan)의 자기결정성 이론의 개념과 내재적 동기에 영향을 미치는 3가지 욕구를 설명하시오.

[개념형] #동기 이론
33 데시와 라이언(Deci & Ryan)의 자기결정성 이론에서 지각적 통제의 개념과 자기결정성을 높이기 위한 교육 방법 2가지를 설명하시오.

[개념형] #동기 이론
34 자기결정성 이론에서의 외재적 동기에 대한 입장 2가지를 설명하시오.

[개념형] #동기 이론
35 코빙톤(Covington)의 자기 가치 이론에서 자기 가치에 대한 개념과 자기 장애 전략 2가지를 설명하시오.

[개념형] #동기 이론

36 앳킨슨(Atkinson)의 기대×가치 이론에서의 가치의 개념과 종류 3가지를 설명하고, 장점과 단점 2가지를 각각 설명하시오.

[개념형] #동기 이론

37 반두라(Bandura)의 자기효능감 이론에서의 자기효능감의 개념과 높은 자기효능감을 가진 학습자의 특징 3가지를 설명하시오.

[개념형] #동기 이론

38 와이너(Weiner)의 귀인 이론의 개념과 학습 동기를 증신시키기 위한 방안 3가지를 설명하시오.

[개념형] #동기 이론

39 E학생은 시험 당일 아파서 시험을 망치게 되었다. 귀인 이론에 근거할 때 학업 성취 귀인의 3가지 차원을 설명하고, E학생에게 해당되는 차원과 귀인을 활용한 교육 방법 3가지를 설명하시오.

모범답안 147~150p

개념형 #동기 이론
40 드웩(Dweck)의 목표 지향 이론의 개념을 설명하고, 이를 활용한 교육 방법과 한계점 2가지를 각각 설명하시오.

개념형 #동기 이론
41 드웩(Dweck)의 목표 지향 이론의 숙달 목표의 개념과 숙달 접근 목표, 숙달 회피 목표를 설명하시오.

개념형 #동기 이론
42 드웩(Dweck)의 목표 지향 이론의 수행 목표의 개념과 수행 접근 목표, 수행 회피 목표를 설명하시오.

개념형 #동기 이론
43 성취 동기 이론의 개념과 특징 2가지를 설명하시오.

개념형 #동기 이론

44 높은 교사 효능감을 가진 교사와 낮은 교사 효능감을 가진 교사의 특징 2가지를 각각 설명하고, 학업 성취와 교사 효능감의 관계를 설명하시오.

CHAPTER 3 학습자의 발달

개념형 #발달의 이해
45 발달의 원리 4가지를 설명하시오.

개념형 #인지적 발달
46 피아제(Piaget)의 인지 발달 이론의 도식, 적응, 동화, 조절, 불평형, 평형화, 조직화에 대한 개념을 설명하시오.

개념형 #인지적 발달
47 피아제(Piaget)의 인지 발달 4단계에 대해 설명하시오.

개념형 #인지적 발달
48 구체적 조작기(7~8세)의 아동을 가르치기 위한 교수 방법 4가지를 설명하시오.

[개념형] #인지적 발달

49 형식적 조작기의 가설 연역적 사고와 반성적 추상화의 개념을 설명하고, 특징 2가지를 각각 설명하시오.

[개념형] #인지적 발달

50 피아제(Piaget)의 인지적 구성주의와 비고츠키(Vygotsky)의 사회적 구성주의의 차이점 3가지를 설명하시오.

[개념형] #인지적 발달

51 비고츠키(Vygotsky)의 인지 발달 이론에서 언어와 인지 발달 관계 5가지를 설명하시오.

[개념형] #인지적 발달

52 근접 발달 영역(ZPD)의 개념과 교사의 역할을 설명하시오.

모범답안 153~155p

[개념형] #인지적 발달
53 비고츠키(Vygotsky)의 인지 발달 이론의 비계 설정에 대해 설명하고, 인지 발달 이론을 교육에 적용할 수 있는 방안 5가지를 설명하시오.

[개념형] #정의적 발달
54 프로이트(Freud)의 성격 발달 이론의 성격의 구조 세 단계와 의식의 구조 3단계를 각각 설명하시오.

[개념형] #정의적 발달
55 에릭슨(Erikson)의 성격 발달 이론의 청년기 전까지의 발달 단계를 설명하시오.

[개념형] #정의적 발달
56 마샤(Marcia)의 정체성 발달 이론의 수행과 위기의 개념을 각각 설명하고, 정체감의 유형 4가지를 설명하시오.

[개념형] #정의적 발달
57 피아제(Piaget)의 타율적 도덕성 단계와 자율적 도덕성 단계를 설명하시오.

[개념형] #정의적 발달
58 콜버그(Kohlberg)의 도덕성 발달 단계의 개념과 교육적 적용 방법 3가지를 설명하시오.

[개념형] #정의적 발달
59 셀만(Selman)의 사회적 조망 수용 이론에서 사회적 조망 수용 능력에 대해 설명하고, 이론의 공헌점과 한계점 2가지를 각각 설명하시오.

[개념형] #정의적 발달
60 브론펜브레너(Bronfenbrenner)의 생태학적 발달 이론의 5가지 체계를 설명하시오.

모범답안 156~159p

CHAPTER 4 학습 이론

[개념형] #행동주의 학습 이론

61 B학생은 국어 수업 시간에 발표를 했는데 다른 학생이 이를 큰 소리로 비웃은 이후에 절망스럽고 창피한 기분이 들었다. 이후 다른 수업에서도 불안함을 느껴 배가 아프고, 학교나 교사만 생각해도 식은땀이 나고 무섭다고 말한다. B학생에게 적용할 수 있는 행동주의 학습 이론의 명칭과 개념을 설명하고, 장점과 단점 2가지를 각각 설명하시오.

[개념형] #행동주의 학습 이론

62 고전적 조건화에서 일반화, 변별, 고차적 조건 형성, 소거의 개념을 각각 설명하고, 고전적 조건화를 적용한 교육 방법 2가지를 설명하시오.

[개념형] #행동주의 학습 이론

63 스키너(Skinner)의 조작적 조건화의 강화와 벌을 설명하시오.

[개념형] #행동주의 학습 이론

64 스키너(Skinner)의 조작적 조건화의 계속적 강화와 간헐적 강화의 개념과 효과를 각각 설명하시오.

[개념형] #사회인지 학습 이론
65 반두라(Bandura)의 사회 인지 학습 이론에서 관찰 학습의 개념과 과정을 설명하시오.

[개념형] #인지주의 학습 이론
66 관찰 학습에 영향을 미치는 요인과 효과 2가지를 각각 설명하시오.

[개념형] #인지주의 학습 이론
67 정보 처리 이론의 감각 기억과 작업 기억, 장기 기억을 설명하시오.

[개념형] #인지주의 학습 이론
68 메타인지의 개념과 특징 3가지를 설명하시오.

모범답안 160~162p

개념형 #전이 #전이 이론
69 전이의 개념과 형식도야설을 설명하시오.

CHAPTER 5 적응과 부적응

개념형 #적응 #방어 기제

70 방어 기제의 개념과 보상, 승화, 합리화, 투사, 반동 형성의 개념을 설명하시오.

개념형 #적응 #도피 기제

71 도피 기제의 개념과 고립, 퇴행, 백일몽, 억압, 고착, 거부의 개념을 설명하시오.

모범답안 163~164p

개념 인출서
인출 연습문제

PART 06

생활지도 및 상담

CHAPTER 1 | 생활지도와 상담의 이해
CHAPTER 2 | 상담 이론
CHAPTER 3 | 진로 이론

CHAPTER 1 생활지도와 상담의 이해

개념형 #생활지도의 기초
01 생활지도의 대상과 목표 5가지를 설명하시오.

개념형 #생활지도의 기본 원리
02 생활지도의 기본 원리 중 적응의 원리와 자아실현의 원리를 설명하시오.

개념형 #생활지도의 실천 원리
03 생활지도의 실천 원리 7가지를 설명하시오.

개념형 #생활지도의 주요 활동
04 생활지도의 주요 활동 5가지를 설명하시오.

[개념형] #상담의 기초
05 상담의 정의와 목표 3가지를 설명하시오.

[개념형] #상담의 원리
06 상담의 원리 7가지를 설명하시오.

[개념형] #상담의 기본 조건
07 상담의 기본 조건 4가지를 설명하시오.

[개념형] #상담 기법
08 상담 기법 중 경청, 재진술, 직면에 대해 설명하시오.

모범답안 168~171p

CHAPTER 2 　상담 이론

[개념형] #정신 분석 상담 이론
09 프로이트(Freud)의 정신 분석 상담 이론의 상담 목표와 상담자와 내담자의 관계 3가지를 각각 설명하시오.

[개념형] #정신 분석 상담 이론
10 프로이트(Freud)의 정신 분석 상담 이론의 상담 방법과 시사점 3가지를 각각 설명하시오.

[개념형] #정신 분석 상담 이론
11 아들러(Adler)의 개인 심리학 상담 이론에서의 열등감과 우월성의 개념을 설명하시오.

[개념형] #정신 분석 상담 이론
12 아들러(Adler)의 개인 심리학 상담 이론의 생활 양식 4가지와 상담 과정을 설명하시오.

[개념형] #행동주의 상담 이론
13 행동주의 상담 이론에서 상담자의 역할과 상담 기법 3가지를 각각 설명하시오.

[개념형] #행동주의 상담 이론
14 행동주의 상담 이론의 장점과 단점 3가지를 각각 설명하시오.

[개념형] #인지적 상담 이론
15 윌리엄슨(Williamson)의 지시적 상담 이론의 개념과 상담 과정을 설명하시오.

[개념형] #인지적 상담 이론
16 엘리스(Ellis)의 합리적·정서적 행동 치료(REBT)의 상담 기법 3가지와 상담 모형을 설명하시오.

모범답안 172~175p

개념형 #인지적 상담 이론

17 김 교사는 상담 과정에서 철수가 가지고 있는 신념이 현실성이 없음을 깨우치게 하고, 생산적인 방향의 노력을 할 수 있도록 유도하고 있다. 이때 김 교사가 활용할 수 있는 상담 이론의 명칭과 상담 목표를 설명하고, 시사점 2가지를 설명하시오.

개념형 #인지적 상담 이론

18 벡(Beck)의 인지 치료의 개념과 인지적 오류 유형 2가지를 설명하시오.

개념형 #인본주의 상담 이론

19 실존주의 상담 이론의 개념과 실존적 조건 4가지를 설명하시오.

개념형 #인본주의 상담 이론

20 실존주의 상담 이론 중 사회적 차원의 인간 세계와 심리적 차원의 자기 세계에 대해 설명하시오.

[개념형] #인본주의 상담 이론
21 로저스(Rogers)의 인간 중심 상담 이론의 상담 목표와 상담 원리 3가지를 설명하시오.

[개념형] #인본주의 상담 이론
22 충분히 기능하는 사람의 개념과 특징 5가지를 설명하시오.

[개념형] #인본주의 상담 이론
23 로저스(Rogers)의 인간 중심 상담 이론의 상담 과정과 상담 기법 3가지를 설명하시오.

[개념형] #인본주의 상담 이론
24 형태주의(게슈탈트) 상담 이론의 상담 목표와 게슈탈트, 미해결 과제의 개념을 설명하시오.

모범답안 176~178p

[개념형] #인본주의 상담 이론
25 형태주의(게슈탈트) 상담 이론의 상담 원리와 상담 기법 2가지를 각각 설명하시오.

[개념형] #인본주의 상담 이론
26 상호 교류 분석 이론의 욕구 유형 3가지와 상담 원리 4가지를 설명하시오.

[개념형] #인본주의 상담 이론
27 구조 분석 이론의 개념과 부모 자아, 어른 자아, 아동 자아의 개념을 설명하시오.

[개념형] #인본주의 상담 이론
28 상호 교류 분석 이론의 생활 자세 4가지를 설명하시오.

[개념형] #기타 상담 이론
29 해결 중심 상담 이론의 상담 목표와 상담자와 내담자의 관계 3가지를 설명하시오.

[개념형] #기타 상담 이론
30 내담자의 준거 틀의 개념과 역할을 설명하시오.

[개념형] #기타 상담 이론
31 글래써(Glasser)의 현실주의 상담의 목표와 상담 원리 3가지를 각각 설명하시오.

[개념형] #기타 상담 이론
32 현실주의 상담의 통제 이론과 전행동 이론을 설명하시오.

모범답안 179~182p

사고형 #상담 활동

33 A교사가 담임을 맡고 있는 B학생은 평소에 올바른 학습 습관을 형성하기 위하여 최선을 다하고 있다. A교사는 B학생과 상담을 하는 도중 학생이 "저는 열심히는 하는데 잘하지 못해요. 아마 제가 원하는 결과를 내지 못할 거예요."라고 반복하며 말하는 것을 들었다. B학생이 겪고 있을 정서적 문제 상황과 이를 해결하기 위한 방안 2가지를 설명하시오.

CHAPTER 3 진로 이론

개념형 #진로 선택 이론
34 파슨스(Parsons)의 특성 – 요인 이론의 특성 요인과 상담 과정을 설명하시오.

개념형 #진로 선택 이론
35 로우(Roe)의 욕구 이론의 직업 지향성을 설명하시오.

개념형 #진로 선택 이론
36 홀랜드(Holland)의 인성 이론의 6가지 성격 유형과 각각의 특징을 설명하시오.

개념형 #진로 선택 이론
37 블라우(Blau)의 사회학적 이론 중 진로 선택에 영향을 주는 사회적 요인 3가지와 사회 계층을 설명하시오.

모범답안 182~184p

[개념형] #진로 발달 이론
38 슈퍼(Super)의 진로 발달 이론의 진로 발달 과정을 설명하시오.

[개념형] #진로 발달 이론
39 타이드만과 오하라(Tiedeman&O'Hara)의 의사결정 이론의 진로 선택의 개념과 과정을 설명하시오.

[개념형] #진로 발달 이론
40 고트프레드슨(Gottfredson)의 진로 발달 이론 중 진로 결정에 영향을 주는 심리적 요인의 개념과 요인 2가지를 설명하시오.

모범답안 184~185p

MEMO

PART 07

교육사회학

CHAPTER 1 | 교육사회학 이론
CHAPTER 2 | 교육과 사회
CHAPTER 3 | 평생 교육과 다문화 교육

CHAPTER 1 교육사회학 이론

개념형 #기능 이론 #기능 이론의 이해
01 기능 이론의 개념과 사회에 대한 관점 4가지를 설명하시오.

개념형 #기능 이론 #기능 이론의 이해
02 기능 이론의 관점에서 학교 교육의 역할 3가지를 설명하시오.

개념형 #기능 이론 #학교 사회화
03 뒤르켐(Durkheim)이 주장한 보편적 사회화와 특수적 사회화를 설명하시오.

개념형 #기능 이론 #학교 사회화
04 파슨스(Parsons)가 주장한 학교의 기능 중 역할 사회화와 사회적 선발을 설명하시오.

개념형 #기능 이론 #학교 사회화

05 드리븐(Dreeben)이 주장한 학교의 기능과 산업 사회가 요구하는 규범 4가지를 설명하시오.

개념형 #기능 이론

06 근대화 이론에서 주장하는 사회와 학교를 통해 근대화되는 과정을 설명하시오.

개념형 #기능 이론

07 A씨는 학교 교육이 학생의 바람직한 성장을 이끌어내 국가 경쟁력을 강화하는 데 이바지하고, 학교 교육은 국가 발전의 토대가 되므로 국가 차원에서 교육의 양과 질을 계획적으로 조절해야 한다고 주장한다. A씨의 입장과 관련된 기능 이론의 명칭과 특징 2가지를 설명하시오.

개념형 #갈등 이론 #갈등 이론의 이해

08 갈등 이론의 개념과 사회에 대한 관점 3가지를 설명하시오.

모범답안 188~190p

[개념형] #갈등 이론 #갈등 이론의 이해
09 갈등 이론의 관점에서 학교 교육의 역할 3가지를 설명하시오.

[개념형] #갈등 이론
10 경제적 재생산 이론의 개념과 대응 이론의 개념 2가지를 설명하시오.

[개념형] #갈등 이론
11 경제적 재생산 이론에서 주장하는 학교 계급을 설명하시오.

[개념형] #갈등 이론
12 이데올로기론의 관점에서 이념적 국가 기구를 설명하시오.

개념형 #갈등 이론 #급진적 저항 이론
13 급진적 저항 이론 중 프레이리(Freire)의 주장과 의식화와 인간 해방을 설명하시오.

개념형 #갈등 이론 #급진적 저항 이론
14 프레이리(Freire)가 주장한 은행저축식 교육과 문제 제기식 교육을 설명하시오.

개념형 #갈등 이론 #급진적 저항 이론
15 일리치(Illich)가 주장한 학교 교육의 문제점 3가지를 설명하고, 네트워크 학습망의 종류 4가지를 설명하시오.

개념형 #신교육사회학 #신교육사회학의 이해
16 신교육사회학의 개념과 특징 3가지를 설명하시오.

모범답안 190~193p

[개념형] #신교육사회학
17 부르디외(Bourdieu)의 문화 재생산 이론의 문화 자본과 상징적 폭력을 설명하고, 한계점 2가지를 설명하시오.

[개념형] #신교육사회학
18 애플(Apple)의 문화적 헤게모니론의 사회적 관점과 헤게모니를 설명하시오.

[개념형] #신교육사회학
19 윌리스(Willis)의 저항 이론의 사회관과 한계점 2가지를 설명하시오.

[개념형] #신교육사회학
20 번스타인(Bernstein)의 사회 언어학적 연구에서 계층별 언어 사용과 학업 성취 관계를 설명하시오.

[개념형] #신교육사회학
21 번스타인(Bernstein)의 자율 이론의 학교에 대한 입장과 교육과정 유형 2가지를 설명하시오.

[개념형] #신교육사회학
22 미드(Mead)의 상징적 상호 작용 이론의 기본 입장과 특징 2가지를 설명하시오.

[개념형] #신교육사회학
23 하그리브스(Hargreaves)의 교사 유형에서 분류한 교사의 자아개념 유형 3가지를 설명하시오.

[개념형] #신교육사회학
24 맥닐(McNeil)의 방어적 수업의 기본 입장과 방어적 수업 전략 4가지를 설명하시오.

모범답안 193~195p

개념형 #신교육사회학 #번스타인의 자율 이론

25 가시적 교수법과 비가시적 교수법을 설명하시오.

CHAPTER 2 교육과 사회

개념형 #교육과 평등 #교육 격차
26 콜맨 보고서(Coleman Report)를 설명하시오.

개념형 #교육과 평등 #교육 격차
27 문화실조론의 개념을 설명하시오.

개념형 #교육과 평등 #교육 격차
28 문화다원론의 개념을 설명하시오.

개념형 #교육과 평등 #교육 평등관
29 교육 기회의 허용적 평등과 보장적 평등을 설명하시오.

모범답안 196~198p

[개념형] #교육과 평등 #교육 평등관
30 보상적 평등을 설명하시오.

[개념형] #청소년 비행 문화 이론
31 아노미 이론의 개념과 적응 양식 5가지를 설명하시오.

[개념형] #청소년 비행 문화 이론
32 아노미 이론을 반박한 통제 기제에 대한 이론의 명칭과 사회적 유대를 설명하시오.

[개념형] #청소년 비행 문화 이론
33 중화 이론의 개념과 중화 기술 5가지를 설명하시오.

[개념형] #청소년 비행 문화 이론
34 다른 친구와 싸우던 A학생은 다른 친구들이 자신을 보고 문제아라고 하자 더 거칠게 행동하기 시작했다. 이 현상을 설명할 수 있는 이론의 명칭과 해당 이론을 설명하시오.

[개념형] #학교 팽창
35 인간 자본론의 관점에서 학교 팽창 현상을 설명하시오.

[개념형] #학교 팽창
36 학습 욕구 이론의 개념과 한계점 2가지를 설명하시오.

[개념형] #학교 팽창
37 김 교사는 학교가 산업 사회의 핵심 기관으로, 사람들의 학력이 높아지는 원인은 직종이 다양해지기 때문이라고 생각한다. 김 교사의 생각을 반영하는 학력에 대한 사회 이론의 개념을 설명하고, 대표적인 학자 2인과 그 입장을 각각 설명하시오.

모범답안 198~200p

[개념형] #학교 팽창
38 지위 경쟁 이론의 개념과 한계점 2가지를 설명하시오.

[사고형] #교육과 평등 #교육 평등관
39 결과적 평등 실현 방안 3가지를 설명하시오.

CHAPTER 3 평생 교육과 다문화 교육

개념형 #평생 교육 #평생 교육의 이해
40 교육의 수직적 차원과 수평적 차원에 대해 설명하고, 이를 활용하여 평생 교육의 개념을 설명하시오.

개념형 #평생 교육 #평생 교육의 이해
41 다베(Dave)가 주장한 평생 교육의 개념과 핵심적 특성 4가지를 설명하시오.

개념형 #평생 교육 #평생 교육의 이해
42 들로어(Delors)의 평생 교육 실천 원리 4가지를 설명하시오.

개념형 #평생 교육 #평생 교육의 이해
43 평생 교육에 대한 기능론적 관점과 갈등론적 관점을 설명하시오.

모범답안 201~203p

[개념형] #평생 교육 #평생 교육론
44 순환 교육론의 개념과 순환 교육의 원리 5가지를 설명하시오.

[개념형] #평생 교육 #평생 교육론
45 전환 학습의 개념과 유형 3가지를 설명하시오.

[개념형] #평생 교육 #평생 교육론
46 페다고지와 안드라고지의 차이점 3가지를 설명하시오.

[개념형] #다문화 교육 #다문화 교육의 이해
47 다문화 교육의 개념과 목표 3가지를 설명하시오.

개념형 #다문화 교육 #다문화 교육의 이해
48 동화주의와 다원주의를 설명하시오.

사고형 #다문화 교육 #다문화 교육의 이해
49 소수자 적응 교육, 소수자 정체성 교육, 소수자 공동체 교육을 설명하시오.

모범답안 203~205p

메가쌤
교육학
개념 인출서
인출 연습문제

PART 08

교육사 및 교육철학

CHAPTER 1 | 한국 교육사
CHAPTER 2 | 서양 교육사
CHAPTER 3 | 교육철학

CHAPTER 1 한국 교육사

개념형 #삼국시대의 교육 #고구려의 교육
01 고구려의 교육 기관 2개와 그 특징을 각각 설명하시오.

개념형 #삼국시대의 교육 #신라의 교육
02 신라의 화랑도 교육에 대해 설명하시오.

개념형 #통일 신라시대의 교육
03 통일 신라의 고등 교육 기관과 그 특징을 설명하시오.

개념형 #고려시대의 교육 #교육 기관 #사학
04 고려시대 사학인 12도의 교육 방법 3가지를 설명하시오.

[개념형] #고려시대의 교육 #교육 사상가
05 지눌의 핵심 교육 사상 2가지와 그 의미를 설명하시오.

[개념형] #조선시대의 교육 #교육 기관 #관학
06 조선시대 성균관의 입학 자격에 대해 설명하시오.

[개념형] #조선시대의 교육 #교육 기관 #사학
07 조선시대 서원에 대해 설명하시오.

[개념형] #조선시대의 교육 #과거 제도
08 조선시대 과거 제도의 의의와 한계점 2가지를 각각 설명하시오.

모범답안 208~209p

[개념형] #조선시대의 교육 #교육 사상가 #성리학
09 이황의 위기지학(爲己之學)과 거경궁리(居敬窮理)를 설명하시오.

[개념형] #조선시대의 교육 #교육 사상가 #성리학
10 이황과 이이의 교육 사상의 차이점을 설명하시오.

[개념형] #근대의 교육 #교육 개혁
11 갑오개혁의 주요 교육 개혁 내용 3가지를 설명하시오.

[개념형] #일제 강점기의 교육 #통감부의 교육 정책
12 통감부의 교육 정책을 설명하시오.

[개념형] #일제 강점기의 교육 #일제의 교육 정책
13 제3차 조선 교육령(1938)의 교육 정책에 대해 설명하시오.

[개념형] #일제 강점기의 교육 #교육 사상가
14 안창호의 교육 사상에 대해 설명하시오.

모범답안 210~211p

CHAPTER 2 서양 교육사

개념형 #그리스의 교육
15 고대 그리스 교육에 대해 설명하시오.

개념형 #그리스의 교육 #교육 사상가
16 플라톤의 국가론에 대해 설명하시오.

개념형 #그리스의 교육 #교육 사상가
17 아리스토텔레스가 주장한 개인의 발달 과정에 대해 설명하시오.

개념형 #중세의 교육 #세속 교육
18 중세시대 대학의 발생 배경과 발달 과정에 대해 설명하시오.

개념형 #종교 개혁기의 교육
19 종교 개혁의 교육적 의의 4가지를 설명하시오.

개념형 #실학주의 교육
20 실학주의 교육의 특징 3가지를 설명하시오.

개념형 #실학주의 교육 #교육 사상가
21 코메니우스가 주장한 교육 단계에 대해 설명하시오.

개념형 #실학주의 교육 #교육 사상가
22 코메니우스의 합자연의 원리와 이에 따른 교수 원리 4가지를 설명하시오.

모범답안 212~214p

개념형 #계몽주의의 교육
23 계몽주의 교육의 특징 3가지를 설명하시오.

개념형 #계몽주의의 교육
24 로크의 교육만능설과 형식도야설에 대해 설명하시오.

개념형 #계몽주의의 교육 #자연주의 교육
25 루소의 합자연의 원리에 의한 교육에 대해 설명하시오.

개념형 #계몽주의의 교육 #자연주의 교육 #19세기의 교육 #신인문주의 교육
26 루소와 페스탈로치의 사상을 비교하여 설명하시오.

개념형 #19세기의 교육 #신인문주의 교육
27 헤르바르트가 주장한 교수 4단계를 설명하시오.

사고형 #그리스의 교육 #교육 사상가
28 소크라테스의 반문법과 산파법에 대해 설명하고, 적용 사례 1가지를 서술하시오.

모범답안 214~216p

CHAPTER 3 교육철학

개념형 #교육철학의 이해 #교육철학의 영역
29 교육철학의 4가지 기능을 설명하시오.

개념형 #전통 철학과 교육
30 실용주의의 교육 원리에 대해 설명하시오.

개념형 #현대 고전적 교육철학과 교육
31 킬패트릭의 진보주의 교육 방법에 대해 설명하시오.

개념형 #현대 고전적 교육철학과 교육
32 진보주의의 교육 원리에 대해 설명하시오.

개념형 #현대 고전적 교육철학과 교육
33 본질주의에서의 교사 역할에 대해 설명하시오.

개념형 #현대 고전적 교육철학과 교육
34 진보주의 교육과 본질주의 교육의 차이점을 설명하시오.

개념형 #현대 비판적 교육철학과 교육
35 실존주의 교육 사상가인 부버의 교육관에 대해 설명하시오.

개념형 #현대 비판적 교육철학과 교육 #분석철학
36 피터스가 주장한 교육 성립의 준거 3가지를 설명하시오.

모범답안 217~219p

[개념형] #현대 비판적 교육철학과 교육
37 푸코가 주장한 규율적 권력의 행사 방법 3가지를 설명하시오.

[개념형] #현대 비판적 교육철학과 교육
38 포스트모더니즘의 교육 원리에 대해 설명하시오.

[개념형] #현대 비판적 교육철학과 교육
39 분석 철학에서의 교사 역할에 대해 설명하시오.

[개념형] #현대 비판적 교육철학과 교육
40 비판 이론가인 하버마스의 비판 이성과 의사소통적 이성에 대해 설명하고, 하버마스의 이론이 교육에 주는 시사점에 대해 설명하시오.

MEMO

MEMO

메가스터디가 만든 교원임용 전문브랜드 메가쌤 | 메가쌤

> 부족한 부분은 **더 채우고** X 시작은 **실전처럼 독하게**

한번에 One stop!
언제라도 응시 가능한
채움모의고사
상시 연습 모의고사
(온라인)

오직 합격을 위한
본질에만 집중한
전국모의고사
실전 대비 모의고사
(현장&온라인)

메가쌤 임용전문관
합격을 위한 메가쌤만의 임용캠퍼스

🏢 메가쌤 임용전문관은?
- 합격을 위한 최적의 환경 구성
- 교원임용준비에 최적화된 학습 체계
- 전문 담임 제도 등을 통한 최상의 수험 분위기 조성
- 메가쌤만의 콘텐츠로 합격 지원

독학 CLASS

최적화된
합격 시스템!

동행 CLASS

프리미엄 소수정예
관리를 통한 합격!

\+

등록 시 추가 혜택

임용스터디룸　　임용강의실　　임용휴게실

- 문의: (02) 2039-5866 ・ 홈페이지: www.megassam.co.kr ・ 주소: 서울시 동작구 노량진로 188, 에버스핀빌딩 5층

**단순 암기 NO! 실전 적용 YES!
개념 및 사고 인출 연습을 위한 필수 인출서**

다양한 학습 활용이 가능하도록 2권으로 구성
출제 영역별 필수 이론 점검 및 사고 인출 학습을 위한 **"인출 연습문제"**
빠른 답안 확인 및 개념 학습(점검·암기)을 위한 **"인출 연습문제 & 모범답안"**

80022

정가 18,000원
(2권 1세트)
ISBN 978-89-6634-173-3

개념 인출서

인출 연습문제 & 모범답안

2023
중등교원
임용시험 대비

메가스터디가 만든 교원임용 전문브랜드 메가쌤

메가스터디가 만든 교원임용 전문브랜드 메가쌤 | 메가쌤

메가쌤
중등교원 임용 시험 대비
교육학 교재 시리즈

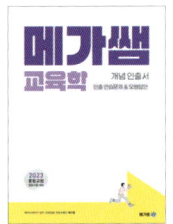

메가쌤
통합 이론서
상/하
▼
이론 체계 확립 및 인출
연습을 위한 **마인드맵**

"출제POINT & 주요 개념 및
용어 정리 & 이론 확장"을
통한 친절한 **이론 정리**

메가쌤
출제 이론 공략서
필수편 & 확인편
▼
출제 영역 중심으로 구성한
마인드맵 + 이론 + OX 문제

메가쌤
기출 공략서
인출편 & 실전편
▼
인출 연습을 위한
객관식 기출문제와
이를 변형한 서술형 연습문제

실전 대비를 위한
논술형 기출문제와 실전 연습문제

메가쌤
개념 인출서
인출 연습문제 & 모범답안
▼
이론 학습 체득을 위한
출제영역별 인출 **연습문제**

빠른 답안 확인 및 암기 교재로
활용 가능한 **모범답안**

* 발간 일정 및 자세한 교재 구성은 메가쌤 홈페이지(www.megassam.co.kr)에서 확인 바랍니다.

메가쌤 교육학

개념 인출서
인출 연습문제 & 모범답안

2023 중등교원 임용시험 대비

메가스터디가 만든 교원임용 전문브랜드 메가쌤

집필·검수
메가쌤 임용연구소

발행 초판 1쇄 2022년 5월 30일
펴낸곳 메가쌤
편집기획 한영미 이채현
디자인 메가스터디DES
판매영업 순아람 오지은 박종규 최득수

출판등록 2007년 12월 12일 제322-2007-000308호
주소 (06657) 서울시 서초구 반포대로 81, 4층 (서초동, 영림빌딩)
문의 1661-7391
홈페이지 www.megassam.co.kr
ISBN 978-89-6634-173-3 (13370)
정가 18,000원

Copyright ⓒ 메가엠디(주)
이 책에 대한 저작권은 메가엠디(주)에 있습니다.

• 이 책은 저작권법에 따라 보호받는 저작물이므로 무단전재와 무단복제 및 배포를 금지하며
• 책 내용의 전부 또는 일부를 이용하려면 반드시 저작권자와 출판권자의 서면동의를 받아야 합니다.
• 메가쌤은 메가엠디(주)의 교원임용 전문 브랜드입니다.

PREFACE

모든 순간이 헛되지 않도록

지난 여름, 임용고시 브랜드 론칭을 위해 모인 회의실은 오래도록 불이 꺼지지 않았습니다. 콘텐츠 개발, 투자 방향, 서비스 우선순위까지 무엇 하나 쉽게 결정되는 것이 없었습니다. 흔한 자랑으로 들리겠지만 메가스터디는 다양한 수험 분야에서 합격 서비스를 구현해 내는 일에 익숙했고 그 시간이 오래 걸리지 않았기에 오래도록 꺼지지 않는 회의실 불은 고통스러운 숙고의 시간들이었습니다.

그렇게 계절이 지나 봄이 왔을 즈음, 우리는 메가쌤의 첫걸음을 선보였습니다. 그것은 강의도 강사도 학원도 아닌 교육학 교재였습니다. 방대한 이론·서술형 답안·정답이 아닌 문제 해결 능력을 요구하는 시험의 특성상 제대로 된 교재가 합격의 첫걸음이라는 결론에 이르렀고, 통상 1년 이상이 소요되는 오랜 고시 공부 기간이 헛되지 않기 위해서는 더더욱 체계적인 교재 라인업을 구성하는 것이 필요하다고 판단했습니다.

이런 맥락에서 우리 교재에는 '빠른 합격', '단기 완성', '족집게 문제'와 같은 수식어가 없습니다. 어쩌면 '호시우보[虎視牛步](범처럼 노려보고 소처럼 걷는다는 뜻으로, 예리한 통찰력으로 꿰뚫어보고 성실하게 노력한다)'와 같은 오랜 격언이 더 어울릴지도 모르겠습니다. '통합 이론서-출제 이론 공략서-기출 공략서-개념 인출서'로 이어지는 메가쌤 교재 라인업은 매 순간 최선을 다하는 수험생의 모든 순간을 올곧이 결실로 만들겠다는 높은 자부심을 가지고 있습니다.

메가쌤 교육학 개념 인출서는 지금까지 학습한 이론을 점검할 수 있도록 출제 가능성이 높은 필수 이론을 바탕으로 문제를 출제하였으며, 「인출 연습문제」와 「인출 연습문제&모범답안」으로 분권하여 다양한 학습 활용이 가능하도록 구성하였습니다. 「인출 연습문제」로 출제 영역별 필수 이론 점검 및 사고 인출 학습을 하고 「인출 연습문제&모범답안」으로 빠른 답안 확인 및 개념 점검, 암기 학습을 한다면 방대한 교육학 개념을 효율적이고 확실하게 잡을 수 있을 것입니다. 완전무결한 책이라 단언할 수는 없겠지만, 적어도 우리 콘텐츠로 학습하는 모든 순간은 헛되지 않을 것이라 자부합니다.

우리의 교재가 예리하고 정확한 호랑이의 눈이 되어, 소처럼 우직하게 걸어가는 누군가의 발걸음을 모두 빛나게 해주길- 진심으로 바라봅니다.

메가쌤 임용연구소

C/O/N/T/E/N/T/S

- 중등교사 임용시험 정보   6p
- 교육학 과목 정보   8p
  출제 경향 분석 | 효율적인 교육학 학습법
- 메가쌤 개념 인출서 구성   10p

PART 01 교육과정   14p

PART 02 교육행정   38p

PART 03 교육공학 및 교육 방법   72p

PART 04 교육평가   108p

PART 05	교육심리	136p
PART 06	생활지도 및 상담	168p
PART 07	교육사회학	188p
PART 08	교육사 및 교육철학	208p

중등교원 임용시험 정보

▶ '응시자격', '시험 과목 및 유형', '시험 일정'은 지역별로 차이가 있으니, 반드시 응시하고자 하는 지역 시·도교육청 홈페이지에서 안내를 확인하시기 바랍니다.

시험명: 공립(국, 사립) 중등학교교사 임용후보자 선정경쟁시험

응시자격: 선발예정 표시과목의 중등학교 준교사 이상 교원자격증 소지자 및 부전공 표시과목 교원자격증 소지자(차년도 2월 해당 과목 교원자격증 취득 예정자 포함)
※ 2013년부터 한국사능력검정시험(국사편찬위원회) 3급 이상 합격자에 한해 교원 임용시험 응시 자격을 부여하고 있음

시험 과목 및 유형

• 제1차 시험

시험 과목 및 유형			문항 수	배점		시험 시간
교육학	1교시	논술형	1문항	20점		09:00~10:00 (60분)
전공	전공 A	2교시	기입형	4문항	8점	40점	10:40~12:10 (90분)
			서술형	8문항	32점		
	전공 B	3교시	기입형	2문항	4점	40점	12:50~14:20 (90분)
			서술형	9문항	36점		
소계			23문항	80점		
합계(배점)			24문항	100점		

• 제2차 시험

시험 과목	시험 시간
교직적성 심층면접, 교수·학습 지도안 작성, 수업능력 평가(수업실연, 실기·실험)	시·도교육청 결정

※ 제2차 시험은 시·도별, 과목별로 다를 수 있음

시험 일정

사전 예고문	시험 공고	원서 접수	제1차 시험		제2차 시험	최종 합격자 발표
			시험	합격자 발표	시험	
6~8월	10월	10월	11월	12월	1월 실기·시험평가 교수·학습 지도안 작성/수업실연 교직적성 심층면접	2월

시험 관리 기관	• 시·도교육청: 시행공고, 원서 교부·접수, 문답지 운송, 시험 실시, 합격자 발표 • 한국교육과정평가원: 제1차 시험 출제 및 채점, 제2차 시험 출제
출제 원칙	• 중등학교(특수학교 포함) 교사에게 필요한 전문 지식과 자질을 종합적으로 평가함 • 학교 교육 현장에서 실제적으로 적용할 수 있는 지식, 기능, 소양을 종합적으로 평가함 • 지식, 이해, 적용, 분석, 종합, 평가, 문제해결, 창의, 비판, 논리적 기술 등을 종합적으로 평가하기 위해 다양한 문항 유형으로 출제함 • 중등학교 교사 양성기관의 교육과정을 충실히 이수한 자면 풀 수 있는 문항을 출제함 • '중등교사 신규임용 시·도공동관리위원회'가 발표한 『표시과목별 교사 자격 기준과 평가 영역 및 평가 내용 요소』를 참고하여 출제함
교육학 출제 범위	• 교육학 문항 수는 1개이나 보통 그 안에 4개 안팎의 세부 내용으로 나뉘고, 이것을 하나의 주제로 묶어 묻는 형식 • 배점은 대체로 20점 중 5점을 형식 및 주제 연계성에 할당하고, 세부 내용별로 각각 4점 또는 3점을 부여

구분	출제 범위 및 내용	배점 예시
논술의 내용 [총 15점]	교육부 고시 제2017-126호(2017.8.30.)의 부칙 제3조(경과조치) 제13호에 근거한 교육부 고시 제2016-106호(2016.12.23.)의 [별표2] '교직과목의 세부 이수기준'에 제시된 교직이론 과목	4
		4
	교육학개론, 교육철학 및 교육사, 교육과정, 교육평가, 교육방법 및 교육공학, 교육심리, 교육사회, 교육행정 및 교육경영, 생활지도 및 상담	4
	※ 특수(중등) 과목, 비교수 교과도 동일하게 적용	3
논술의 구성과 표현 [총 5점]	논술의 내용과 주제의 연계 및 논리적 형식	3
	표현의 적절성	2
합계		20

채점기준 및 방법	• 중등교사 임용시험 문항의 '모범답안'과 '채점기준'은 비공개를 원칙으로 함 • 채점은 채점위원 3인의 독립 채점으로, 확정된 채점기준에 따라 하나의 답안에 대하여 3인이 독립적으로 채점 후 평균 점수를 산출함

교육학 과목 정보

단순 이론 암기를 넘어
교육 현장에 접목하는 **입체적 학습이 필수!**

교육학은 교사로서 전문적인 능력을 측정하는 시험으로 지식, 이해, 적용, 분석, 종합, 평가, 문제 해결, 창의, 비판, 논리적 기술 등을 종합적으로 평가합니다.

교육학 출제 경향은 이론의 단순 암기 수준을 확인하기보다는 실제 교육 현장에서 교사에게 필요한 역량과 결부하여 관련 이론을 활용할 준비가 되었는지를 묻는 방향으로 변화하고 있습니다. 질문에 대한 답을 인출하는 것을 기본으로 하되, 관련 개념을 현장에 적용한 사례는 어떤 모습일지, 문제가 있다면 어떻게 보완할 수 있을지 등을 사고하며 문제를 풀어야 합니다. 이렇듯 교직 사례에 대한 구체적인 조건을 제시하며 지식의 활용을 묻는 열린 문제가 늘어남에 따라 내용 이해를 바탕으로 이를 교육 현장에 적용할 수 있는 문제 해결 능력이 요구되고 있습니다.

▶ **학년도별 출제 경향 분석**

구분	주제	출제영역		
		교육사 및 교육철학	교육과정	교육심리
2022	학교 내 교사 간 활발한 정보 공유를 통한 교육의 내실화		수직적 연계성	
2021	학생의 선택과 결정의 기회를 확대하는 교육		교육과정 운영 관점	
2020	토의식 수업 활성화 방안, 초연결 사회에서의 소통과 협력		영 교육과정	인지 발달 이론(비고츠키)
2019	수업 개선을 위한 교사의 반성적 실천, 모둠 활동		학습 경험 조직 원리 잠재적 교육과정	지능 이론(가드너)
2018	학생의 다양한 특성을 고려하는 교육, 학생의 학업 특성 결과		개발 모형(워커)	
2017	2015개정 교육과정의 실질적 구현 방안, 단위 학교 차원		내용 조직 원리	
2016	교사가 갖추어야 할 역량		경험 중심 교육과정	발달 이론 - 인지(반두라), 비인지(에릭슨)
2015 상반기	다양한 요구에 직면한 학교 교육에서의 교사의 과제			
2015	학교 교육 문제 확인 및 개선 방안 모색	자유교육	백워드 교육과정 설계	
2014 상반기	학교 부적응 행동, 수업 효과성		학문 중심 교육과정	
2014	수업 시 소극적 행동 및 학습 동기 유발		잠재적 교육과정	

• 효율적인 교육학 학습법

이론 학습	출제 이론 체득	인출 연습	실전 연습
교육학 과목의 전반적인 이해	효율적인 학습을 위한 필수 이론 체득	개념 인출 및 개념과 현장의 사례를 적용한 실전형 인출 연습	본고사와 동일한 환경 및 문항을 통한 실전 경험 체득

기출 학습

출제 경향 분석	기출문제 상세 분석	기출 변형 문제 연습	기출형 실전 문제 연습

출제영역					제시문 형식
생활지도 및 상담	교육공학 및 교육 방법	교육평가	교육행정	교육사회학	
	딕과 캐리의 체제적 교수설계 모형	총평관	학교 중심 연수		교사 2인 대화
	구성주의 학습 웹/ 자원 기반 학습	자기평가	의사결정 이론/모형		대학 친구에게 편지
	구성주의 학습 (토의법, 정착 수업)	평가의 유형 평가 도구의 양호도	학교조직론(조직 문화)		교사 협의회 4인
		준거 참조 평가, 능력 참조 평가, 성장 참조 평가	지도성		성찰 메모
	PBL	내용 타당도	장학		교사 2인 대화
	구성주의 학습 환경 설계 (조나센)	형성평가	교육기획		신문기사, 교장 1인과 교사 3인
		준거 지향 평가	학교조직론(비공식 조직)		자기개발 계획서
	일반적 교수 체제 설계		학교조직 (관료제, 이완결합 체제)	기능론적 관점	학교장 특강
	켈러 ARCS 모형		학습조직		워크숍 분임 토의 결과
행동 중심 상담, 인간 중심 상담			장학	차별 접촉 이론, 낙인 이론	교사 성찰 일지
	협동 학습	형성평가	지도성 이론 (허시와 블렌차드)	문화실조	교사 대화

메가쌤 인출서 구성

→ 출제 가능성이 높은 필수 이론을 활용하여
학습 내용을 인출해 내는 연습을 반복할 수 있도록 구성하였습니다.

✏️ 다양한 학습 활용이 가능하도록 2권으로 구성

✏️ 출제 영역별 필수 이론 점검 및 사고 인출 학습을 위한 "인출 연습문제"

✏️ 빠른 답안 확인 및 개념 학습(점검/암기)을 위한 "인출 연습문제&모범답안"

• **메가쌤과 함께하는 교육학** 효율적인 교육학 학습을 위한 메가쌤 교육학 시리즈

메가쌤 통합 이론서 상/하	메가쌤 출제 이론 공략서 필수편 & 확인편	메가쌤 개념 인출서 인출 연습문제 & 모범답안	메가쌤 전국모의고사 /메가쌤 채움모의고사

교육학 과목의 전반적인 이해	효율적인 학습을 위한 필수 이론 체득	개념 인출 및 개념과 현장의 사례를 적용한 실전형 인출 연습	본고사와 동일한 환경 및 문항을 통한 실전 경험 체득
이론 학습	**출제 이론 체득**	**인출 연습**	**실전 연습**

메가쌤 기출 공략서
인출편 & 실전편

기출 학습

| 출제 경향 분석 | 기출문제 상세 분석 | 기출 변형 문제 연습 | 기출형 실전 문제 연습 |

CHAPTER 1 교육과정의 이해

CHAPTER 표기

CHAPTER별 인출 문제

[개념형] #교육과정의 개념
01 교육과정에 대한 계획·전개·실현의 3가지 측면에서의 개념을 각각 설명하시오.

답안 작성 공간

인출 연습문제
· 나의 학습 계획에 맞춰, 출제 키워드 중심으로 이론 및 사고 인출 연습
· 스터디 모임에서 인출 연습문제 활용

[개념형] #교육과정의 역사 #교육과정의 철초기
02 현대적 교육과정에 대해 최초로 논의를 시

[개념형] #교육과정의 역사 #교육과정의 철초기
03 교육과정 구성의 과학화를 주장한 보비트

[개념형] #교육과정의 역사 #개념적 경험주의
04 개념적 경험주의의 교육과정에 대한 기본

출제 유형

CHAPTER 4 교육과정 운영과 실제

PART 01

[개념형] #학교 수준 교육과정의 운영
45 교육과정의 운영 주체인 교원의 역할에서 본 교육과정의 운영 원리 3가지를 설명하시오.

교원의 역할에서 본 교육과정의 운영 원리 3가지에는 자율성의 원리, 전문성의 원리, 책무성의 원리가 있다. 자율성의 원리는 교육과정 운영에서 학교와 교원이 부당한 외부의 간섭으로부터 벗어나 독립적인 자기 결정과 실천을 할 수 있음을 인정하는 것이다. 전문성의 원리는 교육과정의 운영이 일상인의 교육 활동과 다른 차원의 전문성을 띠어야 한다는 것이다. 책무성의 원리는 학교와 교원이 교육과정에 제시된 학교급별 목표, 학년별·교과별 목표, 교과의 단원 목표 및 성취 기준을 달성해야 한다는 것이다.

PART 표기

[개념형] #학교 수준 교육과정의 운영
46 학교 수준 교육과정의 발전 과제 5가지를 설명하시오.

상세한 모범답안

학교 수준 교육과정의 발전 과제 5가지는 다음과 같다. 첫째, 학교 안팎의 권한과 권위가 분산되어야 한다. 즉, 국가와 지방 자치 단체에서는 학교 당국 및 구성원에게 교육과정 편성과 운영에 관련된 실질적인 권한을 부여해야 한다. 둘째, 관료적이고 수직적인 의사소통 체제가 아니라 민주적인 의사소통 체제가 작동하는 민주적인 조직 구조와 협동이 강조되어야 한다. 셋째, 학교장의 교육과정 지도성이 발휘되어야 한다. 넷째, 학교의 구성원들이 비전을 공유하고, 설정된 목표 달성을 위해 협의하고 실천하며, 그 결과에 대하여 책임감을 공유하도록 해야 한다. 다섯째, 학교 구성원들에게 교육과정 편성·운영에 필요한 전문적인 지식과 경험을 습득할 수 있는 기회를 제공하고, 교육과정과 관련된 활동을 하는 데 필요한 시간을 충분히 확보해야 한다.

출제 키워드

[개념형] #교실 수준 교육과정의 운영
47 스나이더(Snyder)의 교육과정 실행의 관점 3가지를 설명하시오.

스나이더(Snyder)의 교육과정 실행의 3가지 관점에는 충실성 관점, 상호적응적 관점, 형성적 관점이 있다. 충실성 관점은 교육과정 실행의 성격을 기존에 계획되어 있는 교육과정을 원래의 의도대로 이행하는 것으로 규정하는 관점이다. 교육과정 실행의 성공 여부는 최초 목적의 달성 여부에 따라 판단된다. 상호적응적 관점은 교육과정의 계획과 실행은 하향식의 일방적 관계로 존재하지 않고 서로 영향을 주고받는 상호적 관계에 있다는 관점이다. 중앙과 현장 간에 상호 교섭 과정이 개입하고 실행자의 유연한 권한이 부여된다는 것에 주목한다. 형성적 관점은 교육과정 실행의 성격을 일종의 입법 혹은 공연의 과정과 유사하게 이해하는 관점으로, 특별히 교사와 학생이 함께 만들어 나가는 교육 경험을 중심으로 교육과정 실행의 성격을 규정한다. 교육과정 실행의 핵심은 그것을 실천하는 교사와 학생의 수업 장면에 있으며, 수업 바깥에서 주어진 교육과정 문서는 실제의 교육과정 형성에 있어서 부수적인 역할에 국한된다.

인출 연습문제 & 모범답안
· 작성한 나의 답안과 모범답안을 비교하며, 필수 이론 개념을 확실하게 점검
· 휴대용 필수 이론 암기북으로 활용

CHAPTER 표기

메가쌤
교육학
개념 인출서
인출 연습문제 & 모범답안

PART 01

교육과정

CHAPTER 1 | 교육과정의 이해
CHAPTER 2 | 교육과정 개발
CHAPTER 3 | 교육과정 유형
CHAPTER 4 | 교육과정 운영과 실제

CHAPTER 1 교육과정의 이해

개념형 #교육과정의 개념
01 교육과정에 대한 계획·전개·실현의 3가지 측면에서의 개념을 각각 설명하시오.

> 교육과정은 크게 계획된 교육과정(문서로서의 교육과정), 전개된 교육과정(실천으로서의 교육과정), 실현된 교육과정(성과/산출로서의 교육과정)으로 나눌 수 있다. 첫째, 계획된 교육과정은 일반적으로 '무엇을, 어떻게, 왜 가르칠 것인가'에 대한 계획을 담고 있는 문서를 가리키는 용어로, 우리나라의 경우, 교육과정을 운영하는 주체에 따라 국가, 지역, 학교 3가지 교육과정으로 구분된다. 둘째, 전개된 교육과정은 교실에서 교사가 실제로 가르치는 것으로, 교사에 의해 해석되어 실행된 교수 활동을 의미한다. 일반적으로 계획된 교육과정보다 학생들에게 더 큰 영향을 미친다. 마지막으로 실현된 교육과정은 교수·학습 활동에 참여한 결과, 학생들이 실제로 갖게 되는 경험이나 성취를 의미한다.

개념형 #교육과정의 역사 #교육과정의 정초기
02 현대적 교육과정에 대해 최초로 논의를 시작한 사람과 그의 기본 입장 3가지를 설명하시오.

> 현대적 교육과정을 최초로 논의한 사람은 스펜서(Spencer)이다. 스펜서의 교육과정에 대한 3가지 기본 입장은 다음과 같다. 첫째, 상류 귀족층의 지적 허영심을 만족시키는 형식적 교육과 대학 준비를 위한 암기식 교육 등의 고전적 교육을 비판했다. 둘째, 교육의 목적을 '어떻게 살 것인가?'라는 물음에 두고, 의식주에 필요한 물질 획득에 도움이 되거나 자녀 양육과 교육에 관한 활동 등 실제 생활에 도움이 되는 지식을 가치 있는 지식이라고 보았다. 셋째, 교육은 농업 봉건 사회, 계급 신분제 사회에서 도시 산업 사회의 노동자와 민주 시민에게 지, 덕, 체를 기르는 교육이되, 귀족을 위한 것이 아닌 과학적 기반의 지식에 대해 우선순위를 두고 교육할 것을 주장했다.

개념형 #교육과정의 역사 #교육과정의 정초기
03 교육과정 구성의 과학화를 주장한 보비트(Bobbit)의 교육과정 구성 5단계를 설명하시오.

> 보비트(Bobbit)가 주장한 교육과정의 구성 5단계는 다음과 같다. 첫째, 언어, 건강, 시민생활, 종교생활, 가정생활 직업 등 인간의 경험(성인의 삶)을 광범위하게 분석한다. 둘째, 주요 분야의 직무 활동 영역을 구체적인 활동으로 분석한다. 셋째, 활동을 수행하는 데 필요한 능력을 진술하여 교육 목표를 추출하고 열거한다. 넷째, 열거된 교육 목표에서 최종 교육 목표를 선별·선정한다. 다섯째, 상세한 교육 계획을 세운다.

[개념형] #교육과정의 역사 #개념적 경험주의

04 개념적 경험주의의 교육과정에 대한 기본 입장 3가지를 설명하시오.

> 개념적 경험주의의 교육과정에 대한 3가지 기본 입장은 다음과 같다. 첫째, 교육과정을 설명·통제·예측이 가능한 실증적 탐구 분야로 보았다. 둘째, 교육은 하나의 독립적인 학문이 아니며, 여러 학문에 의해 탐구되어야 할 영역이라고 주장했다. 셋째 사회 과학자들의 개념적이고 경험적인 용어를 사용하여 사회 과학의 방법론적 특성인 가설의 개발과 검증을 통해 교육에 과학적 이론을 도입하고자 했다.

[개념형] #교육과정의 역사 #재개념주의

05 파이너(Pinar)에 의하여 1970년대부터 추진되어 온 교육과정 재개념화의 기본 입장 3가지를 설명하시오.

> 재개념주의자인 파이너(Pinar)는 학교나 교육의 문제가 보다 큰 사회적 틀 안에서 이해되어야 하며, 교육과정과 학교, 사회 간의 상호 관련성에 초점을 맞춰 다루어야 한다고 주장했다. 파이너(Pinar)가 주장한 교육과정 재개념화의 기본 입장 3가지는 다음과 같다. 첫째, 지금까지의 교육과정이 개발과 설계, 계열화, 교수, 목표 등 공식적이고 거시적인 것에만 관심을 기울임으로써 학생들의 경험에는 소홀하였음을 지적했다. 둘째 교육과정이 '개인'을 강조해 왔음에도 불구하고, 단지 슬로건이나 추상적 개념으로만 남아 있으며, 구체적인 삶과의 관련성은 결여되어 있다고 지적했다. 셋째, 학교 교육이 초래한 비인간화의 병폐로부터 벗어나기 위해 교육적 경험의 본질을 밝히는 일이 무엇보다 중요하므로 인간 내면의 경험에 대한 탐구에 초점을 맞추어야 한다고 주장했다.

CHAPTER 2 교육과정 개발

[개념형] #교육과정 개발의 일반적 원리 #교육 목표 분류

06 블룸(Bloom)은 인지적 영역을 복잡성의 수준에 따라 6가지 수준으로 분류했다. 6가지 수준과 예시를 각각 설명하시오.

> 블룸(Bloom)이 분류한 인지적 영역의 6가지 수준은 지식, 이해, 적용, 분석, 종합, 평가 수준이다. 지식 수준에서는 독립된 정보를 기억해내고 재생하는 능력을 요구하는데, 삼투압의 원리 작성하기를 예로 들 수 있다. 이해 수준은 지식을 바탕으로 자료의 의미를 파악하는 능력이다. 하위 능력으로 번역, 해석, 추론이 있는데, 소설을 읽고 작가의 핵심 사상 파악하기를 예로 들 수 있다. 적용 수준은 개념, 원리, 방법 등의 추상적 개념을 구체적 사태에 적용하여 문제를 해결할 수 있는 능력이며, 사회 과학의 법칙이나 결론을 실제 사회 문제에 응용하기를 예로 들 수 있다. 분석 수준은 주어진 자료를 부분으로 나누어 부분 간의 상호 관계와 조직 원리를 발견하는 능력이며, 사실과 가설 식별하기를 예로 들 수 있다. 종합 수준은 여러 가지 요소나 부분을 새로운 의미 체계가 성립되도록 하나로 묶는 능력으로, 창의적 능력을 포함하며, 추상적 관계의 도출 능력 등을 예로 들 수 있다. 평가는 어떤 준거를 활용하여 자료의 가치를 판단하는 능력으로, 고전 소설의 정형성을 기준으로 『춘향전』을 평가하기 등을 예로 들 수 있다.

[개념형] #교육과정 개발의 일반적 원리 #교육 목표 분류

07 크래쓰월(Krathwohl)은 정의적 영역을 내면화의 수준에 따라 5가지 수준으로 분류했다. 5가지 수준과 예시를 각각 설명하시오.

> 크래쓰월(Krathwohl)이 분류한 정의적 영역의 5가지 수준은 감수(수용), 반응, 가치화, 조직화, 인격화 수준이다. 감수(수용)는 어떤 자극이나 활동에 주의를 기울이고, 기꺼이 수용하는 것이다. 쇼팽의 음악이 나오면 알아차리기를 예로 들 수 있다. 반응은 어떤 자극이나 활동에 적극적으로 참여하여 만족감을 얻는 것으로, 모차르트의 음악을 적극적으로 선택해서 감상하기 등을 예로 들 수 있다. 가치화는 특정 대상이나 활동에 대해 가치를 추구하고 행동으로 나타낸 것이다. 친구들에게 A영화를 보도록 적극적으로 권하기를 예로 들 수 있다. 조직화는 서로 다른 가치들을 비교하고 종합하여 일관된 가치 체계를 형성하는 것이다. 쇼팽의 음악을 좋아하는 사람이 다른 작곡가를 좋아하는 사람과 논쟁하기를 예로 들 수 있다. 인격화는 가치관이 일관성 있게 내면화되어 인격의 일부가 된 상태로, 개인의 행동과 생활의 기준이 된다. 쇼팽의 음악을 너무 좋아하여, 작곡가가 되기로 결정하기를 예로 들 수 있다.

[개념형] #교육과정 개발의 일반적 원리 #교육 내용의 선정
08 교육 내용의 선정 원리 중 타당성의 원리, 확실성의 원리, 흥미의 원리에 대해 설명하시오.

> 타당성의 원리란 교육 내용이 교육의 일반적 목표 달성에 도움을 주어야 한다는 것이다. 교육의 일반적 목표는 어떤 교과를 가르쳐야 하는가를 시사해 주며, 그 속에 어떤 지식, 기능, 가치들이 포함되어야 하는가를 알려준다. 확실성의 원리는 지식으로 구성되는 교육 내용이 가능한 참이어야 한다는 것으로, 참/거짓의 여부는 논리적이거나 경험적인 경우에는 간단하지만, 윤리적이거나 미학적인 지식의 경우에는 가리기 어렵다는 문제가 있다. 흥미의 원리는 학생들의 다양한 흥미가 개별 학생들에게 어떤 내용이 적합한지를 가려내는 데 도움을 준다는 것이다. 오늘날 교육 내용에 대한 선택의 폭이 확대된 것은 흥미가 교육 내용 선정에 주요한 원리가 되고 있기 때문이다.

[개념형] #교육과정 개발의 일반적 원리 #교육 내용의 조직
09 최 교사는 '중학교 3년 동안 배워야 할 과목 수가 너무 많아 학생들의 학습 부담이 크다.'라고 했다. 최 교사가 교육과정 설계의 문제를 제기한 조직 요소를 설명하시오.

> 최 교사가 문제를 제기한 교육과정 설계의 조직 요소는 범위(Scope)이다. 범위(Scope)는 특정한 시점에서 학생들이 배우게 될 내용의 폭과 깊이를 지칭하는 것으로, 교육 내용의 횡적 조직에서 고려해야 할 원리에 해당한다.

[개념형] #교육과정 개발의 일반적 원리 #교육 내용의 조직
10 교육 내용 조직의 수직적 연계성의 개념과 의의를 설명하시오.

> 수직적 연계성은 이전에 배운 내용과 앞으로 배울 내용의 관계에 초점을 둔 것으로, 특정한 학습의 종결점이 다음 학습의 출발점과 잘 맞물리도록 교육 내용을 조직하는 것을 말한다. 교육 내용 조직에서 수직적 연계성의 의의는 수직적 연계성이 학교급 간 또는 학년이나 단원 간의 교육 내용을 연결하는 데 중요한 역할을 한다는 점이다. 예를 들어 중학교에서 수학 교과를 제대로 이수한 학생들이 별다른 이유 없이 고등학교 수학 수업을 따라가지 못한다면 수학 교과의 수직적 연계성에 문제가 있을 가능성을 생각해 볼 수 있다. 또는 초등학교 3학년까지 전 과목의 성취도가 90% 이상이던 학생들이 4학년에 올라와서 학습 성취도가 급격하게 떨어진다면 과목들의 수직적 연계성 상태를 점검해 볼 필요가 있다.

[개념형] #교육과정 개발 모형

11 타일러(Tyler)의 교육 목표 진술 방법과 진술 방법에 따른 예시 1가지를 설명하시오.

> 타일러(Tyler)는 교육 목표를 진술할 때, 구체성이 결여된 채 포괄적으로 진술된 학생의 행동 변화는 교육 목표로 볼 수 없다고 주장했다. 따라서 바람직하고 실현성 있는 교육 목표가 되기 위해서는 학습 내용 또는 자료와 함께, 학습자에게 기대되는 행동이 구체적으로 진술되어야 한다고 주장했다. 타일러의 교육 목표 진술 방법으로 진술하면 '학생은 단리법을 이용하여 이자를 계산할 수 있다.'와 같이 작성할 수 있다.

[개념형] #교육과정 개발 모형

12 타일러(Tyler)의 전통적 교육과정 개발 모형에서 교육 목표 설정 시 고려해야 할 사항 3가지를 설명하시오.

> 타일러(Tyler) 모형의 교육 목표 설정 단계에서 고려해야 할 사항 3가지는 다음과 같다. 첫째, 학습자의 입장이다. 교육 목표는 학습자의 일반적인 발달 단계의 특성에 대한 이해뿐만 아니라, 학습자 간에 나타날 수 있는 개인차에 대한 이해를 토대로 설정되어야 한다. 둘째, 사회의 입장이다. 교육 목표는 사회 전체가 추구하는 이념 및 사회의 직접적인 요구를 반영해야 하고, 급변하는 사회의 필요에 대한 분석을 포함해야 한다. 셋째, 교과 전문가의 입장이다. 교육 목표는 반드시 학습해야 할 기본적인 내용과 교과의 최근 동향에 대한 분석을 포함해야 한다.

[개념형] #교육과정 개발 모형

13 타일러(Tyler)의 전통적 교육과정 개발 모형에서 학습 경험 선정 시 고려해야 할 일반 원칙 5가지를 설명하시오.

> 타일러(Tyler)의 모형에서 학습 경험 선정 시 고려해야 할 일반 원칙 5가지는 기회의 원칙, 만족의 원칙, 학습 가능성의 원칙, 일목표 다경험의 원칙, 일경험 다성과의 원칙이다. 기회의 원칙은 학생들이 교육 목표 달성에 필요한 학습 경험을 할 수 있는 기회를 제공해야 한다는 것이다. 만족의 원칙은 학생들이 학습함에 있어서 만족을 느끼는 경험을 제공해야 한다는 것이다. 학습 가능성의 원칙은 학생들이 현재 수준에서 경험이 가능한 것이어야 한다는 것이다. 일목표 다경험의 원칙은 하나의 목표를 달성하기 위해 여러 경험을 할 수 있는 것을 선정해야 한다는 것이다. 일경험 다성과의 원칙은 하나의 학습 경험을 통해 여러 가지 목표를 성취할 수 있는 경험을 선정해야 한다는 것이다.

[개념형] #교육과정 개발 모형

14 타일러(Tyler)의 전통적 교육과정 개발 모형의 장점과 단점 3가지를 각각 설명하시오.

> 타일러(Tyler) 모형의 장점 3가지는 다음과 같다. 첫째, 어떤 교과에도 적용이 가능하다. 둘째, 논리적이고 합리적인 절차를 제시한다. 셋째, 체계적이고 단순한 모형의 특징을 바탕으로 경험적·실증적 교육 성과를 연구하는 경향을 촉발시켰다. 타일러 모형의 단점 3가지는 다음과 같다. 첫째, 수업 진행 중 새롭게 생겨나는 부수적이고 확산적인 목표의 중요성을 간과했다. 둘째, 목표를 내용보다 우위에 두고, 내용을 목표 달성을 위한 수단으로 전락시켰다. 셋째, 무엇을 내용으로 삼을 것인지에 대한 논의 없이, 내용을 확인하는 절차만 제시했다.

[개념형] #교육과정 개발 모형

15 타일러(Tyler)의 전통적 교육과정 개발 모형의 특징 2가지를 설명하시오.

> 타일러(Tyler) 모형의 특징은 다음과 같다. 첫째, 교육 목표를 중시했다. 교육 목표는 교육과정 계획, 수업 자료 선정, 수업 절차 개발, 검사 제작의 지침과 준거 등의 역할을 수행하므로 교육 목표를 설정할 때는 학습자의 특성, 현대 사회의 특징, 교과의 특성을 체계적으로 분석해야 한다고 주장했다. 또한 평가에 용이하도록 교육 목표를 행동 목표로 명세화해야 한다고 강조했다. 둘째, 교육 목표의 달성 여부를 확인한다. 교육 프로그램이 종료되면 목표 달성 여부를 확인할 수 있는 자료를 수집하기 위해 검사 또는 시험을 실시하고, 프로그램 목표와 실제 수행 사이에 괴리가 발생할 경우 목표나 프로그램 또는 측정 방법에 대한 수정 작업이 수반된다.

[개념형] #교육과정 개발 모형

16 타바(Taba)의 교육과정 개발 모형과 타일러(Tyler)의 전통적 교육과정 개발 모형의 차이점 3가지를 설명하시오.

> 타바(Taba) 모형과 타일러(Tyler) 모형의 차이점은 다음과 같다. 첫째, 타일러는 학습 내용을 행동으로 평가해야 한다고 했으나, 타바는 학습 경험을 내용과 학습 활동으로 분리했다. 둘째, 타일러 모형은 목표 설정으로 시작하지만, 타바 모형은 목표 설정 전에 요구 진단 단계가 있다. 셋째, 타일러 모형은 평가 단계에서 끝이 나지만 타바 모형은 평가 이후에 균형과 계열성을 검증하는 단계가 있다.

[개념형] #교육과정 개발 모형
17 타바(Taba)의 교육과정 개발 모형의 장점 3가지를 설명하시오.

> 타바(Taba)의 교육과정 개발 모형의 장점은 다음과 같다. 첫째, 수업의 역동성을 교육과정에 반영할 수 있다. 수업 수준에서 교사가 교수·학습 활동을 어떻게 전개할 것인지를 염두에 두고, 시험 단원을 개발하는 데서 출발하여 교과 형식으로 진행되므로 수업의 다양한 상황을 반영한 교육과정 개발이 가능하다. 둘째, 학생의 요구와 특성의 반영이 가능하다. 학생의 요구 진단을 가장 먼저 실시하여 목표 설정 단계부터 학생의 요구와 특성을 반영할 수 있다. 셋째, 학생에게 적합한 학습 활동의 전개가 가능하다. 학습 내용을 먼저 결정하고, 이에 적합한 교수·학습 방법과 전략을 선택한 후 활동을 조직하므로 학생들에게 맞는 학습 활동을 제시할 수 있다.

[개념형] #교육과정 개발 모형
18 슈왑(Schwab)의 교육과정 개발 모형의 개념을 설명하시오.

> 슈왑(Schwab)의 교육과정 개발 모형은 교육과정 연구가 일반적 이론만을 중시할 것이 아니라 구체적·일상적 교육과정 문제에 관심을 가져야 한다는 것으로, 기존의 교육과정 연구가 지나치게 현실과 동떨어져 있음을 비판하며 등장했다. 슈왑의 교육과정 개발 모형인 실제적 교육과정 개발 모형의 목표는 학습자들이 실제적 상황에서 특정한 결정을 내릴 수 있는 능력을 기르는 것이다. 여기서 실제적 상황이란 일반적인 행동의 법칙이나 이론만으로 파악되는 것이 아니라 특수한 상황과 관련된 특수한 사실이나 지식에 바탕을 두고 해석되어야 한다는 것을 의미한다.

[개념형] #교육과정 개발 모형
19 워커(Walker)의 실제적 교육과정 개발 모형(자연주의적 모형)의 교육과정 개발 절차를 설명하시오.

> 첫 번째 단계는 토대 다지기(강령)이다. 교육과정 개발에 참여한 사람들이 서로 다른 기본 입장(강령)을 교환하고, 의사결정과 검토를 통해 판단을 내리기 위한 토대를 구축하는 단계이다. 두 번째 단계는 숙의로, 다양한 대안에 대한 논쟁을 거쳐 합의의 과정에 이르는 단계이다. 집단적이고 체계적인 논의 과정을 통해 문제 해결을 위한 최선의 대안을 선택한다. 세 번째 단계는 설계이다. 논의를 통해 개발 과정의 구성 요소들에 관해 내려진 최종 결정을 구체화하여 교육 프로그램의 상세한 계획을 수립하는 단계이다.

[개념형] #교육과정 개발 모형

20 파이너(Pinar)가 주장한 쿠레레(Currere) 방법의 4단계를 설명하시오.

> 쿠레레(Currere) 방법의 4단계는 회귀, 전진, 분석, 종합 단계이다. 회귀는 과거를 현재화하는 단계로, 이 단계에서는 정보 수집의 차원에서 과거의 경험을 최대한 생동감 있게 묘사하는 것이 중요하므로 자유 연상을 통해 과거를 상기하고 자신의 기억을 확장시켜 나간다. 전진은 자유 연상을 통해 미래를 상상하는 단계이다. 이 단계에서 학생은 심사숙고하여 가능한 미래를 상상한다. 분석은 현재로부터 보다 자유롭게 되기 위해 자신을 과거와 미래로부터 분리시키는 단계이다. 과거, 미래, 현재를 동시에 펼쳐 놓은 후, 이들을 연결하고 있는 복잡한 관계를 분석해 내는 과정이라고 할 수 있다. 종합은 생생한 현실로 다시 돌아와 내면의 목소리에 귀를 기울이고, 자신에게 주어진 현재의 의미를 다시 묻는 단계이다. 과거의 교육이 자신의 삶에 어떻게 기여했는지, 자신의 성장에 어떠한 도움을 주었는지, 교육에 대한 이해가 제대로 획득되었는지에 대해 자문하는 단계로 볼 수 있다. 파이너는 이러한 쿠레레 방법을 통해 자신의 교육 경험의 본질을 규명함으로써 스스로 교육과정의 지식을 만들어 나갈 수 있다고 주장했다.

[개념형] #교육과정 개발 모형

21 아이즈너(Eisner)는 교육과 관련된 다양한 문제를 이해하기 위한 미학적 탐구법으로 교육 감식안과 교육 비평을 강조했다. 교육 감식안과 교육 비평의 개념을 설명하시오.

> 감식안은 오감을 통하여 세계를 구성하는 특질을 경험하고 이해하며, 그 가치를 판단하는 능력을 의미한다. 교육적 감식안은 학교나 교실에 퍼져 있는 특질들의 미묘한 차이점을 구별하고 그 가치나 질을 평가하는 인식의 기술로서, 오감을 통하여 교육 현실을 파악하는 능력을 가리킨다. 교육 비평은 교육 감식안을 통하여 파악된 것을 비전문가가 이해할 수 있는 비평의 언어로 표현한 것으로, 학교나 교실에서 일어나는 일들을 파악하고 이해하는 데 도움을 준다. 즉, 교육 현실을 읽고 가치를 평가하는 방법이다.

[개념형] #교육과정 개발 모형

22 아이즈너(Eisner)의 예술적 교육과정 개발 모형에서 강조하는 교육 목표 3가지를 설명하시오.

> 아이즈너(Eisner)가 예술적 교육과정 개발 모형에서 제시한 첫 번째 목표는 행동 목표이다. 행동 목표는 학생의 입장에서 구체적 행동 용어로 진술한 목표로, 정답이 미리 정해져 있는 목표이다. 두 번째 목표는 문제 해결 목표이다. 문제와 조건을 만족시키며 문제를 해결하는 목표로, 정답이 정해져 있지 않으며 다양한 정답이 있다는 특징이 있다. 세 번째 목표는 표현적 결과로, 어떤 활동을 하는 도중 또는 종료한 후에 얻게 되는 목표로서 정해진 답이 없는 것이 특징이다.

개념형 #교육과정 개발 모형

23 스킬벡(Skilbeck)의 학교 중심 교육과정 개발 모형의 교육과정 개발 단계를 설명하시오.

> 스킬벡(Skilbeck)의 학교 중심 교육과정 개발 모형의 교육과정 개발 단계는 상황 분석, 목표 설정, 프로그램 구성, 해석과 실행, 모니터링의 단계로 진행된다. 상황 분석은 학교 상황을 구성하고 있는 내·외적 요인들을 분석하는 단계이다. 내적 요인에는 학생의 적성 및 능력, 교육적 요구, 교사의 가치관 및 태도, 학교의 시설 등이 있고, 외적 요인에는 학부모의 기대감, 지역 사회의 가치, 이데올로기, 교과의 성격, 교사 지원 체제 등이 있다. 목표 설정은 상황 분석에 기초하여 교육 목표를 설정하는 단계이다. 교육 목표를 설정할 때는 예견되는 학습 결과를 진술하고, 교사와 학생의 행동을 강화할 수 있는 목표를 설정한다. 프로그램 구성은 설정한 교육 목표를 바탕으로 효과적인 교육 프로그램을 구성하는 단계로, 교수·학습 활동과 수단의 설계, 학습 시간표 및 규정 등을 구성한다. 해석과 실행은 변화된 교육과정에 의해 나타날 수 있는 문제를 예측하고, 프로그램을 실제로 실행하는 단계이다. 마지막으로 모니터링은 프로그램을 피드백하고 평가하여 재구성하는 단계이다.

개념형 #교육과정 개발 모형

24 스킬벡(Skilbeck)의 학교 중심 교육과정 개발 모형의 주요 특징 3가지를 설명하시오.

> 첫째, 목표 설정 이전에 학교를 둘러싼 내·외적 상황 분석을 강조하여 개별 학교의 상황 특성에 맞는 교육과정 개발을 가능하게 한다. 둘째, 학교 중심적 교육과정을 개발하는 것이 목표이므로 현실적이고 실행 가능성이 높은 모형이다. 셋째, 학생, 학부모, 지역 사회, 학교의 요구에 따라 수정이 가능하며, 개발자의 의도에 따라 어느 단계에서든 시작이 가능한 융통적이고 상호 작용적 모형이다.

[개념형] #교육과정 개발 모형

25 스킬벡(Skilbeck)의 학교 중심 교육과정 개발 모형에서 주장한 교육과정 분권화의 필요성 5가지를 설명하시오.

> 스킬벡(Skilbeck)의 학교 중심 교육과정 개발 모형에서 주장한 교육과정 분권화의 필요성은 다음과 같다. 첫째, 효율성을 높이기 위함이다. 학교 수준 교육과정의 개발과 편성을 통해 국가 수준의 교육과정을 학교의 실정에 알맞게 지속적으로 보완·조정할 수 있어 학습자 중심의 교육과정을 다양하게 운영할 수 있다. 둘째, 적합성을 높이기 위함이다. 지역이나 학교의 특수성, 교육의 실태, 학생·교육·학부모의 요구와 필요를 반영하여 해당 학교의 교육 중점을 설정하고 운영함으로써 학교 교육의 적합성을 높일 수 있다. 셋째, 교사의 자율성과 전문성의 신장을 위함이다. 학생들의 능력과 요구, 지역의 특수성을 잘 아는 학교 교사들을 교육과정 편성·운영 과정에 능동적이고 적극적으로 참여하도록 유도함으로써 교원의 자율성과 전문성을 제고할 수 있다. 넷째, 학습자 중심의 교육 구현을 위함이다. 학교 교육과정의 편성과 운영을 통해 학생 개인의 특기, 관심, 흥미를 담은 새로운 영역과 내용을 설정함으로써 학습자 중심의 교육과정을 융통성 있고 탄력 있게 운영할 수 있다. 다섯째, 다양성 추구를 위함이다. 획일적인 주입식 교육을 탈피하고 학생 개개인의 적성에 따라 모든 학생이 성공할 수 있도록 개별 교육을 실천하려면 교과서 중심의 학교 교육 체제를 탈피하고 교육과정 중심의 학교 교육 체제로 전환되어야 한다.

[개념형] #교육과정 개발 모형

26 위긴스와 맥타이(Wiggins & McTighe)의 백워드 설계 모형의 절차 3단계를 설명하시오.

> 백워드 설계 모형의 첫 번째 단계는 바라는 결과의 확인(목표 설정)이다. '학습 후 학생들은 어떤 영속한 이해(설명, 해석, 적용, 관점, 공감, 자기지식)를 얻어야 하는가?'를 고려한다. 두 번째 단계는 수용할 만한 증거를 결정(평가 계획)하는 것이다. 목표 달성을 확인하기 위한 평가 방법을 고려한다. 세 번째 단계는 학습 경험과 수업의 계획(수업 활동 계획)이다. 앞의 두 단계에 대한 일관성을 고려하며, WHERETO 원리에 따라 실제 활용할 수 있는 교수·학습 지도안을 개발하는 단계이다.

[개념형] #교육과정 개발 모형

27 위긴스와 맥타이(Wiggins & McTighe)의 백워드 설계 모형의 특징 4가지를 설명하시오.

> 위긴스와 맥타이(Wiggins & McTighe)의 백워드 설계 모형의 특징은 다음과 같다. 첫째, 목표와 평가에 합치되는 내용 설계가 가능하여 목표, 내용, 평가가 일치하는 교육과정 설계가 가능하다. 둘째, 목표에 도달했을 때 나타날 수 있는 성취 기준을 바탕으로 교육과정을 설계하고, 그를 토대로 수업을 전개하므로 성취 평가제(절대평가 제도)에 대비한 수업을 운영할 수 있다. 셋째, 타일러(Tyler)의 교육과정 개발 모형을 바탕으로 브루너(Bruner)의 지식의 구조 모형을 결합한 모형이다. 넷째, 목표 설정과 동시에 평가 계획을 고려한 통합적인 설계 모형으로, 평가 계획은 학습 경험과 조직을 통해 계속적으로 실행됨으로써 교육에 대한 교사의 책무성을 강조한다.

[개념형] #교육과정 개발 모형

28 아들러(Adler)가 주장한 파이데이아(Paideia) 교육 선언의 주요 개혁안 5가지를 설명하시오.

> 파이데이아(Paideia) 교육 선언의 주요 개혁안 5가지는 다음과 같다. 첫째, 유치원부터 고등학교 3학년까지의 학교 교육에서는 복선제와 선택 과목 제도를 배제하여 공정한 교육의 기회를 제공해야 한다. 둘째, 만인이 평등한 교육 기회를 가질 수 있도록 모든 아동을 위한 동일한 수준의 학교 교육을 실현해야 한다. 셋째, 학교 교육은 아동의 개인적 발달을 위해 사회가 제공하는 모든 기회를 아동이 이용할 수 있도록 도와야 한다. 넷째, 민주주의를 유지하고 발전시키기 위해서는 아동이 시민의 의무와 책임을 수행할 수 있도록 학교 교육을 통하여 적절하게 준비시켜야 한다. 다섯째, 학교 교육은 아동에게 생계를 꾸려 나갈 수 있는 길을 열어 주어야 한다.

CHAPTER 3 교육과정 유형

[개념형] #교육과정 층위에 따른 구분

29 표면적 교육과정과 잠재적 교육과정을 설명하고, 차이점 3가지를 설명하시오.

> 표면적 교육과정은 교육적 목적과 목표에 따라 분명하게 의도되고 계획된 교육과정으로, 학생들이 학교에서 표면적으로 배우는 교육과정이다. 반면 잠재적 교육과정은 학교와 같은 교육 기관의 공식적 교육과정에서 의도·계획하지 않았으나, 수업이나 학교 교육의 관행 등 물리적 조건과 심리적 환경을 통해 학생들이 은연중에 배우는 교육 결과이다. 표면적 교육과정과 잠재적 교육과정의 차이점은 다음과 같다. 첫째, 표면적 교육과정이 주로 지적인 것과 관련이 있다면, 잠재적 교육과정은 주로 정의적인 영역과 관련이 있다. 둘째, 표면적 교육과정이 주로 교과와 관련이 있다면, 잠재적 교육과정은 주로 학교의 문화 풍토와 관련이 있다. 셋째, 표면적 교육과정은 주로 바람직한 내용으로만 구성된 반면, 잠재적 교육과정은 바람직한 내용뿐만 아니라 바람직하지 못한 내용도 포함된다.

[개념형] #교육과정 층위에 따른 구분

30 잠재적 교육과정의 의의 3가지를 설명하시오.

> 첫째, 잠재적 교육과정은 교육과정의 의미 확장에 기여한다. 잠재적 교육과정이 등장하기 전까지 교육과정 전문가의 관심은 학교 교육의 계획과 의도 또는 학교의 계획하에 학생이 경험한 것에 제한되었으나, 잠재적 교육과정의 등장과 함께 교육과정 전문가의 관심은 계획된 것에서 계획되지 않는 것으로 변화했다. 둘째, 잠재적 교육과정은 학교 교육에 대한 당위적 진술보다 사실적 진술에 더 많은 관심을 갖게 한다. 이를 통해 학교와 교실 내의 사실을 정확하게 이해하기 위한 목적으로 질적 연구 방법의 중요성을 확산시켰다. 마지막으로 잠재적 교육과정은 학교 교육과 교육과정의 효율성 제고에 기여할 수 있다. 잠재적 교육과정은 공식적 교육과정보다 학생들에게 더 강력한 영향력을 미치므로 잠재적 교육과정을 고려하여 효율적으로 학교 교육을 수행할 수 있다.

[개념형] #교육과정 층위에 따른 구분
31 영 교육과정의 개념과 특징 3가지를 설명하시오.

영 교육과정은 학교에서 소홀히 하거나 공식적으로 가르치지 않는 지식으로, 학습자들이 아직 경험하지 못한 교육과정이다. 대표적으로 사고 양식, 가치, 태도, 행동 양식, 교과 등이 있다. 영 교육과정의 특징 3가지는 다음과 같다. 첫째, 교육과정은 선택의 결과로 인한 포함과 배제의 산물이므로 영 교육과정은 공식적 교육과정의 필연적 산물이다. 즉, 국가의 정치 및 경제 체제, 종교, 사회, 문화 분야 등에서 가치가 덜하다고 여겨져 의도적으로 삭제, 폐지, 배제, 무효화, 소홀히된 교육과정이다. 둘째, 영 교육과정은 특정 계급의 이데올로기적 산물로서 특정 계급의 이익을 위해 의도적으로 지워진 교육과정이다. 셋째, 교육과정을 인본주의적·심미적 관점에서 접근한다. 따라서 학교에서 소홀히하는 예술, 철학, 심미적 측면을 중시한다.

[개념형] #교육과정 수준에 따른 구분
32 국가 수준 교육과정의 한계점 3가지를 설명하시오.

국가 수준 교육과정의 한계점 3가지는 다음과 같다. 첫째, 교육과정 개발 과정에서 교사가 배제되므로 교사는 주어진 교육과정을 시행에 옮기는 기술자에 불과하다. 둘째, 주로 중앙에서 의도한 교육과정을 개발하는 데 관심이 있으므로 학교 수준에서의 실행 전략이 부족하다. 셋째, 전국적으로 표준화된 하나의 교육과정을 제시하므로 학교 교육의 획일화를 가져올 수 있다.

[개념형] #교육과정 수준에 따른 구분
33 학교 수준 교육과정의 개념과 필요성 3가지를 설명하시오.

학교 수준 교육과정은 학교의 실태를 반영하고 학생과 학부모의 요구를 고려하여 학생을 위한 학습 프로그램을 계획, 설계, 시행, 평가하는 것을 의미한다. 학교 수준 교육과정의 필요성 3가지는 다음과 같다. 첫째, 교육과정 결정에 학교 구성원인 교사, 학생, 학부모, 지역 공동체가 참여하여 학교의 자율성을 증대시킬 수 있기 때문이다. 둘째, 학생들을 위한 교육과정을 계획하고 설계하는 일은 국가보다 학생들과 가까운 개별 학교가 더욱 잘 할 수 있기 때문이다. 셋째, 학습은 다양한 유형의 집단 활동과 학습 과제, 자원 및 장비를 이용하여 교육과정 운영의 융통성이 요구되므로 학교가 교육과정을 개별 학교의 상황에 맞게 채택하여 수정하고 적용해야 하기 때문이다.

[개념형] #교육과정의 내용에 따른 구분 #교과 중심 교육과정
34 헉슬리(Huxley)가 주장한 광역형 교육과정의 개념을 설명하고, 장점과 단점을 각각 설명하시오.

> 광역형 교육과정은 세분화된 교과목을 통합하여 소수의 교과목으로 운영하는 것으로, 다학문적 설계를 통해 교과목 간의 엄격한 한계를 해소하고, 유사하거나 인접한 학문들을 모아 하나의 교과 또는 단원으로 구성하는 방법이다. 광역형 교육과정은 보다 넓은 영역에서 사실이나 개념, 원리 등을 조직하여 통합적인 지식을 가르칠 수 있고, 학문의 개별적 성격이 유지되면서도 여러 학문 속에 들어있는 주제와 관련된 지식, 기능, 가치의 습득이 용이하다는 장점이 있다. 반면, 교육의 논리성을 유지하기 어렵고, 추상적이어서 이해하기 곤란하고, 학습 내용의 깊이가 부족하다는 단점이 있다.

[개념형] #교육과정의 내용에 따른 구분
35 경험 중심 교육과정의 특징 5가지를 설명하시오.

> 경험 중심 교육과정의 특징은 다음과 같다. 첫째, 교과목의 엄격한 구분보다 통합을 지향한다. 둘째, 교과서나 그 밖에 미리 준비된 수업 자료보다 지역 사회를 교수·학습의 자원으로 더 많이 활용한다. 셋째, 경쟁적인 학습 분위기보다 소집단별 협동적인 학습 분위기를 강조하는 학생 중심의 수업을 강조한다. 넷째, 수업을 완결짓는 데 비교적 긴 시간이 소요되는 과제, 즉 프로젝트를 중심으로 조직한다. 다섯째, 교사는 통제·관리자가 아닌 학습 촉진자, 또는 학습 자원으로 활동한다.

[개념형] #교육과정의 내용에 따른 구분
36 경험 중심 교육과정의 장점과 단점 2가지를 각각 설명하시오.

> 경험 중심 교육과정의 장점은 다음과 같다. 첫째, 전인 교육을 강조하여 학습자의 흥미, 욕구, 개인차를 존중한 학습자 중심의 학습이 가능하다. 둘째, 교과 활동 못지않게 과외 활동(Extracurricular Activities)인 실습, 전시회, 소풍 등의 활동들을 중시한다. 한편 경험 중심 교육과정의 단점은 다음과 같다. 첫째, 사전에 계획하지 않기 때문에 행정적인 통제가 어렵고, 미숙한 교사는 실패할 가능성이 높다. 둘째, 미리 계획할 수 없기 때문에 학습자의 기초 학력 수준이 미달될 가능성이 있다.

[개념형] #교육과정의 내용에 따른 구분
37 경험 중심 교육과정의 유형 3가지를 설명하시오.

첫 번째 유형은 활동 중심 교육과정이다. 이는 학습자의 활동에 초점을 두고, 학습자의 요구, 필요, 흥미에 근거하여 구성한 교육과정을 말한다. 두 번째 유형은 현성(생성) 교육과정이다. 이는 사전에 계획을 하지 않고 교사와 학생들이 현장에서 함께 주제를 정하고 내용을 계획하며 만들어 가는 교육과정을 의미한다. 세 번째 유형은 중핵 교육과정이다. 이는 가장 중요한 것(교과·학습자·사회문제)을 중심 학습으로 두고 나머지 연관된 내용들은 이를 둘러싼 주변 과정으로 조직하는 교육과정을 가리킨다.

[개념형] #교육과정의 내용에 따른 구분
38 중핵 교육과정의 교육 목적과 학교 기능에 따른 원리를 설명하시오.

중핵 교육과정은 급변하는 사회에서 학습자들에게 사회의 질서, 통치, 사회 개조에 필요한 특성, 능력, 태도를 길러 주고자 하는 교육과정이다. 따라서 생활 문제를 해결하는 과정에서 교육 경험이 적절하게 통합되어야 의미가 있다고 본다. 중핵 교육과정은 학교의 주된 기능을 무엇으로 보느냐에 따라 구성하는 원리도 변화하는데, 크게 교과 중심, 아동 중심, 사회 중심으로 구분할 수 있다. 교과 중심 중핵 교육과정은 역사와 문학을 중핵으로 수학, 언어, 예술을 재조직하는 것이며, 아동 중심 중핵 교육과정은 아동의 필요와 흥미에 따라 교육과정을 재조직하는 것이다. 사회 중심 중핵 교육과정은 사회의 기능이나 사회의 문제에서 중핵의 원리를 찾는 방식으로, 중핵 교육과정의 가장 발전된 형태이다.

[개념형] #교육과정의 내용에 따른 구분
39 학문 중심 교육과정의 장점과 단점 3가지를 각각 설명하시오.

학문 중심 교육과정의 장점은 다음과 같다. 첫째, 지식의 구조로 교육 내용을 분류하므로 중복과 누락을 피할 수 있다. 둘째, 학습자의 기본 개념 이해를 촉진할 수 있다. 셋째, 자연 현상의 발견력과 탐구력을 향상시킬 수 있고, 흥미를 지속적으로 유지하도록 할 수 있다. 학문 중심 교육과정의 단점은 다음과 같다. 첫째, 학습자의 능동적 참여를 중시하므로 학습 능력이 일정 수준 이상인 학생들에게 적합하다. 둘째, 이수와 계통 중심의 일부 교과에 유용한 교육과정이므로 예술 교과에는 적용하기 어렵다. 셋째, 탐구를 활용한 학습을 강조하므로 학습자를 평가하는 데 어려움이 있다.

[개념형] #교육과정의 내용에 따른 구분 #학문 중심 교육과정

40 나선형 교육과정의 특징과 구성 원리 3가지를 설명하시오.

> 나선형 교육과정은 학교급에 따라 교육과정 내용의 깊이와 폭을 더해 가도록 지식을 구조화하는 교육과정이다. 학교급별 혹은 여러 학년별로 크게 반복·확대할 수 있고, 학년 혹은 학기 내에서 작게 반복·확대할 수 있다. 나선형 교육과정의 구성 원리에는 계속성, 계열성, 통합성이 있다. 계속성은 동일 내용을 반복해서 학습하는 것을 의미하며, 계열성은 동일 내용이 점차 심화·확대되면서 수직적으로 연계되어 반복되는 것을 의미한다. 통합성은 관련된 내용의 수평적 통합을 의미한다.

[개념형] #교육과정 유형 #교육과정의 내용에 따른 구분

41 인간 중심 교육과정의 교육 목적과 수업의 특징 3가지를 설명하시오.

> 인간 중심 교육과정의 교육 목적은 학습자가 온전히 자아실현을 할 수 있도록 돕는 것이다. 따라서 학생이 소유한 각자의 잠재력을 발현할 수 있도록 도와야 하고, 인지적·신체적·정서적인 욕구를 반영하고 표현할 수 있는 학습 환경을 제공해야 한다. 인간 중심 교육과정 수업의 특징 3가지는 다음과 같다. 첫째, 교사는 학생들과의 형식적인 관계에서 탈피하여 친밀하고 개인적인 관계를 형성한다. 둘째, 교사는 학생들이 수업에 흥미를 잃지 않도록 격려하고 동기를 부여한다. 셋째, 잠재적 교육과정을 중시한다.

[개념형] #교육과정 내용에 따른 구분 #구성주의 교육과정

42 내러티브(Narrative) 교육과정의 개념과 목표, 내용, 방법, 평가 측면에서의 특징을 설명하시오.

> 내러티브(Narrative)는 현실 세계에 대한 인간의 의미 부여 과정으로, 즉, 내러티브 교육과정은 교사가 분리된 사실과 행동 등을 서로 연결하여 사건의 흐름을 의미 있는 이야기로 재구성하는 교육과정이다. 내러티브 교육과정의 특징은 다음과 같다. 내러티브 교육과정의 목표는 내러티브적 사고와 관련된 지식, 기능, 태도를 촉진하는 것으로, 사고방식 및 감정 표현 방식과 관련 있는 교과 위주의 내용으로 구성되어야 한다. 내러티브 교육과정에서의 교육 방법은 학생들이 스스로 의미를 발견하는 방식이 사용되며, 평가는 새로운 것을 발견할 수 있는 대안적 평가 방법을 활용한다. 대안적 평가는 객관적 지표 평가가 아닌, 학생의 성장, 능력, 노력 등을 평가하는 것이다.

개념형 #통합 교육과정 #교과 통합의 유형

43 교과 통합의 유형 3가지를 설명하시오.

> 교과 통합의 유형 3가지는 다음과 같다. 첫째, 다학문적 통합으로, 하나의 주제에 대해 여러 독립적인 학문의 관점에서 다룰 수 있도록 교육과정을 조직한다. 둘째, 간학문적 통합으로, 학문 간의 경계를 허물고 교과에 공통적으로 들어있는 주제, 개념, 기능 등을 추출하여 교육과정을 조직한다. 셋째, 탈학문적 통합으로, 특정 분과 학문을 초월하여 실제 생활의 주제나 문제 등을 중심으로 교육과정을 조직한다.

개념형 #통합 교육과정 #운영 원칙

44 교과 통합 운영의 원칙 3가지를 설명하시오.

> 교과 통합 운영의 원칙에는 중요성의 원칙, 일관성의 원칙, 적합성의 원칙이 있다. 중요성의 원칙은 각 교과의 중요한 내용이 반영되어야 한다는 것으로, 지적 능력의 개발에도 관심이 있음을 강조한다. 일관성의 원칙은 통합 단원에 포함되는 내용과 활동이 단원의 목표 달성을 위하여 고안된 수업 전략에 부합해야 한다는 것이다. 적합성의 원칙은 통합 단원이 학습자의 개성과 수준에 맞으며, 학습자의 전인격적인 성장을 목표로 해야 한다는 것이다. 즉, 교과 간의 내용 관련성도 중요하지만, 궁극적으로는 학습자의 과거, 현재, 미래의 삶과 연결되어야 한다는 것이다.

CHAPTER 4 교육과정 운영과 실제

개념형 #학교 수준 교육과정의 운영

45 교육과정의 운영 주체인 교원의 역할에서 본 교육과정의 운영 원리 3가지를 설명하시오.

> 교원의 역할에서 본 교육과정의 운영 원리 3가지에는 자율성의 원리, 전문성의 원리, 책무성의 원리가 있다. 자율성의 원리는 교육과정 운영에서 학교와 교원이 부당한 외부의 간섭으로부터 벗어나 독립적인 자기 결정과 실천을 할 수 있음을 인정하는 것이다. 전문성의 원리는 교육과정의 운영이 일상인의 교육 활동과 다른 차원의 전문성을 띠어야 한다는 것이다. 책무성의 원리는 학교와 교원이 교육과정에 제시된 학교급별 목표, 학년별·교과별 목표, 교과의 단원 목표 및 성취 기준을 달성해야 한다는 것이다.

개념형 #학교 수준 교육과정의 운영

46 학교 수준 교육과정의 발전 과제 5가지를 설명하시오.

> 학교 수준 교육과정의 발전 과제 5가지는 다음과 같다. 첫째, 학교 안팎의 권한과 권위가 분산되어야 한다. 즉, 국가와 지방 자치 단체에서는 학교 당국 및 구성원에게 교육과정 편성과 운영에 관련된 실질적인 권한을 부여해야 한다. 둘째, 관료적이고 수직적인 의사소통 체제가 아니라 민주적인 의사소통 체제가 작동하는 민주적인 조직 구조와 협동이 강조되어야 한다. 셋째, 학교장의 교육과정 지도성이 발휘되어야 한다. 넷째, 학교의 구성원들이 비전을 공유하고, 설정된 목표 달성을 위해 열정을 가지고 함께 논의하고 실천하며, 그 결과에 대하여 책임감을 공유하도록 해야 한다. 다섯째, 학교 구성원들에게 교육과정 편성·운영에 필요한 전문적인 지식과 경험을 습득할 수 있는 기회를 제공하고, 교육과정과 관련된 활동을 하는 데 필요한 시간을 충분히 확보해야 한다.

개념형 #교실 수준 교육과정의 운영

47 스나이더(Snyder)의 교육과정 실행의 관점 3가지를 설명하시오.

> 스나이더(Snyder)의 교육과정 실행의 3가지 관점에는 충실성 관점, 상호적응적 관점, 형성적 관점이 있다. 충실성 관점은 교육과정 실행의 성격을 기존에 계획되어 있는 교육과정을 원래의 의도대로 이행하는 것으로 규정하는 관점이다. 교육과정 실행의 성공 여부는 최초 목적의 달성 여부에 따라 판단된다. 상호적응적 관점은 교육과정의 계획과 실행은 하향식의 일방적 관계로 존재하지 않고 서로 영향을 주고받는 상호적 관계에 있다는 관점이다. 중앙과 현장 간에 상호 교섭 과정이 개입하고 실행자의 유연한 권한이 부여된다는 것에 주목한다. 형성적 관점은 교육과정 실행의 성격을 일종의 입법 혹은 공연의 과정과 유사하게 이해하는 관점으로, 특별히 교사와 학생이 함께 만들어 나가는 교육 경험을 중심으로 교육과정 실행의 성격을 규정한다. 교육과정 실행의 핵심은 그것을 실천하는 교사와 학생의 수업 장면에 있으며, 수업 바깥에서 주어진 교육과정 문서는 실제의 교육과정 형성에 있어서 부수적인 역할에 국한된다.

개념형 #교실 수준 교육과정의 운영
48 홀(Hall)의 실행 수준 5단계의 개념과 의의 2가지를 설명하시오.

> 홀(Hall)의 실행 수준 5단계에는 기계적 운영, 일상화, 정교화, 통합화, 갱신이 있다. 기계적 운영은 새 교육과정을 단기적으로 운영하는데, 대개 연계성이 부족하고 피상적인 운영을 하는 단계이다. 일상화는 새 교육과정을 처방된 대로 운영하는 단계이며, 정교화는 학습자에게 미치는 장·단기 영향력을 고려하여 학습자에 맞게 새 교육과정을 수정하여 사용하는 단계이다. 통합화는 학습자의 학습을 극대화하기 위해 새 교육과정의 운영에서 동료 교사들과의 협동을 유도하여 전문적 학습 공동체로서의 역할이 충실히 이행되는 단계이다. 갱신은 새 교육과정을 재평가하여 미비점을 보완·수정할 뿐만 아니라 근본적인 개정 방향을 제시할 수 있는 가장 높은 단계이다. 실행 수준 5단계의 의의는 다음과 같다. 첫째, 교사가 새 교육과정을 실행하는 데 어느 단계에 있는가를 알려준다. 둘째, 교사들의 실행 수준이 다양하므로 교사마다 다른 연수 프로그램의 계획을 통해 교사들의 실행 수준을 높일 수 있다.

개념형 #현대 교육과정 쟁점과 이론
49 2015 개정 교육과정에서 추구하는 인간상의 특징 4가지를 설명하시오.

> 2015 개정 교육과정은 자주적 인간, 창의적 인간, 교양인, 공동체적 인간의 인간상을 구현하기 위하여 자기 관리 역량, 지식 정보 처리 역량, 창의적 사고 역량, 심미적 감성 역량, 의사소통 역량, 공동체 역량의 교육을 강조했다. 2015 개정 교육과정에서 추구하는 인간상의 특징 4가지는 다음과 같다. 첫째, 전인적 성장을 바탕으로 자아정체성을 확립하고 자신의 진로와 삶을 개척하는 자주적인 사람이다. 둘째, 기초 능력의 바탕 위에 다양한 발상과 도전으로 새로운 것을 창출하는 창의적인 사람이다. 셋째, 문화적 소양과 다원적 가치에 대한 이해를 바탕으로 인류 문화를 향유하고 발전시키는 교양 있는 사람이다. 넷째, 공동체 의식을 가지고 세계와 소통하는 민주 시민으로서 배려와 나눔을 실천하는 더불어 사는 사람이다.

[개념형] #현대 교육과정 쟁점과 이론
50 2022 개정 교육과정의 주요 특징 4가지를 설명하시오.

2022 개정 교육과정의 주요 특징 4가지는 다음과 같다. 첫째, 미래 사회가 요구하는 역량의 함양이 가능한 교육과정을 개발한다. 삶과 연계한 깊이 있는 학습과 탐구 능력을 강조하고, 학습 부진 학생, 특수 교육 대상 학생과 다문화 학생 등 다양한 특성을 가진 학생을 지원하는 모두를 위한 교육을 강화한다. 둘째, 학습자의 삶과 성장을 지원하는 맞춤형 교육과정을 개발하여 학습자의 주도성을 강화하고, 진로 연계 교육과정 및 고교학점제 운영 등 모든 학생의 개별 성장 맞춤형 교육과정을 구현한다. 셋째, 지역·학교 교육과정의 자율성 확대 및 책임 교육을 구현한다. 학교 자율 시간을 도입하여 다양한 지역 연계 교육과정의 운영이 가능하도록 선택 과목을 개발·운영하고, 지역 사회와 교육 공동체 간의 상호 협력 체제를 마련하여 지역이나 학교 간의 격차를 완화할 수 있도록 한다. 넷째, 디지털·인공 지능 교육 환경에 맞는 교수·학습 및 평가 체제를 구축한다. 실생활 맥락과 연계한 수업, 온·오프라인 연계 수업 및 평가, 창의력 및 비판적 사고력 함양을 위한 교수·학습 및 평가로 개선한다.

[개념형] #현대 교육과정 쟁점과 이론
51 '교육과정 – 수업 – 평가 – 기록의 일체화'의 각 요소를 연관성 있게 설명하시오.

교육과정 – 수업 – 평가 – 기록(교 – 수 – 평 – 기)의 일체화란 교사가 재구성한 교육과정을 기반으로 배움 중심의 철학과 가치를 반영한 학생 중심 수업과 과정 중심 평가를 통해 학생의 전인적 성장을 돕는 일련의 과정을 말한다. 구체적인 요소를 연결 지어 설명하자면, 먼저 교사는 성취 기준을 중심으로 교과 교육과정을 재구성하고, 학생들이 주체적인 학습자로서 활동에 참여하여 배움이 일어나는 학생 중심 수업을 만든다. 그리고 학생의 성장 과정과 결과를 모두 관찰하여 다양한 형태의 과정 중심 평가를 진행하고, 평가 자료를 학생들의 성장을 확인하고 부족한 부분을 보완하기 위한 학교생활기록부의 구체적인 기록(증거)으로 남긴다. 즉, 교육과정 – 수업 – 평가 – 기록의 일체화는 일련의 상호 작용 기반 교육 활동인 것이다.

[개념형] #현대 교육과정 쟁점과 이론
52 자유학기제의 정의와 목적 3가지를 설명하시오.

자유학기제란 중학교 과정 한 학기 동안 학생들이 일제식 지필 평가의 부담에서 벗어나 배움 중심 수업과 진로 탐색 활동 등 다양한 체험 활동을 하며 삶의 역량을 배울 수 있도록 교육과정을 유연하게 운영하는 제도이다. 자유학기제의 목적은 다음과 같다. 첫째, 꿈과 재능의 탐색이다. 자신의 적성과 미래에 대해 탐색하고 설계하는 경험을 통해 스스로 꿈과 재능을 찾고, 지속적인 자기 성찰 및 발전의 계기를 갖게 한다. 둘째, 핵심 역량의 함양이다. 지식 습득과 경쟁 중심의 교육을 창의성, 인성, 자기주도 학습 능력 등 미래 핵심 역량의 교육으로 전환하고자 한다. 셋째, 행복 교육이다. 학교 구성원 간 협력을 통한 신뢰 형성, 적극적 참여 및 성취 경험으로 학생과 학부모, 교원 모두가 만족하는 행복 교육을 실현하고자 한다.

[개념형] #현대 교육과정 쟁점과 이론
53 고교학점제의 개념을 설명하시오.

고교학점제의 개념은 다음과 같다. 첫째, 진로에 따라 다양한 과목을 선택하는 제도이다. 고교학점제가 시행되면 자신의 진로에 따라 원하는 과목을 선택하여 수업을 듣게 된다. 둘째, 목표한 성취 수준에 도달했을 때 과목을 이수하는 제도이다. 학생이 목표한 성취 수준에 충분히 도달하였다고 판단하는 경우에 과목 이수를 인정해 주므로 배움의 질이 보장될 수 있다. 셋째, 누적 학점이 기준에 도달한 경우 졸업이 가능한 제도이다. 누적된 과목 이수 학점이 졸업 기준에 이르렀을 때 졸업이 가능하게 되므로 졸업이 곧 본질적인 학력 인정으로 이어질 수 있다.

[개념형] #현대 교육과정 쟁점과 이론
54 고교학점제의 기대 효과를 학생, 교사, 학교의 입장에서 설명하시오.

학생의 입장에서 고교학점제의 기대 효과는 주어진 교육과정을 수동적으로 따라가는 존재에서 자신에게 필요한 수업을 스스로 선택하고 자신의 진로를 개척해 나가는 자기 주도적인 존재로 변화할 수 있다는 것이다. 교사의 입장에서 고교학점제의 기대 효과는 교과의 지식을 전달하고 대학 진학을 지도하는 역할에서 학생 개개인의 다양한 성장과 맞춤형 학습을 지원하고 배움의 질을 보장하는 진정한 교수·학습 전문가로 변화할 수 있다는 것이다. 마지막으로 학교의 입장에서 고교학점제의 기대 효과는 학생의 과목 선택권을 보장하기 위하여 학교 밖 교육과정을 편성·운영함으로써 폐쇄적인 학습 환경에서 벗어나, 타 학교·지역 사회 등으로 확대된 학습 환경을 제공할 수 있다는 점이다.

[개념형] #현대 교육과정 쟁점과 이론
55 교육과정 재구성의 개념과 교실에서 이루어지는 교육과정 재구성의 특징을 설명하시오.

> 교육과정의 재구성은 국가 교육과정에 제시된 교육과정의 기준과 원리를 교육과정의 목적과 학생들의 필요와 흥미를 고려하여 교실 수준, 교수·학습 수준, 학생 수준의 교육과정으로 변형하는 과정이다. 교육과정의 재구성은 원칙상 교육과정의 모든 구성 요소인 교육 목적, 교육 내용, 교육 방법에서 이루어져야 하지만, 교실에서 이루어지는 거의 모든 교육과정의 재구성은 교육 내용 및 교육 방법의 재구성에 해당한다.

[사고형] #현대 교육과정 쟁점과 이론
56 진로연계학기의 개념을 설명하고, 학교급별 운영 예시를 각각 설명하시오.

> 진로연계학기는 상급 학교에 진학하기 전(초등학교 6년, 중학교 3년, 고등학교 3년) 2학기 중 일부 기간을 활용하여 다음 학년 학습에 필요한 교과별 학습 경로, 학습법, 진로 및 이수 경로 등으로 교과 내 단원을 구성하고, 진로 탐색·설계 활동을 운영한다. 학교급별 진로연계학기의 예시는 다음과 같다. 초등학교의 경우, 중학교에 대해 사전에 이해할 수 있도록 교과별 학습 방법이나 학습 습관, 학업 자존감을 형성하는 데 집중한다. 중학교의 경우, 자유학기를 활용하여 고교학점제와 고등학교 생활을 이해하고, 진로 이수 경로 등을 파악한다. 고등학교의 경우, 진로집중학기를 통해 대학 생활을 이해하거나 대학 과목을 선이수하고, 사회 진출에 관해 고민한다.

[사고형] #현대 교육과정 쟁점과 이론
57 고교학점제가 2025년부터 전면 시행될 때 예상되는 어려움과 해결 방안을 학생과 교사의 측면에서 각각 설명하시오.

> 2025년부터 전면 시행되는 고교학점제란 대학교처럼 고등학교에서 학생이 스스로 진로와 적성에 맞춰 원하는 과목(공통 과목, 선택 과목)을 선택하여 시간표를 짜고, 조건을 충족하여 최소 학점을 채우면 진급·졸업하는 제도이다. 학생의 입장에서 예상되는 어려움은 공강 시간의 활용 문제와 진로가 명확하지 않을 때 과목 선택의 혼란 등이 있다. 이는 공강 시간을 위한 학교 내 다양한 시설 구축과 학생 개인 맞춤형 진로 지도 등을 통해 해결할 수 있다. 교사의 입장에서 예상되는 어려움은 다양한 교과 수업에 대응할 수 있는 교사의 전문성 요구와 체계화된 진로 지도 역량의 필요 등이 있다. 이는 교사가 적극적으로 관련 연수 프로그램에 참여하고 연구함으로써 해결할 수 있다.

메가쌤
교육학
개념 인출서
인출 연습문제 & 모범답안

PART 02

교육행정

CHAPTER 1 | 교육행정의 이해와 발달 과정
CHAPTER 2 | 동기 이론
CHAPTER 3 | 학교조직론
CHAPTER 4 | 지도성 이론
CHAPTER 5 | 장학행정
CHAPTER 6 | 의사결정과 의사소통
CHAPTER 7 | 교육기획과 교육재정
CHAPTER 8 | 학교·학급 경영

CHAPTER 1 교육행정의 이해와 발달 과정

개념형 #교육행정의 개념
01 조건정비론과 행정과정론의 개념을 설명하시오.

> 조건정비론은 교육행정이 교육 목표를 효율적으로 달성하기 위한 인적·물적의 제 조건을 정비·확립하는 수단적·봉사적 활동이라고 보는 견해이다. 행정과정론은 행정의 일반적 기능이 무엇이며, 행정은 어떠한 순환적 경로를 밟아 이루어지고 있는가에 초점을 두고 교육행정을 정의한 것으로, 행정 과정은 계획 수립부터 실천·평가까지 이르는 행정의 전체 경로를 가리키는 동시에 이 경로 속에서 이루어지는 행정 작용의 모든 구성 요소를 의미한다.

개념형 #교육행정의 성격
02 교육행정의 일반적 성격을 설명하시오.

> 교육행정의 일반적 성격에는 봉사적 성격, 정치적 성격, 민주적 성격이 있다. 봉사적 성격은 목적 달성을 위한 하나의 수단으로서 조장적·봉사적 성격을 지닌다는 것으로, 민주 사회에서 가장 강조해야 할 교육행정의 기본적 특성에 해당한다. 정치적 성격은 교육과 정치는 불가분의 관계를 맺고 있으며, 교육은 강력한 정치 기관의 하나로서 그리고 정치 체제와 사회 질서를 유지하고 보존하는 중요한 도구로서 그 역할을 수행한다는 것이다. 그러므로 교육 행정가는 과업 수행에 있어서 교육행정의 정치적 성격을 인식하고, 정치적 과정에서 효과적으로 활용할 수 있는 아이디어와 지식 및 기술을 개발하기 위하여 노력해야 한다. 민주적 성격은 우리나라의 기본 이념인 자유 민주주의에 따라 교육행정에서 민주적 성격이 필연적으로 요구된다는 것으로, 교육행정 조직, 학교 경영, 교육과정 편성·운영, 교육 시설 및 교직원 관리, 평생 교육, 교육 재정 등에서도 민주화와 자율화에 대한 요구가 강하게 표출되고 있다.

개념형 #교육행정의 원리
03 교육행정의 민주성의 원리를 설명하시오.

> 교육행정의 민주성의 원리는 국민의 의사를 행정에 반영하고 국민을 위한 행정을 해야 한다는 것을 의미한다. 교육행정 기관은 국민과의 관계에서 행정권의 남용을 최대한 방지하고, 국민에 대한 책무성을 강화하는 데 초점을 두어야 한다. 교육행정에의 시민 참여, 행정의 공개성과 공익성, 행정 과정의 민주화, 공평한 대우 등을 핵심 요소로 볼 수 있다.

[개념형] #교육행정의 발달 과정
04 테일러(Taylor)가 과학적 관리론에서 주장한 인간관과 과학적 관리의 원리 5가지를 설명하시오.

> 과학적 관리론에서는 인간이 경제적 요인에 의해 과업 동기가 유발되고, 생리적 요인에 의해 성과를 제한받으므로 인간을 기계와 같이 프로그램화하면 생산성을 향상시킬 수 있다고 보았다. 테일러가 주장한 과학적 관리의 원리 5가지는 다음과 같다. 첫째, 모든 노동자에게 명확하게 규정한 최대의 1일 작업량을 제시해야 한다. 둘째, 노동자들이 과업을 성공적으로 수행할 수 있도록 작업 조건과 도구를 표준화해야 한다. 셋째, 노동자들이 과업을 성공적으로 완수한 경우에는 높은 보상을 제공해야 한다. 넷째, 노동자가 과업을 달성하지 못한 경우에는 실패에 대한 책임으로 손해를 감수하도록 해야 한다. 다섯째, 노동자에게 주어지는 과업은 일류 노동자만이 달성할 수 있을 만큼 어려운 것이어야 한다.

[개념형] #교육행정의 발달 과정
05 테일러(Taylor)의 과학적 관리론의 의의와 한계 2가지를 각각 설명하시오.

> 과학적 관리론의 의의는 다음과 같다. 첫째, 조직과 인간 관리의 과학화를 주장함으로써 생산의 능률을 극대화하는 데 기여했다. 둘째, 생산 과정에서 인간의 활용을 극대화하는 기술과 지식을 체계화하는 기초를 확립했다. 그러나 다음과 같은 한계점도 존재한다. 첫째, 조직의 공동 목표를 달성하기 위하여 필수적인 동기 요인(심리·정서적 요인, 인간 간의 상호 작용 등)을 무시했다. 둘째, 인간을 단순히 기계적·합리적·비인간적 도구로 취급함으로써 자발적 생산성을 저하시켰다.

[개념형] #교육행정의 발달 과정
06 과학적 관리론을 교육행정에 적용한 보비트(Bobbit)의 주장을 설명하고, 교육행정에 과학적 관리론을 적용했을 때의 문제점을 설명하시오.

> 보비트(Bobbit)는 자신의 저서에서 학교의 비효율과 낭비를 제거할 것을 주장했다. 첫째, 가능한 모든 교육 시설을 동시에 활용한다. 둘째, 교직원의 능률을 최대로 유지하고, 교직원의 수는 최소한으로 감축한다. 셋째, 교육에서의 낭비를 최대한 제거한다. 넷째, 교원은 학생을 가르치는 데만 전념하고, 행정은 별도의 행정가가 전담한다. 보비트는 학교를 공장에 비유하여 학생은 원료에, 교사는 노동자에, 학교 행정가는 이들을 감독하는 관리자에 비유했다. 그러나 교육행정에 과학적 관리론을 적용했을 때의 문제점 또한 존재한다. 첫째, 교과는 일괄적으로 표준화하기 어렵다. 교수 방법은 교수·학습 과정에 따라 다양하게 전개될 수 있고, 그렇게 되어야 좋은 교과로 볼 수 있다. 둘째, 인간의 심리적·정서적 요인을 무시했다.

[개념형] #교육행정의 발달 과정
07 페욜(Fayol)의 산업관리론의 행정 과정을 설명하시오.

산업관리론에서의 행정은 기획, 조직, 명령, 조정, 통제의 과정에 따라 진행된다. 첫째, 기획은 미래를 예측하고 행동 계획을 수립하는 단계이다. 둘째, 조직은 인적·물적 자원을 조직하고 체계화하는 단계이다. 셋째, 명령은 구성원으로 하여금 과업을 수행하도록 하는 단계이다. 넷째, 조정은 모든 활동을 통합하고 구성원 간의 활동을 상호 조정하는 단계로, 조직의 운영을 조화롭게 하고 분산된 노력을 통합시킨다. 마지막으로, 통제는 정해진 규칙과 명령에 따라 일이 이루어지고 있는가를 확인하고 검토, 평가하는 단계이다.

[개념형] #교육행정의 발달 과정
08 베버(Weber)가 관료제론에서 주장한 권위의 종류 3가지를 설명하시오.

베버가 관료제론에서 주장한 권위로는 전통적 권위, 카리스마적 권위, 합법적 권위가 있다. 전통적 권위는 추종자가 지도자의 명령을 '그것은 전통적으로 그러하였다.'는 근거로 정당하게 받아들이는 권위이다. 카리스마적 권위는 권위의 근거가 지도자의 비범한 능력에 있으며, 지도자에 대한 추종자의 경외심이 복종의 기초가 되는 권위이다. 합법적 권위는 지배의 근거를 법 규정에 의한 합법성에 두고 있는 권위로, 지도자는 법적으로 규정된 절차에 의해 임명·선출되며, 추종자는 지도자에게 부여된 법적 권위에 의해 복종을 수락한 것으로 본다.

[개념형] #교육행정의 발달 과정
09 애보트(Abbott)가 주장한 학교의 관료제적 특징 5가지를 설명하시오.

애보트가 주장한 학교의 관료제적 특징은 다음과 같다. 첫째, 학교는 효율적인 교육을 위해 전문화와 분업의 체제를 갖춘 관료제적 특성이 있다. 둘째, 초·중등학교의 분리, 교과 지도와 생활지도 활동의 구분, 수업과 행정의 분리 등은 학교조직의 전문화 요구에 따른 것이다. 셋째, 학교조직은 화합을 내세우지만, 조직 관계에서 보면 몰인정성의 원리가 폭넓게 적용되며, 명확하고도 엄격하게 규정되어 있는 권위의 위계를 가진다. 즉, 조직 구성원의 행동에 대한 통제와 과업 수행의 통일성을 위하여 규정과 규칙의 사용에 크게 의존한다. 넷째, 교사는 전문적 능력에 기초하여 채용되며, 대부분의 경우 전문적 경력으로 이어진다. 다섯째, 교사의 승진은 연공서열과 업적에 의해 결정되고, 경력에 따라 일정한 급여를 받는다.

[개념형] #교육행정의 발달 과정

10 메이요와 뢰슬리스버거(Mayo & Roethlisberger)의 호손 실험의 의의와 비판점 3가지를 각각 설명하시오.

> 메이요와 뢰슬리스버거의 호손 실험의 의의는 다음과 같다. 첫째, 생산성의 향상은 물리적 요인 외에 인간의 정서적·심리적 요인에 의해서도 영향을 받는다는 것을 밝혔다. 둘째, 생산 수준은 비공식조직의 사회 규범에 영향을 받는다는 것을 밝혔다. 셋째, 개인은 기계의 톱니바퀴와 같은 수동적인 존재가 아니라 적극적으로 활동하는 존재임을 밝혔다. 그러나 호손 실험은 다음과 같은 한계점을 갖는다. 첫째, 경영자와 노동자 간의 갈등 문제를 정확하게 파악하지 못했고, 사소한 문제에 치중하여 조직 운영과 관련된 주요 문제점을 파악하지 못했다. 둘째, 조직 내의 인간적 측면에만 집착하여 구조적 측면과 생산적 문제를 등한시했다. 셋째, 조직을 폐쇄 체제로 간주하여 연구했고, 조직과 환경 간의 상호 작용 관계를 명확하게 다루지 못했다.

[개념형] #교육행정의 발달 과정

11 이론화 운동의 특징과 의의 2가지를 각각 설명하시오.

> 이론화 운동의 특징은 다음과 같다. 첫째, 교육행정 연구에서 이론의 역할에 대한 중요성을 인정하고 이론에 근거한 가설 연역적 연구 방법을 적용했다. 둘째, 교육행정을 일반 행정이나 기업 경영 등과 다르게 보는 관점을 버리고, 행정 자체로 연구했다. 이론화 운동의 의의는 다음과 같다. 첫째, 교육행정학을 실제적 기술의 상태에서 이론적 학문의 수준으로 전환하는 데 결정적인 역할을 했다. 둘째, 사회 과학적 접근을 활용한 수많은 연구(사회 과정 이론, 동기 위생 이론 등)를 촉발시키고, 이를 통해 유용한 교육행정 이론들을 산출하는 성과를 거두었다.

[개념형] #교육행정의 발달 과정

12 체제론의 등장 배경과 기본 모형의 구성 요소를 설명하시오.

> 체제론은 고전 이론(과학적 관리론, 인간관계론, 행동과학론)이 조직과 외부 환경과의 관련성을 무시한다고 보고, 이를 극복하기 위해 등장했다. 체제론 기본 모형의 구성 요소에는 투입, 과정, 산출, 환경이 있다. 투입은 상호 작용하는 요소들이 체제의 목적을 달성할 수 있도록 체제의 밖에서 안으로 들어가는 요소를 의미하고, 과정은 체제의 목적 달성을 위해 여러 자원과 정보를 활용하여 산출로 만듦으로써 가치를 창조하는 과정을 의미한다. 과정은 암흑 상자와 같이 내용이 알려지지 않은 상태에서 투입과 산출의 변환 과정을 기술하는 도구로 사용되기도 하고, 과정 내의 구조, 방법, 절차 등을 기술하고 평가하는 개념으로도 사용된다. 산출은 체제가 환경이나 인접한 체제로 내보내는 자원과 정보로, 의도적이거나 혹은 의도 없이 생산하는 모든 것을 의미한다. 즉, 체제에 투입된 것이나 체제에서 처리한 것을 내부 작용을 통해 변화시켜 내보내는 것들을 의미한다. 환경은 체제와 일정한 접촉을 유지하고 그것에 일정한 영향을 주는 경계 밖의 주변 조건이나 상태를 의미한다.

[개념형] #교육행정의 발달 과정

13 개방 체제의 개념과 특징 3가지를 설명하시오.

> 개방 체제는 폐쇄 체제와 달리 환경과 비교적 자유로운 상호 작용을 하는 체제를 의미하는데, 학교는 대표적인 개방 체제이다. 개방 체제의 특징은 다음과 같다. 첫째, 체제 환경과 상호 작용하여 투입과 산출이 일어나지만, 스스로 균형 상태를 유지하려는 경향이 있다. 둘째, 자기 통제력을 가지고 있어서 자신에게 영향을 미치는 모든 힘을 조절하고 통제한다. 셋째, 규모가 확장되면 새로운 기능적 하위 체제를 계층적으로 만들어 나가는 발전적 분화와 체제가 스스로를 효율화하기 위해 그 과정과 절차를 단순화하는 발전적 단순화가 일어난다.

[개념형] #교육행정의 발달 과정

14 겟젤스와 구바(Getzels & Guba)의 역할과 인성의 상호 작용 모형과 군대조직, 예술가조직, 학교조직을 설명하시오.

> 역할과 인성의 상호 작용 모형은 사회 체제 내에서 인간의 행위를 인성과 역할의 상호 작용으로 본다. 이에 따라 군대조직은 인간의 행동이 개인의 인성보다 제도적으로 규정된 역할에 의해 더 많은 영향을 받고, 예술가조직은 제도적으로 규정된 역할보다는 개인의 인성에 의해 결정적인 영향을 받는다. 이때, 학교조직은 군대조직이나 예술가조직에 속한다고 볼 수 없다. 공교육 체제하에서 학교는 관료제적 특성을 보이므로 군대조직보다는 약하지만, 제도적으로 규정된 역할과 기대에 부응해야 하는 측면이 강하고, 전문적인 교직에 종사하는 교원은 사회적으로 인정된 전문성과 자율성을 바탕으로 전문가적 판단에 따라 행동할 가능성이 높으므로 예술가조직에 근접한 조직으로 볼 수 있기 때문이다. 따라서 학교조직은 학교의 특성이나 풍토에 따라 그 위치점이 조금씩 다르지만, 군대조직과 예술가조직의 중간쯤에 위치하는 조직으로 이해될 수 있다.

[개념형] #교육행정의 발달 과정

15 체제론의 장점과 단점 2가지를 각각 설명하시오.

> 체제론의 장점은 다음과 같다. 첫째, 인성의 복잡성을 강조하고, 개인적 가치와 집단적 가치의 관계 분석에 유용한 개념적 모형을 제공했다. 둘째, 총체적인 접근으로 학교가 가지는 여러 하위 체제의 기능적 상호 작용에 대한 이해를 높였다. 반면, 체제론의 단점은 다음과 같다. 첫째, 연구를 위한 불가피한 부분으로 기본적으로 폐쇄 모형에 입각하고 있다. 둘째, 실증주의적 관점에 입각하여 인성 자체를 탐구하여 행동을 이해하기보다 그 결과로 나타난 행동에 관심을 갖는다.

CHAPTER 2 동기 이론

개념형　#내용 이론

16 교육행정의 관점에서 매슬로우(Maslow)의 욕구 위계 이론의 시사점 3가지를 설명하시오.

> 매슬로우의 욕구 위계 이론의 시사점은 다음과 같다. 첫째, 조직 구성원들은 다양한 욕구를 가지고 있으므로 학교 행정가들은 교사의 특성과 필요로 하는 욕구를 잘 이해하여 이를 적절하게 충족시켜 주어야 한다. 둘째, 교사들은 개개인의 인생 목표, 교직에 대한 설계, 가정 환경, 경제적인 상황, 연령, 근무하는 학교 환경 등에서의 차이로 인해 필요로 하는 욕구가 다르므로 이러한 특성과 상황적 요인들이 함께 고려되어야 한다. 셋째, 과거 교사들은 존경과 자아실현 욕구에 대해 많은 결핍을 느꼈으나, 최근에는 안전의 욕구에 대한 결핍이 비교적 크게 증가되었으므로 이를 고려해야 한다.

개념형　#내용 이론

17 허즈버그(Herzberg)의 동기 위생 이론에서 동기 요인과 위생 요인의 개념과 그 둘의 관계를 설명하시오.

> 동기 요인은 직무에 만족하고 긍정적인 직무 태도를 갖게 하는 요인으로, 직업 자체로부터 도출되는 성장에 대한 개인적 욕구를 의미한다. 동기 요인으로는 성취, 성취에 대한 인정, 일 자체, 책임, 승진 등과 같은 직무와 직무 내용과 관련된 긍정적 사건이 있다. 위생 요인은 직무 불만족을 초래하고 부정적인 직무 태도를 갖게 하는 요인으로, 직업 환경에서 발생하는 외적·물리적 요소이다. 위생 요인이 충족되지 않을 때 직무에 대한 불만족이 발생하지만, 충족된다고 해서 직무의 만족을 반드시 가져오지는 않는다. 위생 요인에는 상급자와 동료와의 인간관계, 기술적인 감독, 회사의 정책과 경영, 작업 조건, 급여, 개인적 생활 등과 같은 직무 환경과 인간관계와 관련된 부정적 사건이 있다. 동기 요인과 위생 요인은 각기 다른 차원의 욕구에 기인하고 있다. 만족을 주는 요인과 불만족을 야기하는 요인은 서로 구별될 뿐만 아니라 별개의 차원에 있으므로 반대되는 것으로 볼 수 없고, 동기 요인과 위생 요인은 직무에 대한 사람의 태도에 관하여 상호 독립적이다.

[개념형] #내용 이론
18 앨더퍼(Alderfer)의 생존·관계·성장 이론(ERG 이론)의 개념과 매슬로우(Maslow)의 욕구 위계 이론과의 차이점 2가지를 설명하시오.

> 앨더퍼의 생존·관계·성장 이론(ERG 이론)에서의 욕구는 허즈버그와 매슬로우의 이론을 확장한 것으로, 욕구 위계 이론의 설명력과 경험적 타당성을 개선하기 위해 제안되었다. 앨더퍼는 욕구가 단계적으로 나타나는 것이 아니라 다양한 욕구가 동시다발적으로 나타난다고 했다. ERG 이론과 욕구 위계 이론의 차이점은 다음과 같다. 첫째, 욕구 위계 이론은 하위 계층의 욕구가 만족되어야 다음 단계의 욕구가 발생한다고 주장했으나, ERG 이론은 여러 가지 욕구를 동시에 경험할 수 있다고 주장했다. 둘째, 욕구 위계 이론은 이미 충족된 욕구가 더 이상 동기 요인이 될 수 없다고 주장했지만, ERG 이론은 상위 욕구가 계속 좌절되면 낮은 수준의 욕구로 귀환하게 되어, 상위 욕구를 충족시킬 수 없는 대신 하위 욕구를 집중적으로 충족시키게 된다고 주장했다.

[개념형] #과정 이론
19 브룸(Vroom)의 기대 이론에서 유인가와 보상 기대, 성과 기대의 개념을 설명하시오.

> 유인가는 목표의 매력성, 즉, 특정 보상에 대한 개인적인 욕망의 강도로, 개인의 노력에 대한 결과로서 받게 될 보상이 무엇인가에 대한 주관적 인식 혹은 만족 정도이다. 보상 기대는 성과와 보상의 연계로, 좋은 과업 수행이 주목을 받고 보상을 받을 것이라고 지각하는 확률을 의미한다. 개인의 수행과 보상 간에 밀접한 관련이 있다고 지각할 때 높은 보상 기대를 갖는다. 성과 기대는 노력과 성과의 연계로, 과업에 관련된 노력이 어떤 수준의 성과를 가져올 것인가에 대한 신념의 강도를 의미한다.

[개념형] #다양한 동기 이론
20 로크(Locke)의 목표 설정 이론의 개념과 좋은 과업 목표의 특징 3가지를 설명하시오.

> 로크의 목표 설정 이론은 개인이 목표를 어떤 형태로 설정하는가에 따라 목표를 추진하고자 하는 동기가 달라진다는 이론이다. 좋은 과업 목표의 특징은 다음과 같다. 첫째, 구체성을 지닌다. 구체적 목표는 모호성을 감소시키고, 행동의 방향성을 명확하게 제시하므로 성과를 높일 수 있다. 둘째, 곤란성을 지닌다. 다소 어려운 목표는 도전감을 주고, 문제 해결에 많은 노력을 집중하도록 자극하므로 성과를 높일 수 있다. 셋째, 구성원의 참여로 설정된다. 구성원이 목표 설정 과정에 참여하면 직무 만족도가 높아지므로 성과를 높일 수 있다.

[개념형] #동기의 종류 #내재적 동기와 외재적 동기

21 내재적 동기와 외재적 동기의 통합을 위한 경력 단계 프로그램을 교사의 지위에 따라 설명하시오.

> 경력 단계 프로그램은 각 교사의 지위에 따라 다르다. 수습 교사는 학생을 가르치면서 수석 교사로부터 교과 지도 및 학생 지도에 대한 지도와 조언을 받고, 정규 교사가 되기 위한 수습 기간을 갖는다. 정규 교사는 교과 지도와 학생 지도에 대해 독자적인 책임을 지고 자율성을 갖는다. 또한 정규 교사는 연차가 늘어남에 따라 교사 연수, 수업 연구, 교재 개발과 같은 특수한 과제에 대한 책임을 갖는다. 수석 교사는 교단에 서는 교사 중에 가장 높은 경력 단계로, 교실 수업은 줄이고, 동료 교사를 지원하는 역할을 담당한다. 수석 교사의 지원 역할에는 교과 과정의 개발 및 평가, 수습 교사에 대한 지도 및 조언 전달, 교과 연구, 교사 연수 등이 있다.

CHAPTER 3 학교조직론

개념형 #조직의 이해

22 조직의 원리 중 기능적 분업의 원리와 적도집권의 원리를 설명하시오.

> 기능적 분업의 원리는 조직의 업무를 직능 또는 성질별로 구분하여 한 사람에게 동일한 업무를 분담시키는 원리로, 전문화 또는 분업화의 원리라고도 한다. 분업화는 행정 조직이 추구해야 할 공동 과업을 수행함에 있어서 표준화, 단순화, 전문화를 촉진시키고, 유사한 업무나 기능을 가진 사람으로 하여금 그것을 담당하게 함으로써 업무상의 효율을 높인다. 적도집권의 원리는 중앙집권제와 분권제 사이에 적절한 균형을 도모하려는 원리를 의미한다. 균형점은 조직의 목적과 기능, 구성원의 성격, 사회적·문화적 환경, 역사적 배경 등 여러 가지 요인에 따라 결정되므로 일률적으로 단정하기 어렵다.

개념형 #조직의 이해 #조직의 구조

23 공식조직과 비공식조직의 차이점 3가지를 설명하시오.

> 공식조직과 비공식조직의 차이점은 다음과 같다. 첫째, 공식조직은 공적 목표를 추구하기 위한 인위적인 조직으로, 제도화된 공식 규범에 의해 성립하지만, 비공식조직은 구성원 간의 상호 작용에 의하여 자연 발생적으로 성립한다. 둘째, 공식조직은 권한의 계층, 명료한 책임 분담, 표준화된 업무 수행, 몰인정적인 인간관계 등을 특징으로 하는 반면, 비공식조직은 혈연, 지연, 학연, 취미, 종교, 이해관계 등을 바탕으로 형성된다. 셋째, 공식조직은 계속 확대되는 경향이 있으나, 친숙한 인간관계를 중시하는 비공식조직은 소집단의 상태를 유지한다.

개념형 #조직의 이해 #조직의 구조

24 계선조직과 참모조직의 개념을 설명하고, 특징 2가지를 각각 설명하시오.

> 계선조직은 조직 내에서 명령이 전달되는 수직적·계층적 구조를 의미한다. 계선조직의 특징은 다음과 같다. 첫째, 구성원 간의 권한과 책임이 명백하고, 의사결정이 신속하게 이루어지며, 경비 절감의 효과가 있다. 둘째, 계선조직이 지나치면 최고 관리자의 업무량이 과중되고, 독단적인 의사결정이 이루어져 조직의 경직성을 초래할 수 있다. 참모조직은 조직 내에서 관리적 기능과 지문·조언 등의 기능을 수행하며 조직의 목표 달성에 간접적인 영향을 주는 구조를 의미한다. 참모조직의 특징은 다음과 같다. 첫째, 참모조직을 잘 활용하면 계선조직에서 일을 처리하는 데 필요한 정보를 제공하여 효과적으로 추진할 수 있다. 둘째, 원칙적으로 참모조직은 계선조직을 통하지 않으면 직접적인 명령과 지휘가 불가능하다.

개념형 #조직의 이해 #조직 유형론

25 파슨스(Parsons)의 사회적 기능 유형 4가지를 설명하시오.

> 파슨스의 사회적 기능 유형에는 생산조직, 정치적 목표지향조직, 통합조직, 유형유지조직이 있다. 생산조직은 사회의 적응 기능을 수행하는 조직, 즉 사회를 유지하기 위해 필요한 자원 생산이 일차적 책임인 기업체 조직으로, 민간 기업 등이 있다. 정치적 목표지향조직은 사회의 공동 목표를 설정하고 달성하는 기능을 수행하는 조직으로, 목표 달성을 위해 권력을 할당하는 역할을 수행한다. 대표적으로 정부, 정당, 은행 등이 있다. 통합조직은 구성원 간의 결속과 통일을 유지하는 사회 통합의 기능을 수행하는 조직으로, 사회 체제의 내적 활동을 조정·통합하는 역할을 수행한다. 대표적으로 법원과 경찰 조직 등이 있다. 유형유지조직은 체제의 문화 유형을 유지하고 새롭게 하는 기능을 수행하는 조직으로, 문화를 창조·보존·전달하는 기능을 수행한다. 대표적으로 공립 학교, 대학, 교회, 박물관 등이 있다.

개념형 #조직의 이해 #조직 유형론

26 칼슨(Calson)의 봉사 조직 유형의 개념과 유형 4가지를 설명하시오.

> 칼슨의 봉사 조직 유형은 고객의 참여 결정권과 조직의 고객 선택권 여부에 따라 봉사 조직을 4가지 유형으로 분류한 것이다. 유형Ⅰ은 조직과 고객이 독자적인 선택권을 가지고 있는 조직으로, 살아남기 위한 경쟁을 해야 하기 때문에 야생조직이라고도 한다. 대표적으로 사립 학교, 대학교, 개인 병원, 공공 복지 기관 등이 있다. 유형Ⅱ는 조직은 고객을 선발할 권리가 없고 고객이 조직을 선택할 권리만 있는 조직으로, 대표적으로 미국의 주립 대학 등이 있다. 유형Ⅲ은 조직이 고객 선발권을 가지지만, 고객은 조직 선택권을 가지고 있지 않은 조직으로, 이론적으로는 가능하지만, 봉사 조직으로서 존재하기 어려우므로 실제로는 존재하지 않는다. 유형Ⅳ는 조직이나 고객 모두 선택권을 갖지 못하는 조직으로, 법적으로 존립을 보장받고 있어 사육조직이라고도 한다. 대표적으로 공립 학교, 정신 병원, 형무소 등이 있다.

[개념형] #조직의 이해 #조직 유형론

27 에치오니(Etzioni)의 순응 유형의 개념과 유형 1, 5, 9 조직을 설명하시오.

에치오니의 순응 유형은 지도자가 부하 직원에게 행사하는 권력과 그로 인해 부하 직원이 조직에 참여하는 수준 간의 관계를 의미하는 순응(Compliance) 개념에 기초하여 조직을 유형화한 것이다. 각 3가지의 행사 권력과 참여 수준을 조합하면 총 9가지의 순응 유형을 만들 수 있는데, 이 중 유형 1, 5, 9만을 효과적인 조직 유형으로 볼 수 있다. 유형 1은 강제조직으로, 질서 유지를 목적으로 한다. 부하 직원의 활동을 통제하기 위한 수단으로 물리적 제재나 위협을 사용하며, 구성원은 조직에 소극적으로 참여한다. 유형 5는 공리조직으로, 이윤 추구를 목적으로 한다. 부하 직원에게 물질적 보상 체계를 사용하여 조직을 통제하며, 구성원은 조직에 타산적으로 참여한다. 유형 9는 규범조직으로, 새로운 문화의 창출과 계승, 활용을 중시한다. 규범적 권력을 사용하여 구성원의 높은 헌신적 참여를 유도한다.

[개념형] #조직의 이해 #학교조직의 성격

28 호이와 미스켈(Hoy & Miskel)이 제시한 전문적 관료제의 관료적 성격 5가지를 설명하시오.

학교조직의 관료적 성격은 다음과 같다. 첫째, 분업과 전문화이다. 조직의 과업을 보다 효율적으로 수행하기 위하여 조직 구성원들에게 업무를 적정하게 배분함으로써 맡은 분야에 대한 전문성을 갖도록 한다. 둘째, 몰인정지향성이다. 개인적인 감정이나 편견에 치우치지 않고 주어진 원칙에 따라 조직을 운영하는 원리를 의미한다. 그러나 개인적인 감정이나 개인 간의 편차 등을 고려하지 않고 합리성만을 지나치게 강조하다 보면, 오히려 조직 구성원의 사기를 저하시킬 수 있다. 셋째, 권위의 계층이다. 조직의 서열에 따라 공식적인 명령을 중심으로 조직 운영이 이루어진다. 권위의 계층이 강조되면 지휘 계통과 보고 체계가 확립되어 상사의 지휘에 따라 조직이 운영되며, 부서 및 개인의 조직 활동을 조정하고 통제하는 데 용이하다. 넷째, 규칙과 규정이다. 과업 수행의 계속성과 일관성을 유지하도록 하고, 구성원들의 행동에 있어 통일성과 안정성이 확보되도록 한다. 교육 조직은 각종 법률과 규칙에 의해 이루어지는 대표적인 조직이다. 다섯째, 경력 지향성이다. 조직 구성원들의 직무 경력을 중요하게 생각하는데, 조직 구성원이 한 조직에 오랫동안 남게 하는 유인책이 될 수 있지만, 조직의 효과성을 고려할 때 실적을 소홀히 다루게 될 수도 있다.

[개념형] #조직의 이해 #학교조직의 성격

29 학교조직의 관료적·전문적 성격의 이중 구조 2가지를 설명하시오.

> 학교조직의 관료적·전문적 성격의 이중 구조는 다음과 같다. 첫째, 학교라는 조직을 움직이는 사무 행정은 관료적 성격을 갖지만, 교사가 학생을 가르치는 교육 활동은 전문직적 성격을 갖는다. 둘째, 조직 내에서 교사들은 갈수록 전문화되지만 직위가 올라갈수록 지위 계층에 따른 관료화가 요구되고 있다.

[개념형] #조직의 이해 #학교조직의 성격

30 이완결합체제의 개념과 특징 3가지를 설명하시오.

> 이완결합체제는 부서들 간에 상호 관련되어 있지만 각자의 자주성과 개별성을 유지하고 있는 형태, 즉 서로 연결은 되어 있으나 각자가 독자성을 유지하면서 어느 정도 분리되어 있는 모습을 나타낸다. 이완결합체제의 특징은 다음과 같다. 첫째, 실제 학교에서 조직 직제상 모든 부서는 연결되어 있지만 상호 작용이 자주 일어나지 않고, 반응도 매우 느슨하다. 둘째, 조직의 비전과 목표를 공유하고 상호 간의 신뢰를 바탕으로 조직이 운영되어야 한다. 셋째, 지나친 감독과 평가를 통한 조직 운영은 갈등의 심화, 업무의 지나친 형식주의 등을 야기할 수 있다.

[개념형] #조직의 이해 #학교조직의 성격

31 조직화된 무정부의 개념과 특징 3가지를 설명하시오.

> 조직화된 무정부는 어떤 조직이 조직화는 되어 있지만 구조적, 합리적, 과학적, 논리적, 분석적으로 파악될 수 없는 측면이 있음을 의미한다. 조직화된 무정부의 특징은 다음과 같다. 첫째, 목표의 모호성이다. 교육 조직의 목적이 구체적이거나 분명하지 않고, 목표가 추상적인 단어와 구로 진술되어 있으므로 뜻이 모호하며 분명한 방향을 제시하지 못한다. 둘째, 불분명한 과학적 기법이다. 목적을 달성하기 위해서 사용하는 방법이 과학적으로 분명하지 않음을 의미한다. 교사, 행정가, 장학 요원들이 사용하는 여러 기술이 과학적으로 명확하지 않고, 적용하는 주체에 따라 실력차가 있다. 셋째, 유동적 참여이다. 학교조직의 구성원들인 학생, 교사, 행정가 등이 고정적이지 않고 유동적으로 참여하는 것을 의미한다. 따라서 조직의 중요한 의사결정에 일관성이 있기보다는 누가 참여하느냐에 따라 다른 결정이 내려진다.

[개념형] #조직의 이해 #학교조직의 성격
32 학습조직의 장점과 필요성 2가지를 각각 설명하시오.

> 학습조직의 장점은 다음과 같다. 첫째, 교사의 교수 행위에 근거가 되는 신념이나 다양한 개인적 삶, 이론적 지식 등을 재점검하고 재충전하는 기회를 갖게 한다. 둘째, 개인 차원을 넘어 조직의 공동체적 접근을 통해 학교조직이 환경 변화에 적극적으로 적응할 수 있도록 돕는다. 학습조직의 필요성은 다음과 같다. 첫째, 개별 학교가 처한 제반 여건을 진단하고, 그 속에서 새롭고 합리적인 학교조직의 방향을 학교조직 구성원들이 함께 모색해 나가는 것이 필요하다. 둘째, 학교조직의 환경이 급변하고 있으므로 기존의 조직 관리 방식에서 벗어나 교사들 스스로 역동적인 움직임의 주체가 되어 변화를 주도해 나가는 것이 필요하다.

[개념형] #조직의 이해 #학교조직의 성격
33 전문적 학습 공동체의 개념과 특징 5가지를 설명하시오.

> 전문적 학습 공동체는 교육 전문가인 교원들이 자율적으로 상호 학습을 위해 모임을 갖는 집단을 의미한다. 전문적 학습 공동체의 특징은 다음과 같다. 첫째, 구성원들은 조직이 추구하는 가치, 방향, 비전에 대해 합의하고 공감대를 형성한다. 둘째, 학생의 학업 증진을 위해 공동 연구를 하고, 실천함으로써 문제를 해결한다. 셋째, 개인적 경험을 공유하여 구성원들이 서로의 멘토가 됨으로써 상호 성장을 한다. 넷째, 지도성을 분산하여 공동의 지도성과 책임을 통해 조직의 효율과 개인의 전문성 및 역량을 극대화한다. 다섯째, 구성원들이 학교 문제에 대한 토의와 의사결정에 지속적으로 참여하여 민주적으로 결정을 내릴 수 있도록 인적, 물적 환경을 제공한다.

[개념형] #조직문화론
34 맥그리거(Mcgregor)의 X-Y이론의 개념을 설명하고, X이론과 Y이론을 설명하시오.

> 맥그리거(Mcgregor)의 X-Y이론은 관리자가 인적 지원을 통제함에 있어 근거로 하는 이론적 가정이 무엇이냐에 따라 기업의 전체적인 성격이 결정된다는 전제하에 X와 Y 두 가지 이론을 설명한다. X이론은 명령 통제에 대한 종속적 견해로, 인간을 수동적이고 게으르며 조직의 필요에 대하여 저항하는 존재로 가정하여 적극적인 개입이 필요하다고 생각한다. 따라서 권위적이고 강압적인 리더십을 행사하거나(적극적 방법), 인간관계나 민주적이고 온정적인 행정을 통해 설득하는 방법(온건한 방법)을 사용하여 설득한다. Y이론은 개인과 조직 목표의 통합에 대한 견해로, 인간은 본질적으로 수동적이거나 게으르지 않고, 무책임하지 않으며, 조직의 필요에 저항하지도 않는다고 생각한다.

[개념형] #조직문화론

35 아지리스(Argyris)의 미성숙·성숙 이론의 시사점 3가지를 설명하시오.

> 미성숙·성숙 이론의 시사점은 다음과 같다. 첫째, 조직 관리자는 구성원을 성숙한 인간으로 취급하고 그러한 문화 풍토를 조성하는 데 최선의 노력을 기울여야 한다. 둘째, 교사와 같은 전문직 종사자는 성숙한 인간으로 취급받고자 하지만, 대부분의 조직이 관료제적 가치 체제를 따르고 있으므로 그들의 잠재력을 최대한으로 활용하는 데 실패하고 있다. 셋째, 미성숙한 인간으로 취급받으면 공격적이거나 냉담한 반응을 나타내며, 그에 따라 관리자는 더욱 통제를 가하게 되어 결과적으로 조직의 효율성이 저하된다.

[개념형] #조직문화론

36 스타인호프와 오웬스(Steinhoff & Owens)의 학교문화 유형론에서 학교문화의 유형을 설명하시오.

> 학교문화 유형론에 따르면 학교문화 유형에는 가족문화, 기계문화, 공연문화, 공포문화가 있다. 가족문화는 학교를 가정이나 팀으로 비유한 것으로, 교장은 부모나 코치로 묘사된다. 구성원은 의무를 넘어 서로에 대한 관심을 가지고 가족의 한 부분으로서 제 몫을 다해야 한다. 기계문화는 학교를 기계에 비유한 것으로, 교장은 일벌레부터 느림보에 이르기까지 기계공으로 묘사된다. 학교의 원동력은 조직 구조 자체에서 나오고, 행정가는 자원을 획득하기 위하여 시시각각으로 변화하는 능력자이다. 학교는 목표 달성을 위해 교사를 이용하는 하나의 기계로 볼 수 있으며, 모든 관계를 기계적인 관계로 파악한다. 공연문화는 학교를 서커스, 브로드웨이 쇼, 연회 등을 시연하는 공연장으로 비유하며, 교장은 곡마단 단장, 공연장의 사회자 등으로 볼 수 있다. 명지휘자에 의해 이루어지는 공연과 같이 훌륭한 교장의 지도 아래 탁월하고 멋진 가르침을 추구하며, 청중의 반응이 중시된다. 공포문화는 학교를 전쟁터, 혁명 상황, 긴장으로 가득 찬 악몽으로 비유한 것이다. 교장은 자신의 자리를 유지하기 위해 무엇이든 희생의 제물로 삼을 준비가 되어 있으며, 교사들은 고립된 생활을 하고 사회적 활동이 거의 없다. 조직 구성원들은 서로를 비난하며, 적의를 가진다.

개념형 #조직풍토론

37 핼핀과 크로프트(Halpin & Croft)의 학교풍토의 유형 6가지를 설명하시오.

> 핼핀과 크로프트의 학교풍토 유형에는 개방적 풍토, 자율적 풍토, 통제적 풍토, 친교적 풍토, 간섭적 풍토, 폐쇄적 풍토가 있다. 개방적 풍토는 목표를 향해 함께 움직이고, 학교 구성원의 사회적 욕구를 충족시켜 주는 활기차고 생기 있는 학교풍토이다. 자율적 풍토는 교사들이 자신의 소신대로 일하는 학교풍토로, 학교조직 내의 사회적 활동에서 충분한 자극이 일어나며, 교사는 높은 사기 수준을 유지한다. 통제적 풍토는 과업 수행을 강조하고 교사들의 사회적 욕구 충족을 소홀히 하는 학교풍토이다. 친교적 풍토는 교장과 교사들 간에 우호적인 태도가 형성되어 사회적 욕구는 잘 충족되지만, 조직의 목적 달성을 위한 집단 활동은 부족한 학교풍토이다. 간섭적 풍토는 교장이 공정성을 결여하고, 교사들에게 과업만 강조하여 과업 성취나 욕구 충족이 모두에게 부적합한 학교풍토이다. 폐쇄적 풍토는 교장이 일상적인 일과 불필요한 일을 강조하고, 교사들은 만족감을 느끼지 못하는 비효율적인 학교풍토이다.

개념형 #조직풍토론

38 윌로워(Willower)가 주장한 학교풍토론의 개념과 보호지향적 학교의 특징 3가지를 설명하시오.

> 윌로워는 학교에서 학생을 통제하는 방식에 따라 학교풍토가 어떻게 조성되는가를 연구했다. 학교의 학생 통제 방식을 인간적·보호적 방식의 연속선으로 가정하고, 학생 통제 방식을 연구하기 위한 학생 통제 이념 질문지를 통해 학교를 인간주의적 학교와 보호지향적 학교로 구분하였다. 보호지향적 학교의 특징 3가지는 다음과 같다. 첫째, 보호지향적 학교는 학교의 질서를 유지하기 위해 엄격하고 통제된 상황을 조장한다. 둘째, 교사는 학교를 학생과 교사의 지위 체계가 잘 정비된 권위적인 조직으로 생각하여 학생의 행동을 이해하려 하지 않고 도덕적인 차원에서 판단한다. 셋째, 학생들은 무책임하고 훈련되지 않은 존재이므로 엄격한 규율과 체벌로 통제한다.

[개념형] #조직갈등론
39 갈등의 순기능과 역기능 3가지를 각각 설명하시오.

> 갈등의 순기능은 다음과 같다. 첫째, 문제점이 존재하는 곳에 대한 정보를 제공하므로 새로운 화합의 계기가 된다. 둘째, 조직으로 하여금 갈등을 관리하고 방지할 수 있는 방법을 배우게 한다. 셋째, 구성원으로 하여금 주체성을 인식하도록 돕고, 자기반성의 기회를 제공하여 정체된 사고 방식으로부터 벗어나 변동의 수용을 용이하게 하고 능동적 행동을 유발한다. 반면 갈등의 역기능은 다음과 같다. 첫째, 해로운 갈등은 조직의 협력적인 분위기를 해치고, 공동 목표의 추구를 방해한다. 둘째, 조직 구성원의 사기를 떨어뜨리고 낭비를 초래한다. 셋째, 갈등이 극심해지는 경우 조직이 와해될 수 있다.

[개념형] #조직갈등론
40 토머스(Thomas)의 갈등 관리 전략 5가지를 설명하고, 전략을 사용할 수 있는 적절한 상황을 각각 설명하시오.

> 토머스의 5가지 갈등 관리 전략에는 경쟁형, 순응형, 회피형, 협력형, 타협형이 있다. 경쟁형은 상대방을 희생시켜 자신의 갈등을 해소하는 유형으로, 한쪽은 이익을 얻는 반면 다른 한쪽은 손해를 보게 된다. 신속한 결정이 요구되는 긴급한 경우에 적절하다. 순응형은 좋은 인간관계를 유지하기 위해 자신의 욕구 충족을 포기하더라도 상대방의 갈등은 해소하는 유형으로, 자신이 잘못한 것을 알게 된 경우에 적절하다. 회피형은 자기뿐만 아니라 상대방의 관심사마저 무시하는 유형으로, 갈등이 없었던 것처럼 행동하여 이를 의도적으로 피하는 방법이다. 사소한 쟁점인 경우에 적절하다. 협력형은 양쪽이 다 만족할 수 있는 갈등 해소 방법을 적극적으로 찾는 유형으로, 합의와 헌신이 필요한 경우에 적절하다. 타협형은 다수의 이익을 우선하기 위해 양측이 상호 교환과 희생을 통하여 부분적인 만족을 취함으로써 갈등을 해소하는 유형으로, 복잡한 문제에 대한 일시적인 해결책을 얻고자 하는 경우에 적절하다.

CHAPTER 4 지도성 이론

개념형 #전통적 리더십 이론

41 리더십 특성 이론과 행동 이론의 개념과 한계 2가지를 각각 설명하시오.

> 리더십 특성 이론은 지도자 개인의 육체적·심리적·사회적 특성을 확인하는 데 관심을 갖는 접근 방법으로, 지도자는 지능, 창의력, 신장, 적응력 등의 영역에 있어서 선천적으로 높은 수준의 능력을 타고난다고 본다. 특성 이론의 한계점은 다음과 같다. 첫째, 관심의 대상을 지도자만으로 한정하여 구성원에게는 관심을 두지 않는다. 둘째, 특성론의 어떤 특징이나 특성들이 지도자로서의 효과적인 직무 수행을 보장하는 것은 아니며, 그것들이 결여되었다고 해서 직무 수행을 저해하는 것도 아니다. 리더십 행동 이론은 성공적인 지도자의 행동 방식을 알아내기 위한 방법으로, 효과적인 지도자와 비효과적인 지도자의 행동을 비교하여 지도자가 나타내는 행동 양식을 유형화한다. 리더십 행동 이론의 한계점은 다음과 같다. 첫째, 구성원들이 지각한 행동만을 강조할 뿐 행동에 대한 원인 규명에 소홀하다. 둘째, 특정 상황에서 관찰된 리더십 행동이 다른 상황에서도 동일하게 적용될 것이라고 본다.

개념형 #전통적 리더십 이론 #상황적 리더십 이론

42 피들러(Fiedler)의 상황 이론에서 주장한 상황적 요인 3가지를 설명하시오.

> 피들러(Fiedler)는 상황적 요인으로 지도자·구성원의 관계, 과업 구조, 지위 권력의 3가지 요소가 있다고 주장한다. 효과적인 리더십 유형은 3가지의 상황적 요인에 따라 달라진다. 지도자·구성원의 관계는 지도자와 구성원 간 관계의 질을 말하는 것으로, 지도자가 가진 구성원에 대한 신뢰, 지도자에 대한 구성원의 존경도 등에 의하여 평가된다. 과업 구조는 과업의 특성을 말하는 것으로, 과업이 명확하게 규정되고 수행 방법이 체계화되어 있으면 구조화되었다고 하며, 그렇지 않은 경우에는 비구조화되었다고 본다. 지위 권력은 지도자가 합법적·보상적·강압적 권력을 가지고 구성원의 행위에 영향을 줄 수 있는 능력을 소유한 정도를 말하는 것이다.

[개념형] #전통적 리더십 이론 #상황적 리더십 이론

43 허시와 블랜차드(Hersey & Blanchard)가 주장한 상황적 리더십 이론의 리더십 유형 4가지를 설명하시오.

> 상황적 리더십 이론의 리더십 유형에는 지시형, 지도형, 지원형, 위임형이 있다. 지시형은 높은 과업 중심 행동, 낮은 관계 중심 행동을 보이는 유형으로, 구성원의 동기와 능력이 낮을 때 효과적이다. 지도형은 높은 과업 중심 행동, 높은 관계 중심 행동을 보이는 유형으로, 구성원이 적절한 동기를 갖되 낮은 능력을 가지고 있는 경우에 효과적이다. 지원형은 낮은 과업 중심 행동, 높은 관계 중심 행동을 보이는 유형으로, 구성원이 적절한 능력을 갖고 있으나 동기가 낮은 경우에 효과적이다. 위임형은 낮은 과업 중심 행동, 낮은 관계 중심 행동을 보이는 유형으로, 구성원이 높은 능력과 동기를 가지고 있는 경우에 효과적이다.

[개념형] #전통적 리더십 이론 #상황적 리더십 이론

44 레딘(Reddin)이 주장한 3차원 리더십 모델의 개념과 한계점 3가지를 설명하시오.

> 레딘(Reddin)의 3차원 리더십 모델은 리더십 유형과 특수한 환경적·상황적 요구를 통합하려는 시도로, 특정한 지도자 유형에 적절한 환경적·상황적 요인을 제시했으며, 관계형, 통합형, 분리형, 헌신형의 4가지 리더십 유형이 있다. 3차원 리더십 모델의 한계점은 다음과 같다. 첫째, 효과적인 지도자 행동에 부합하는 '적절한' 상황이 무엇인지에 대해 명확하게 제시하지 못했다. 둘째, 효과성을 최대한 달성하기 위해 상황에 부합하는 리더십 유형을 결정하는 것을 지도자의 인식에 전적으로 의존한다. 셋째, 효과성을 극대화하기 위해 구체적인 상황과 특수한 행동 유형을 결합시키는 문제는 대단히 복잡하여 아직 검증되지 않은 측면이 많다.

[개념형] #새로운 리더십 이론

45 케르와 제메르(Kerr & Jermier)가 주장한 리더십 대용 상황 모형의 특징과 의의 2가지를 각각 설명하시오.

> 리더십 대용 상황 모형의 특징은 다음과 같다. 첫째, 과업 수행은 지도자가 가지고 있는 그 어떤 것에도 의존하지 않고 구성원, 과업, 조직 특성 등에 달려 있다는 점을 강조한다. 둘째, 상황에 따라 지도자 행동의 영향력을 대용하거나 무력화하는 것들을 제시했다. 리더십 대용 상황 모형의 의의는 다음과 같다. 첫째, 상황에 따라 지도자의 행동이 주는 영향력을 이해하는 데 많은 도움을 주었다. 둘째, 구성원의 태도, 행동, 역할 지각 등이 어떻게 결정되는지를 이해하기 위해서 지도자의 행동과 대용 상황을 모두 고려하는 것이 필요하다는 점을 제시했다.

[개념형] #새로운 리더십 이론
46 변혁적 리더십의 특징 4가지를 설명하시오.

> 변혁적 리더십의 특징으로는 이상적인 완전한 영향력, 감화력, 지적인 자극, 개별적인 배려가 있다. 이상적인 완전한 영향력은 지도자가 높은 기준의 윤리적·도덕적 행위를 보이고, 목표 수행 과정에서 발생하는 위험을 구성원과 함께 분담하는 것이다. 자신보다는 타인의 욕구를 배려하고, 개인의 이익이 아니라 조직의 이익을 위해 행동하여 구성원의 존경과 신뢰를 받고 칭송을 얻는다. 감화력은 조직의 미래와 비전을 창출하는 데 구성원을 참여시키고, 구성원이 바라는 기대를 분명하게 전달함으로써 조직의 문제를 해결하는 것이다. 지적인 자극은 일상적인 생각에 대해 의문을 제기하고 문제들을 재구조화하여 종래의 상황에 새로운 방식으로 접근하고, 구성원이 혁신적이고 창의적인 생각을 할 수 있도록 유도하는 것이다. 개별적인 배려는 지도자가 성취하고 성장하려는 개개인의 욕구에 특별한 관심을 보이는 것이다. 새로운 학습 기회를 만들어 구성원이 잠재력을 개발하고 개인적 발전을 모색하며, 그에 대해 책임을 지도록 한다.

[개념형] #새로운 리더십 이론
47 슈퍼 리더십(초우량 리더십)의 특징 3가지와 한계점 2가지를 설명하시오.

> 슈퍼 리더십(초우량 리더십)의 특징은 다음과 같다. 첫째, 조직 구성원 각자가 스스로를 통제하고 자신의 삶의 진정한 주인이 될 수 있도록 자율적 리더십을 개발하는 데 중점을 둔다. 둘째, 슈퍼 리더십은 지도자가 조직 구성원 개개인을 지도자로 성장시킴으로써 모든 구성원을 지도자로 변혁시키는 리더십을 의미한다. 셋째, 슈퍼 리더십은 지도자가 조직의 모든 구성원이 스스로 자율적인 리더십을 개발하고, 이를 통해 조직의 과업 수행을 효율화하여 조직의 생산성을 제고하는 방향으로 일할 수 있게 역량을 발휘하도록 한다. 슈퍼 리더십의 한계점은 다음과 같다. 첫째, 모든 사람이 자율적 리더십을 실천할 수는 있지만, 모두가 효과적인 지도자가 될 수 있는 것은 아니다. 둘째, 지도자의 특별한 능력이나 행위보다는 구성원의 능력과 행위에 리더십의 초점이 맞추어져야 하므로 지도자의 리더십 프로그램이나 역량 개발 등에 시사하는 바가 부족하다.

CHAPTER 5 장학행정

개념형 #장학의 이해
48 장학의 개념과 특징 3가지를 설명하시오.

> 장학은 학생의 학습을 촉진시키고 목적을 달성하기 위하여 교육 활동 전반에 걸쳐 이루어지는 전문적·기술적 봉사 활동 또는 참모 활동을 의미한다. 장학의 특징은 다음과 같다. 첫째, 교사의 교수 행위에 변화를 일으켜 학생의 학습을 향상시킨다. 둘째, 교육과정과 내용을 개발·수정·보완하여 학생의 성취를 높인다. 셋째, 교육 자료와 학습 환경을 개선하여 학생의 학습을 촉진하고 수업을 개선한다.

개념형 #장학의 유형
49 지구별 장학의 개념과 장학 활동을 설명하시오.

> 지구별 장학은 지구별 장학협력회 감사 학교가 중심이 되어 같은 지구 내 학교와 교원 간의 협의를 통해 독창성 있는 사업을 자율적으로 선정·운영한다. 교원의 자질과 교육의 질적 향상을 도모하고, 학교와 교원 간의 유대를 강화하며, 수업 공개를 통한 학교 특색의 일반화와 교수·학습 방법을 개선하고자 하는 장학 활동을 말한다. 지구별 장학 활동에는 학교 간 방문 장학, 교육 연구 활동, 생활지도 활동이 있다. 학교 간 방문 장학은 지구별 자율장학반 편성, 교육 활동의 상호 참관, 정보 교환, 순회교사제 운영, 자율 학습, 보충수업, 학사 일정 등의 현안 문제를 협의한다. 교육 연구 활동은 교수·학습 방법 및 평가의 개선 연구와 보급, 연구 발표회 및 합동 강연회를 진행한다. 생활지도 활동은 교외 생활 지도반 운영을 통한 학생 선도, 유관 기관 및 지역 사회와의 협조 체제를 구축한다.

개념형 #장학의 유형 #교내장학
50 임상장학의 개념과 단계를 설명하시오.

> 임상장학은 장학 담당자가 실제의 교수 상황을 직접 관찰하고 교사와의 대면적 상호 작용을 통해 교사와 교수 활동을 분석하여 교사의 전문적 자질과 수업의 질을 향상시키고자 하는 장학이다. 임상장학은 관찰 전 협의회, 수업 관찰·분석, 관찰 후 피드백의 단계를 거친다. 관찰 전 협의회는 장학 담당자와 교사가 공동으로 수행할 장학에 대한 세부적인 활동을 계획하는 단계이다. 수업 관찰·분석은 관찰 전 협의를 마친 후 장학 담당자가 수업을 관찰하여 필요한 정보와 자료를 수집하고, 이를 의미 있는 자료로 분석하는 단계이다. 관찰 후 피드백은 장학을 위한 협의가 본격적으로 이루어지는 단계로, 교사에게 수업에 대하여 새로운 통찰을 할 수 있는 기회를 마련하고 수업 방법의 개선을 위한 정보를 제공해 주는 피드백이 이루어진다.

[개념형] #장학의 유형 #교내장학

51 임상장학 단계 중 관찰 전 협의회의 주요 활동 5가지를 설명하시오.

> 관찰 전 협의회는 장학 담당자와 교사가 공동으로 수행할 장학에 대한 세부적인 활동을 계획하는 단계이다. 관찰 전 협의회의 주요 활동은 다음과 같다. 첫째, 교사와 담당 장학자 간의 신뢰있는 관계를 형성한다. 둘째, 교사로 하여금 장학을 이해하고 긍정적으로 생각하게 한다. 셋째, 장학의 과제(무엇을 변화 또는 개선시킬 것인가?)를 확정한다. 넷째, 관찰할 수업에 대한 장학 담당자의 이해를 높인다. 다섯째, 교사가 수업 예행 연습을 한 후 최종적으로 수정하고, 수업 관찰을 위하여 '언제', '어떠한 점'을 '어떠한 방법'으로 할 것인가에 대하여 협의한다.

[개념형] #장학의 유형 #교내장학

52 동료장학의 개념과 특징 3가지를 설명하시오.

> 동료장학은 동료 교사들 간에 교육 활동 개선을 위하여 공동으로 노력하는 장학으로, 동료 상호 간에 정보·아이디어·도움·충고·조언 등을 주고받는 활동으로, 공식적·비공식적 행위도 모두 동료장학에 포함된다. 동료장학의 특징은 다음과 같다. 첫째, 교사들이 동료 관계 속에서 서로 가르치고 배우는 활동으로, 학교의 형편과 교사들의 필요 및 요구에 기초하여 다양하고 융통성 있게 운영된다. 둘째, 교사들의 전문적 발달뿐 아니라 개인적 발달, 그리고 학교의 조직적 발달까지 도모할 수 있다. 셋째, 교사의 전문성을 향상하고, 동료 교사 간에 개방과 협동을 조장하여 학교의 협동적 조직풍토를 형성하는 데 도움을 준다.

[개념형] #장학의 유형 #교내장학

53 동료장학의 형태 3가지를 설명하시오.

> 동료장학의 형태에는 수업 연구 중심 동료장학, 협의 중심 동료장학, 연수 중심 동료장학이 있다. 수업 연구 중심 동료장학은 경력 교사와 초임 교사가 짝을 이루어 상호 간에 수업을 공개·관찰하고 이에 대한 의견을 교환함으로써 수업 연구 과제의 해결 또는 수업 방법 개선을 도모하는 형태로, 임상장학보다는 덜 집중적이고 덜 체계적으로 운영할 수 있다. 협의 중심 동료장학은 동료 교사들 간에 공식적이거나 비공식적인 일련의 협의를 통하여 어떤 주제에 관해 서로 경험, 정보, 아이디어, 충고, 조언 등을 교환하거나, 공동 과제와 관심사를 협의하거나, 공동 과업을 추진하는 형태이다. 연수 중심 동료장학은 교과별·학년별·교육 영역별 소집단 연수, 연구·시범·실험 영역 연수 등의 당면 연구자로서 서로 경험·정보·아이디어를 교환하며, 때로는 강사나 자원 인사로서 공동으로 협력하는 형태이다.

개념형 #장학의 유형 #교내장학
54 약식장학의 개념과 의의 3가지를 설명하시오.

> 약식장학은 단위 학교의 교장이나 교감이 교사들의 수업 및 학급 경영 활동을 관찰하고, 이에 대해 교사들에게 지도·조언을 제공하는 장학을 의미한다. 약식 장학의 의의는 다음과 같다. 첫째, 교장이나 교감의 학교 교육 및 경영 전반에 관련하여 개선을 위한 적극적인 의지와 노력이자, 지도성의 좋은 표현 방식이다. 둘째, 약식장학을 통하여 교장이나 교감은 미리 준비한 수업 활동이나 학급 경영 활동이 아닌, 평소의 자연스러운 수업 활동이나 학급 경영 활동을 관찰할 수 있으며, 이에 대하여 의미 있는 지도·조언을 제공할 수 있다. 셋째, 약식장학을 통하여 교장이나 교감은 학교를 전체적으로 파악하는 데 필요한 정보를 수집할 수 있다.

개념형 #장학의 유형 #기타 장학
55 마이크로티칭의 개념과 절차를 설명하시오.

> 마이크로티칭은 실제 상황의 수업이 아니라 7~20분의 시간 동안 3~10명의 학생을 소집단으로 구성하여 한두 개의 학습 주제를 다루며, 교수 기술에 초점을 둔 연습 수업을 의미한다. 임상장학과 비슷한 과정을 거치지만, 정식 수업이 아닌 축소된 연습 수업이라고 할 수 있다. 마이크로티칭은 준비 단계, 교수 단계, 평가 단계로 진행된다. 준비 단계에서는 비디오테이프 등을 통해 마이크로티칭의 개념 및 진행 과정의 시범을 보이고, 주제와 상황을 선택하며 수업을 준비한다. 교수 단계에서는 모의수업을 진행하고, 장학자는 학생 역할로 강의자의 모습을 관찰하고 평가한다. 평가 단계에서는 비디오 기록과 체크리스트를 활용하여 수업 진행과 교수 기술을 평가한다.

개념형 #장학의 유형 #기타 장학
56 선택적 장학의 개념과 특징 2가지를 설명하시오.

> 선택적 장학은 교사가 여러 장학 방법 중 자신에게 맞는 방법을 선택하는 장학을 의미하는 것이다. 선택적 장학의 특징은 다음과 같다. 첫째, 교사들이 개인적 요인을 고려하여 장학 방법을 선택하고 사용하도록 하여 장학의 효과를 높인다. 둘째, 교사에 대한 장학 지도 방법의 선택에서 교사의 경력 발달 단계를 중요하게 고려한다.

CHAPTER 6 의사결정과 의사소통

개념형 #의사결정
57 의사결정의 유형 4가지를 설명하시오.

> 의사결정의 유형에는 정형적 결정, 비정형적 결정, 단독 결정, 집단 결정이 있다. 정형적 결정은 반복적이며 일상화된 결정으로, 의사결정을 해야 할 사안이 예측되는 결정을 의미한다. 비정형적 결정은 일상적이지 않으며, 중요하고 긴급한 문제가 생겼을 때 내리는 결정을 의미한다. 단독 결정은 최고 경영자나 관리자가 혼자 내리는 결정으로, 신속한 결정이 필요한 경우, 결정에 따른 이의나 논쟁이 없는 경우, 비밀을 요구하는 경우에 일어난다. 집단 결정은 공동의 의견을 수렴하여 결정하는 방법으로, 고도의 기술성과 전문성이 요구되거나 구성원들의 참여 의식을 높이고자 할 경우에 일어난다. 그러나 대체로 위원회의 성격을 갖고 이루어지므로 단독 결정보다 신속하지 못하다는 단점이 있다.

개념형 #의사결정 #의사결정의 네 가지 관점
58 의사결정의 관점 중 합리적 관점과 참여적 관점에 대해 설명하시오.

> 합리적 관점은 의사결정을 목표 달성을 위해 최적의 대안을 선택하는 것으로 보는 관점이다. '목표의 세분화 → 대안의 확인 → 대안의 선택에 따른 결과의 평가 → 목표를 극대화하는 대안의 선택'의 체계화된 의사결정 과정을 거치고, 관료제 조직과 수직적 구조를 가진 위계적인 체제에 의해 운영되는 중앙 집권적 조직에 적합하다. 참여적 관점은 합리적 관점과 동일하게 공동의 목표가 있고, 이를 달성하기 위한 최선의 선택을 하며, 체제 내의 작용에 의해 의사결정이 이루어지고, 당위적인 결과를 기대할 수 있다고 가정한다. 의사결정을 합리적·이성적 판단으로 보는 합리적 관점과 달리 의사결정을 당사자 간의 논의를 통한 합의의 결과로 보며, 관료제 조직보다는 관련자의 능력과 자율성이 보장되는 전문적 조직에 적합하다.

개념형 #의사결정 #의사결정의 이론 모형
59 합리 모형의 개념과 한계점 2가지를 설명하시오.

> 합리 모형은 의사결정을 위해 필요한 모든 지식과 정보를 수집하고, 이를 객관적으로 분석·종합하여 목표 달성을 극대화하기 위한 최선의 대안을 찾는 모형이다. 합리 모형의 한계점은 다음과 같다. 첫째, 의사결정자가 관련된 모든 정보와 가능한 모든 대안과 그 결과를 검토하는 것이 불가능하다. 둘째, 의사결정자가 가지고 있지 않은 정보 처리 능력, 합리성, 지식을 가정하고 있으므로 행정가들의 실제 의사결정에 크게 도움이 되지 않는다.

개념형 #의사결정 #의사결정의 이론 모형

60 점증 모형의 특징과 한계 2가지를 각각 설명하시오.

점증 모형의 특징은 다음과 같다. 첫째, 획기적인 대안의 선택이 아닌, 기본적인 목표의 틀 속에서 현행 정책과 크게 다르지 않은 다소 향상된 정책 결정에 만족한다. 둘째, 문제가 복잡하고 불확실하며 갈등이 많은 경우 현재의 상황과 유사한 매우 제한된 몇 가지 대안의 결과를 계속적으로 비교하여 의사결정자들이 상당한 수준까지 동의하면 최종 대안을 선택하게 된다. 반면, 한계점은 다음과 같다. 첫째, 개혁이나 혁신적인 의사결정에는 적절하지 않다. 둘째, 이전 상황이 바람직하지 않거나 급격한 사회 변화로 새로운 대안이 필요할 때에는 적용이 불가능하다.

개념형 #의사결정 #의사결정의 이론 모형

61 쓰레기통 모형의 개념과 특징 4가지를 설명하시오.

쓰레기통 모형은 의사결정이 비합리적이고 우연적인 선택으로 이루어지고 있다고 보는 모형으로, '조직화된 무정부 조직' 상황에서 일어나는 의사결정 모델에 해당한다. 쓰레기통 모형의 특징은 다음과 같다. 첫째, 의사결정은 합리성에 근거하여 목표 달성을 위한 체계적인 과정에 의해 이루어진 것이 아니라, 의사결정 구성 요소인 문제, 해결책, 참여자, 선택의 기회가 우연히 특정 시간에 같은 상황에서 모임으로써 이루어진다. 둘째, 조직 구성원의 관심과 주의를 필요로 하는 문제는 해결책이나 선택의 기회와 구별되므로 해결책과 연결될 수도 있고 그렇지 않을 수도 있다. 셋째, 의사결정의 참여자는 조직에 참여하고 떠나기도 하는 구성원으로, 조직 구성원이 유동적이어서 문제와 해결책이 빠르게 변화될 수 있다. 넷째, 선택의 기회는 조직이 의사결정을 내리도록 기대하는 것이다.

개념형 #의사결정 #의사결정 참여 모형

62 브리지스(Bridges)의 참여적 의사결정 모형의 적절성과 전문성에 대해 설명하시오.

참여적 의사결정 모형은 적절성과 전문성을 준거로 4가지 상황에 따른 참여적 의사결정 형태를 분류했다. 적절성은 '의사결정에 구성원이 개인적 이해관계를 가지고 있는가?'라는 것으로, 구성원 개개인의 이해관계가 높으면 참여에 관심을 보이고, 그렇지 않은 경우에는 관심을 보이지 않는다. 전문성은 '의사결정 과정에서 구성원이 유용한 공헌을 할 수 있는 전문성을 가지고 있는가?'라는 것으로, 공헌은 해결하고자 하는 분야나 사안에 대해 충분한 지식과 경험을 바탕으로 문제 해결 능력을 발휘할 수 있다는 것을 의미한다.

[개념형] #의사결정 #의사결정 참여 모형

63 호이와 타터(Hoy & Tarter)의 참여적 의사결정 모형의 수용 영역과 수용 영역 밖의 사항을 설명하시오.

> 참여적 의사결정 모형에서 수용 영역은 구성원이 의사결정 결과에 대해 아무런 관심이 없으며, 상급자가 어떤 결정을 내리든 아무런 의심 없이 그 결정을 받아들이는 영역을 의미한다. 행정가가 수용 영역 내의 사안에 대한 의사결정 과정에 조직 구성원을 배제하는 것이 효과적이다. 수용 영역 밖의 사항은 수용 영역 바깥에 있는 사안에 대한 의사결정에만 조직 구성원을 참여시키는 것이 효과적이라는 의미로, 수용 영역의 바깥이더라도 위임성의 정도에 따라 참여 정도가 달라질 수 있다.

[개념형] #의사결정 #의사결정 참여 모형

64 브룸과 예튼(Vroom & Yetton)의 의사결정 모형의 의사 결정 형태 5가지를 설명하시오.

> 의사결정 모형의 5가지 의사 결정 형태에는 AI(단독 결정), AII(정보 수집 후 단독 결정), CI(개별 자문 후 결정), CII(집단 자문 후 결정), GII(집단 결정)가 있다. AI(단독 결정)은 행정가가 현존하는 정보를 이용하여 단독으로 결정하는 것이다. AII(정보 수집 후 단독 결정)는 행정가가 구성원으로부터 정보를 구하고 나서 단독으로 결정을 내린다는 것으로, 구성원은 정보를 제공할 뿐 대안의 탐색이나 평가에 관여하지 않는다. CI(개별 자문 후 결정)은 행정가가 구성원과 개별적인 의견 교환을 통해 아이디어와 제안을 얻고 의사결정을 하는 것으로, 구성원의 의견은 반영될 수 있고 그렇지 않을 수도 있다. CII(집단 자문 후 결정)는 행정가가 구성원과 집단적으로 만나 함께 문제를 논의하여 그들의 집약된 아이디어와 제안을 얻고 의사결정을 하는 것이다. 구성원의 의견은 반영될 수도 있고 그렇지 않을 수도 있다. GII(집단 결정)는 참여적 방법으로, 행정가가 구성원과 문제와 상황을 집단적으로 함께 논의하여 결정하는 것이다. 모든 구성원은 함께 대안을 탐색하고 평가하며, 해결책에 대한 합의점에 도달하기 위해서 노력한다.

개념형 #의사소통

65 의사소통의 개념과 기능 4가지를 설명하시오.

> 의사소통은 자신의 생각이나 감정 등 의도하는 바를 타인에게 전달하는 과정으로, 구성원들 간의 원활한 의사소통은 합리적인 의사결정과 효율적인 과업 수행에 필수적으로 요구된다. 의사소통의 기능은 다음과 같다. 첫째, 의사소통은 조정 및 통제를 위한 수단으로, 구성원의 행동을 일사분란하게 하며, 질서를 확보하기 위한 수단으로 이용할 수 있다. 둘째, 의사소통은 합리적인 의사결정의 수단으로, 구성원이 조직의 의사결정 과정에 참여할 수 있다. 셋째, 의사소통은 조직 통솔과 리더십 발휘의 수단으로, 구성원을 통솔하여 조직 목표에 공헌하게 하고, 리더에 대한 추종을 유도할 수 있다. 넷째, 의사소통은 구성원을 자극하고 격려함으로써 동기를 유발하고 사기를 진작할 수 있다.

개념형 #의사소통 #의사소통의 종류 #의사소통의 형식에 따른 분류

66 공식적 의사소통과 비공식적 의사소통의 개념을 설명하고, 장점과 단점을 각각 설명하시오.

> 공식적 의사소통은 공식적인 조직 내에서 공식적인 경로와 수단을 통하여 이루어지는 의사소통이다. 권한 관계가 명확하여 확실한 의사 전달이 가능하며, 전달자와 피전달자가 명확하므로 책임의 소재가 분명하다는 장점이 있지만, 융통성이 없고 소통이 느리다는 단점이 있다. 비공식적 의사소통은 계층제나 공식적인 직책을 떠나 조직 구성원 간의 친분·상호 신뢰·현실적인 인간관계 등을 통하여 이루어지는 의사소통이다. 신속한 의사소통이 가능하다는 장점이 있지만, 책임 소재가 불분명하고 조직의 규칙을 해칠 가능성이 있으며, 조정과 통제가 어렵다는 단점이 있다.

개념형 #의사소통 #의사소통의 기법

67 조하리 창의 4개 영역을 설명하시오.

> 조하리 창의 4개 영역에는 개방적 영역, 맹목적 영역, 잠재적 영역, 미지적 영역이 있다. 개방적 영역은 스스로에 관한 정보가 자신이나 타인에게 잘 알려져 있는 부분을 의미한다. 서로 잘 알고 있는 개방적인 상호 작용을 하므로 효과적인 의사소통이 가능하다. 맹목적 영역은 타인에게는 잘 알려져 있지만, 스스로는 잘 모르는 부분을 의미한다. 맹목적 영역의 사람은 의사소통에서 자신의 주장을 앞세우고, 타인의 의견을 불신·비판하여 수용하지 않는다. 잠재적 영역은 스스로는 잘 알고 있지만, 타인에게는 알려져 있지 않은 부분이다. 자신에 대한 타인의 반응을 예측할 수 없으므로 타인에게 방어적인 태도를 취하게 된다. 미지적 영역은 자기 스스로와 타인 모두에게 알려지지 않은 부분이다. 의사소통 시 자신에 대한 견해를 표명하지 않으며, 타인으로부터의 피드백을 받지 못한다.

CHAPTER 7 교육기획과 교육재정

개념형 #교육기획 #교육기획의 이해

68 교육기획의 효용성과 한계성 4가지를 각각 설명하시오.

> 교육기획의 효용성은 다음과 같다. 첫째, 교육 정책의 수행과 교육행정의 안정화에 기여한다. 둘째, 교육행정 혹은 교육 경영의 효율성과 타당성을 제고할 수 있다. 셋째, 한정된 재원을 합리적으로 배분할 수 있다. 넷째, 교육 개혁과 교육적 변화를 촉진하는 역할을 수행한다. 교육기획의 한계점은 다음과 같다. 첫째, 교육기획 수립 시 각종 예측과 추정을 위해 여러 가지 상황을 가정하지만, 그 변화를 예상하기 어렵다. 둘째, 정확하고 적절한 정보와 자료의 취득에 한계가 있다. 셋째, 시간과 비용, 노력의 제약이 있고, 정치적·사회적 압력이 있을 수 있다. 넷째, 교육기획의 목표는 추상적이므로 이를 명확하게 계량하기 어렵다.

개념형 #교육기획 #교육기획의 접근 방법

69 교육기획의 수익률에 의한 접근 방법의 개념을 설명하고, 장점과 단점을 각각 설명하시오.

> 수익률에 의한 접근 방법은 교육을 투자로 보고 투자에 대한 경제적 효과를 분석하는 방법으로, 특정 단계 혹은 분야의 교육이나 제도 혹은 운영 방법 등에 대한 경제적 수익률을 측정하여 비교 수익률이 높은 부문이나 방식을 채택하는 접근 방법이다. 교육에 대한 투입 대비 교육에 의해 발생하는 산출의 많고 적음을 밝혀 교육 투자의 경제적 효과를 측정하는 데 목적이 있다. 수익률에 의한 접근 방법은 교육 운영의 경제적 효율성을 제고할 수 있고, 비용·수익 분석을 통해 교육 투자의 합리성을 제고할 수 있다는 장점이 있지만, 교육 투입과 교육 산출을 계산하는 방식이 다양하고 학자 간 합의된 것이 없으므로 측정이 용이하지 않다는 단점이 있다.

개념형 #교육재정 #교육재정의 운영 원리

70 교육재정의 개념을 설명하고, 지출 단계와 평가 단계에서 필요한 운영 원리를 각각 설명하시오.

> 교육재정은 국가의 공익 사업인 교육 활동을 지원하기 위하여 국가나 공공 단체가 필요한 재원을 확보·배분·지출·평가하는 일련의 경제 활동을 의미한다. 지출 단계의 운영 원리에는 자율성, 투명성, 적정성이 있다. 자율성은 단위 기간의 자율성이 보장되어야 한다는 것이고, 투명성은 운영 과정이 대중에게 공개되고 개방되어야 한다는 것이다. 마지막으로 적정성은 의도한 교육 결과를 산출하는 데 적절한 지원을 제공해야 한다는 것이다. 평가 단계의 운영 원리에는 효과성과 책무성이 있다. 효과성은 투입된 재원이 설정된 교육 목표의 달성과 교육의 질적 향상을 가져오도록 해야 한다는 것이며, 책무성은 사용한 경비에 관하여 책임을 질 수 있어야 한다는 것이다.

[개념형] #교육재정 #교육예산 편성 기법
71 성과주의 예산제도의 개념을 설명하고, 장점과 단점을 각각 설명하시오.

> 성과주의 예산제도는 예산 항목을 사업 계획별, 활동별로 분류한 후 각 세부 사업별로 단위 원가에 업무량을 곱하여 예산액을 표시하고, 성과를 측정·분석하여 재정을 통제하는 제도를 의미한다. 사업과 기능을 중심으로 예산을 편성하고, 업무 측정 단위를 결정하여 단위 원가를 계산하며, 사업을 구성하는 모든 활동의 예산을 합산하여 사업의 총 예산을 산정한다. 달성하려는 목표와 사업이 무엇인지를 표시하고 이를 달성하는 데 필요한 소비 비용을 명시할 수 있다는 장점이 있지만, 예산 관리에 치중하여 계획을 소홀히 할 가능성이 있다는 단점이 있다.

[개념형] #교육재정 #교육예산 편성 기법
72 영 기준 예산제도의 개념을 설명하고, 장점과 단점 2가지를 각각 설명하시오.

> 영 기준 예산제도는 전년도 사업을 그대로 인정하지 않고 학교 목표에 따라 새롭게 재평가함으로써 우선순위를 정하고, 한정된 예산을 우선순위별 사업에 배분하여 결정하는 제도이다. 영 기준 예산제도의 장점은 다음과 같다. 첫째, 학교 경영 계획과 실행 예산이 일치함으로써 학교 경영이 보다 합리적이고 효율적으로 이루어진다. 둘째, 학교 경영에 교직원의 참여를 유도할 수 있다. 영 기준 예산제도의 단점은 다음과 같다. 첫째, 교직원들은 새로운 제도에 숙달되기 위해서 시행착오를 거치게 되므로 새로운 과업을 수행해야 된다는 부담을 갖는다. 둘째, 사업이 기각되거나 평가 절하될 경우 비협조적인 풍토가 발생할 수 있으며, 매년 모든 사업의 타당성과 우선순위를 재평가해야 하는 업무의 부담이 있다.

[개념형] #교육재정 #학교 재정 운영의 문제
73 학교 재정 운영의 문제점 3가지를 설명하시오.

> 학교 재정 운영의 문제점은 다음과 같다. 첫째, 학교 교육 계획을 작성할 때 교육 계획 시행에 필요한 재정의 규모와 조달 방법을 검토하지 않으므로 학교 교육 계획에 따른 재정 운영이 미흡하다. 학교 재정의 운영은 교육 계획에 따라 이루어지지 않으므로, 교육 사업별 우선순위에 따라 합리적인 투자가 이루어지기 어렵다. 둘째, 학교 교육 계획과 재정 계획은 전년도 사업을 중심으로 특정 부서의 일부 교직원들에 의해 작성되므로 학교 재정 운영 과정에서 교직원의 참여가 부족하다. 셋째, 단위학교 예산 운영에 대한 평가가 부족하여 재정 투자의 성과 정도에 대한 판단이 이루어지지 않으므로 학교 재정 운영에 대한 평가가 미비하다.

CHAPTER 8 학교·학급 경영

개념형 #학교 경영
74 학교 경영의 원리 7가지를 설명하시오.

> 학교 경영의 원리에는 타당성의 원리, 합법성의 원리, 민주성의 원리, 자율성의 원리, 능률성의 원리, 과학성의 원리, 지역성의 원리가 있다. 타당성의 원리는 바람직한 학교 교육 목표를 설정하고, 그에 타당한 경영 활동이 되어야 한다는 것이다. 합법성의 원리는 학교 경영이 법에 의거하여 법이 정하는 범위 내에서 이루어져야 한다는 것이다. 민주성의 원리는 학교 교육의 목표 설정과 경영 계획의 수립, 실천, 평가 등 학교 경영의 전체 내용에 교직원과 학생 및 학부모의 광범위한 참여를 독려하여 의사를 공정하게 반영해야 한다는 것이다. 자율성의 원리는 학교조직체가 효율적인 교육 활동을 위하여 상부나 외부 조직의 지시나 간섭 없이 자주적인 의사결정을 통해 조직을 운영해야 한다는 것이다. 능률성의 원리는 학교 교육 활동에서 최소한의 경비와 노력을 통하여 최대한의 성과를 거두어야 한다는 것이다. 과학성의 원리는 학교 경영은 합리적인 계획을 바탕으로 체계적인 운영이 이루어져야 하고, 과학적인 평가가 실현되어야 한다는 것이다. 지역성의 원리는 학교가 위치하고 있는 지역 사회의 특성을 고려하여 학교 경영을 해야 하며, 이를 통해 교육의 생활화, 학교의 사회화 원리가 실현될 수 있다는 것이다.

개념형 #학교 경영 #학교 자율 경영
75 단위학교 책임경영제의 개념과 특징 3가지를 설명하시오.

> 단위학교 책임경영제는 학교의 운영을 단위학교에 위임하여 자율적으로 학교를 운영할 수 있게 한 제도를 의미한다. 단위학교 책임경영제의 특징은 다음과 같다. 첫째, 단위학교의 자율성, 창의성, 책무성을 강조한다. 둘째, 교육 자치를 통해 단위학교의 실정에 맞는 교육이 가능하며, 효율성이 증대된다. 셋째, 단위학교 책임경영제의 구체적인 방안으로는 학교운영위원회의 설치와 운영, 초빙교장제(학교운영위원회의 심의를 거쳐 교장을 초빙하는 제도), 도급 경비제(단위학교의 예산 재량권을 확대하는 제도), 학교 회계의 도입 등이 있다.

[개념형] #학교 경영 #학교 경영 기법
76 목표관리기법(MBO)의 효과와 한계 4가지를 각각 설명하시오.

> 목표관리기법의 효과는 다음과 같다. 첫째, 모든 학교 교육 활동을 목표와 일치시켜 교육의 효율성을 제고한다. 둘째, 활동 계획을 교직원이 함께 수립하여 인력 자원의 효율성을 도모한다. 셋째, 목표와 책임을 명확하게 설정하여 역할 갈등을 해소한다. 넷째, 참여를 통한 의사결정으로 교직원 및 상하 간의 의사소통을 활성화한다. 반면 목표 관리 기법의 한계는 다음과 같다. 첫째, 단기적이고 구체적인 목표를 지나치게 중시하여 장기적·전인적 목표를 내세우는 학교 교육 활동에는 부적합한 측면이 있다. 둘째, 교직원의 부담이 가중된다. 셋째, 측정 가능하고 계량적인 교육 목표의 설정과 평가로 인하여 학교 교육이 오도될 수 있다. 넷째, 학교는 개방 체제이기 때문에 통합하여 관리하기 어렵다.

[개념형] #학교 경영 #학교 경영 기법
77 학교 경영 기법 중 과업평가계획기법(PERT; Program Evaluation and Review Technique)의 개념과 특징 3가지를 설명하시오.

> 과업평가계획기법은 과업 달성을 위한 세부 과업을 수행 단계와 단계에 따른 활동으로 나누어 인과 관계를 분석한 후, 과업 추진 과정을 플로 차트(Flow Chart)로 그려 합리적이고 체계적으로 과업을 수행하는 방법이다. 과업평가계획기법의 특징은 다음과 같다. 첫째, 확정된 목표를 최단 시일 내에 최소 비용으로 완성할 필요가 있는 사업에 이용될 수 있다. 둘째, 작업 과정을 구성원과 함께 작성하므로 구성원의 자발적인 협조를 이끌어 낼 수 있다. 셋째, 작업 과정에 대한 분석과 구체적 계획을 통해 계획을 수시로 수정하여 문제에 바로 대처할 수 있다.

[개념형] #학급 경영 #학급 경영의 원리

78 학급 경영의 원리 7가지를 설명하시오.

학급 경영의 원리에는 자유의 원리, 협동의 원리, 창조의 원리, 노작의 원리, 흥미의 원리, 요구의 원리, 접근의 원리, 발전의 원리가 있다. 자유의 원리는 학생의 인격을 존중하고, 개성을 발전시켜야 한다는 것이다. 협동의 원리는 학급 집단의 안전과 이익을 위하여 협동 생활을 할 수 있도록 지도해야 한다는 것이다. 창조의 원리는 학급 생활에서 과학적 사고 활동, 공작 활동, 흥미 본위의 자기 활동 등을 할 수 있도록 기회를 제공해야 한다는 것이다. 노작의 원리는 학습 활동, 특별 활동 등에서 자신의 목표를 스스로 실현할 수 있도록 기회를 제공해야 한다는 것이다. 흥미의 원리는 학생이 흥미를 갖도록 생활 환경을 새롭게 마련하고, 성취감을 갖도록 지도하며, 다음 학습에 대한 준비 태세를 갖출 수 있도록 하여 자율적인 활동을 적극적으로 권장해야 한다는 것이다. 요구의 원리는 이끌고 도와주는 교사의 입장과 이끌리고 활동하는 학생의 입장을 동시에 고려하여 학생의 요구, 가정의 요구, 지역 사회의 요구 등을 교육적인 내용으로 충족시켜 주어야 한다는 것이다. 접근의 원리는 학급을 교사와 학생이 상호 작용하는 장으로 보고, 교사와 학생 또는 학생 상호 간의 의사소통과 인격적 접근으로 개인과 학급 전체가 발전될 수 있도록 지도해야 한다는 것이다. 발전의 원리는 학급 경영 활동에 대한 지속적인 점검과 반성, 평가 등을 통해 학급을 보다 발전적인 방향으로 변화시켜야 한다는 것이다.

메가쌤
교육학
개념 인출서
인출 연습문제 & 모범답안

PART 03

교육공학 및 교육 방법

CHAPTER 1 │ 교육공학
CHAPTER 2 │ 교수설계 모형
CHAPTER 3 │ 교수 방법
CHAPTER 4 │ 교수·학습 이론

CHAPTER 1 교육공학

개념형 #교육공학의 이해 #교육공학의 정의

01 미국교육공학회(AECT)에서 정의한 교육공학의 개념과 영역을 설명하시오.

> 미국교육공학회는 교육공학을 학습을 위한 과정과 자원의 설계, 개발, 활용, 관리 및 평가에 관한 이론과 실제로 정의했다. 설계는 전체 수업의 과정과 다양한 방법 및 전략을 기획하는 이론과 실제의 영역이고, 개발은 설계에서 만들어진 명세서를 바탕으로 매체와 자료를 제작하는 과정의 영역이다. 활용은 교수매체를 선정하고 활용하는 방법을 연구하는 영역이고, 관리는 교육공학을 운영하고 조절하는 기능과 관련된 영역이다. 마지막으로 평가는 교육프로그램의 가치를 판단하는 영역이다.

개념형 #교육공학의 이해 #교육공학의 영역

02 교육공학에서 평가 영역의 개념과 4가지 하위 영역을 설명하시오.

> 교육공학에서 평가 영역은 수업과 학습의 적절성과 효과성을 결정하는 과정을 의미한다. 평가 영역은 문제 분석, 준거 지향 평가, 형성평가, 총괄평가의 네 가지 하위 영역으로 구분할 수 있다. 문제 분석은 요구 분석을 통해 학습자의 특성이나 교육 목표 등을 분석하여 문제의 속성과 범위를 결정하는 것이다. 준거 지향 평가는 설정한 목표에 대한 학습자의 달성 여부를 확인하는 것이다. 형성평가는 수업에 활용되는 교육 프로그램의 목표·내용·방법의 적절성이나 효과성에 관한 학습자의 수행 수준 및 의견 등을 분석하여 개선하는 것이다. 총괄평가는 최종적인 학습자의 성취 수준을 평가하는 것이다.

개념형 #교육공학의 이해 #교육공학의 역사 #시각 교육

03 호반(Hoban)의 교육과정 시각화 이론의 특징 3가지를 설명하시오.

> 호반은 시각적 교재를 구체성과 추상성의 정도에 따라 분류했다. 교육과정 시각화 이론의 특징은 다음과 같다. 첫째, 시각 자료를 자료 구성의 구체성과 추상성의 수준에 따라 위계적으로 분류했다. 둘째, 교육의 목적은 인간 경험의 일반화에 있으므로 학습 경험을 시각화할 필요가 있다. 시각 자료와 교과 과정의 통합을 통해 경험의 일반화를 시도했다. 셋째, 구체적인 경험 자료에서 추상적인 학습 내용의 순으로 제시하여 추상적 개념을 구체적으로 경험하도록 했다.

[개념형] #교육공학의 이해 #교육공학의 역사 #시청각 통신 교육
04 벌로(Berlo)의 SMCR 모형의 개념과 의사소통의 4가지 요인을 설명하시오.

> SMCR 모형은 송신자의 메시지가 통신 수단을 통해 수신자에게 전달되는 통신 과정에서 요소 간의 상호 관계를 나타내는 모형이다. SMCR 모형에서 의사소통의 네 가지 요인에는 송신자(S), 전달 내용(M), 통신 수단(C), 수신자(R)가 있다. 송신자(S)와 수신자(R)는 의사소통의 주체로, 통신 기술, 태도, 지식 수준, 사회 체제, 문화 양식 등의 영향을 받는다. 전달 내용(M)은 수신자(학습자)에게 전달되는 내용으로 내용, 요소, 구조, 코드, 처리 등이 포함된다. 통신 수단(C)은 송신자와 수신자의 오감을 통한 전달 통로를 의미한다.

[개념형] #교육공학의 이해 #교육공학의 역사 #시청각 통신 교육
05 쉐논과 슈람(Shannon & Schramm)의 통신 과정 모형에서 경험의 장, 잡음, 피드백의 개념과 효과적인 통신을 위한 조건 2가지를 설명하시오.

> 통신 과정 모형에서 경험의 장은 언어, 문화적 배경, 교육 등 개인이 인식하거나 지각하는 모든 사건을 의미한다. 송신자와 수신자 사이에 공통된 경험의 장이 많을수록 효과적인 커뮤니케이션이 이루어지며, 경험의 장의 차이가 있을 때 잡음이 발생할 수 있다. 잡음은 교실 안팎의 소음 등 통신을 방해하는 요소를 의미한다. 피드백은 메시지에 대한 수신자의 반응이 송신자에게 다시 전달되는 과정으로, 피드백을 통해 경험의 차이 또는 잡음으로 인한 메시지 전달의 불완전성을 개선할 수 있다. 효과적인 통신을 위한 조건은 다음과 같다. 첫째, 통신 과정에서 발생하는 잡음을 줄이고, 공통된 경험의 장을 넓혀야 한다. 둘째, 송신자는 수신자가 메시지를 자신의 경험의 장을 바탕으로 해석할 수 있도록 기호화해야 한다.

[개념형] #교수매체
06 교수매체의 기능 4가지를 설명하시오.

교수매체의 기능에는 매개적 보조 기능, 정보 전달 기능, 학습 경험 구성 기능, 교수 기능이 있다. 매개적 보조 기능은 교사가 수업을 능률적으로 진행하기 위해 교수매체를 사용하는 것으로, 수업의 표준화, 원활한 의사소통, 흥미 유발, 능률적인 수업 진행의 효과를 얻을 수 있다. 정보 전달 기능은 교수매체를 사용하여 필요한 정보를 신속·정확하게 전달하는 것으로, 시간에 제약성이 없고, 동시에 많은 사람에게 정보를 전달할 수 있다. 또한 교수매체를 활용하여 정보의 특성에 맞는 자료를 전달할 수 있으므로 다양한 정보의 전달에 유리하다. 학습 경험 구성 기능은 교수매체 자체가 학습 경험을 구성하는 것으로, 기능을 획득하기 위한 대상이 된다. 교수 기능은 학습자로 하여금 정보를 받아들이고 자신의 인지구조에 맞게 처리하도록 자극함으로써 지적 기능의 개발을 촉진시키는 것이다. 교수매체를 문제 해결 학습, 탐구 학습, 발견 학습 등에 활용함으로써 학습자의 원활한 지적 활동을 촉진시킨다.

[개념형] #교수매체
07 교수매체를 선정할 때 고려해야 할 사항 5가지를 설명하시오.

교수매체 선정 시 고려해야 할 사항 5가지는 다음과 같다. 첫째, 학습자의 특성을 고려해야 한다. 학습자의 연령, 지적 수준, 적성, 태도 등 학습자의 특성은 매체 선택에 직접적인 영향을 미치므로 이를 고려하여 교수매체를 선정해야 한다. 둘째, 수업 목표를 고려해야 한다. 교육 목표는 인지적 영역, 정의적 영역, 운동 기능적 영역으로 분류될 수 있으며, 수업 목표가 어디에 해당되는가에 따라 매체의 성격과 내용이 달라질 수 있다. 셋째, 수업 집단의 형태와 크기, 수업 전략 등 수업 상황을 고려해야 한다. 넷째, 매체의 시각, 청각, 크기, 색채 등에 따라 매체 속성을 고려해야 한다. 다섯째, 시간, 난이도, 비용, 이용 가능성 등 실용적 요인을 고려하여 매체의 이용 여부를 결정해야 한다.

개념형　#교수매체

08　하이니히(Heinich)의 ASSURE 모형 6단계를 설명하시오.

> ASSURE 모형은 학습자의 특성 분석(A), 목표 진술(S), 매체의 선정·개조 및 제작(S), 매체의 활용(U), 학습자의 참여 유도(R), 평가(E)의 6단계로 설명할 수 있다. 학습자의 특성 분석은 학습자의 일반적인 특성, 학습의 구체적인 출발점 능력, 학습 유형을 파악하는 것이다. 목표 진술은 학습 대상자의 행동과 학습의 조건, 평가 수준을 바탕으로 목표를 세우는 것이다. 매체의 선정·개조 및 제작은 학습자의 특성과 목표 진술을 바탕으로 과제를 수행하는 데 적절한 매체를 선정하는 것이다. 매체의 활용은 선정한 매체를 실제 수업에서 효과적으로 제시하는 방법을 계획하는 것으로, 사전 검토, 자료 준비, 환경 준비, 학습자 준비, 학습 경험 제공의 5가지 단계로 이루어진다. 학습자의 참여 유도는 학습자의 반응을 유도하기 위한 방법을 모색하는 것으로, 학습자의 반응에 즉각적인 피드백을 제공하여 올바른 학습 행동을 강화한다. 평가는 수업이 끝난 후, 학습자의 학습 목표 달성 정도를 평가하는 것이다.

개념형　#교수매체

09　하이니히(Heinich)의 ASSURE 모형에서 매체의 활용 5단계를 설명하시오.

> ASSURE 모형에서 매체의 활용은 사전 검토, 자료 준비, 환경 준비, 학습자 준비, 학습 경험 제공의 5단계로 이루어진다. 사전 검토는 수업 자료가 학습자와 학습 목표에 적절할지 사전에 검토하는 단계이다. 자료 준비는 필요한 자료를 준비하고, 매체의 제시 순서 또는 방법을 결정하는 단계이다. 환경 준비는 매체를 이용할 주변 환경을 점검하는 단계이다. 학습자 준비는 학습 준비를 위해 학습자에게 학습 내용과 교수매체에 관한 정보를 제공하는 단계이다. 학습 경험의 제공은 매체를 활용하여 수업을 진행하는 단계이다. 따라서 매체의 활용 단계는 단순히 선정된 자료로 학생을 가르치는 것뿐만 아니라 학생에게 제공하기 전, 선정된 자료가 정말 적합한 것인지 사전에 검토하고 환경을 정비하는 것과 같은 사전 준비 단계를 포함하는 것이다.

[개념형] #교수매체 #교수매체 연구

10 매체 속성 연구의 개념과 한계점 2가지를 설명하시오.

> 매체 속성 연구는 인지주의 패러다임에 근거한 매체 연구로, 매체가 가진 속성이 학습자의 인지 과정에 미치는 영향에 관한 연구를 의미한다. 각기 다른 학습자의 특성과 과제가 주어진 상황에서 학습자의 인지적 과정에 영향을 미치는 매체의 속성이 무엇인지를 밝히는 데 관심을 갖는다. 매체 속성 연구의 한계점은 다음과 같다. 첫째, 매체의 상징 체계 유형은 인지와 학습에 영향을 주는 유일한 요인이 아니므로 효과가 적거나 없을 수 있다. 둘째, 매체의 속성 외 교수에 사용된 다른 상징적 표상 양식들도 학습에 영향을 주므로 매체 속성만의 효과로 보기 힘들다는 한계가 있다.

[개념형] ##교수매체 #교수매체 연구

11 매체 비교 연구의 개념과 한계점 3가지를 설명하시오.

> 매체 비교 연구는 행동주의 패러다임에 근거한 매체 연구로, 서로 다른 매체 간의 효과성을 비교하는 연구를 의미한다. 새로운 매체의 효과성을 입증하기 위해 시행하는 연구로 새로운 매체가 기존의 학습보다 더 효과적인지에 중점을 두며, 어떤 매체가 더 효과적인가를 학습의 결과적 측면에서 비교한다. 매체 비교 연구의 한계점은 다음과 같다. 첫째, 새로운 매체의 경우 교수법의 변화를 수반하는 경우가 많아 매체만의 효과를 가려내기가 어렵다. 둘째, 교수 방법 또는 내용 변인의 영향을 통제하지 못한다. 셋째, 새로운 매체의 사용으로 인한 신기성 효과를 통제하지 못한다.

CHAPTER 2 교수설계 모형

개념형 #교수설계의 이해

12 교수(수업)와 학습의 차이점 4가지를 설명하시오.

> 교수(수업)와 학습의 차이점은 다음과 같다. 첫째, 의도적 활동인 수업은 일정한 목표가 있으나, 학습에는 목표가 있을 수도 있고 없을 수도 있다. 둘째, 수업은 작용을 통해 영향을 미치는 독립변인에 해당하나, 학습은 작용의 결과로서 영향을 받는 종속 변인에 해당한다. 셋째, 교사는 하나의 수업 내용을 가르치지만, 준비성이나 출발점 행동이 서로 다른 학습자들은 다양하게 학습한다. 넷째, 교수 이론은 효과적인 수업의 절차를 제시한다는 점에서 처방적 성격을 지니지만, 학습 이론은 수업의 결과를 있는 그대로 기술한다는 점에서 기술적·진단적 성격을 지닌다.

개념형 #교수설계의 이해

13 교수설계의 서술적 이론과 처방적 이론을 설명하시오.

> 서술적 이론은 조건과 방법을 독립 변인으로, 그 조건과 방법들의 상호 작용에 의하여 나타나는 결과를 종속 변인으로 보는 이론으로, 교수 방법의 결과를 강조한다. 처방적 이론은 서술적 지식을 이용하여 변인들 사이의 관계를 파악하며 교수의 방법을 처방하고자 하는 이론으로, 교수 방법을 강조한다.

개념형 #교수설계의 이해

14 교수설계의 3가지 변인을 설명하시오.

> 교수설계의 3가지 변인에는 교수 조건 변인, 교수 방법 변인, 교수 결과 변인이 있다. 교수 조건 변인은 교수 방법과 긴밀하게 상호 작용하지만, 교수설계자 또는 교사는 통제할 수 없는 제약 조건으로, 교사가 무조건적으로 받아들여야 하는 요인이다. 교사라면 반드시 교수 조건 변인을 완벽하게 갖추어야 한다. 교수 조건 변인의 하위 요소에는 교과 특성, 교과 목표, 학습자 특성, 제약 조건이 있다. 교수 방법 변인은 교사에 따라 차이가 나타날 수 있는 상대적인 역량으로, 학습 목표를 성취하기 위해 사용하는 다양한 교수 전략을 의미한다. 교사가 필요에 따라 조정할 수 있으며, 교사의 노력을 통해 발전할 수 있다. 교수 방법 변인의 하위 요소에는 조직 전략, 전달 전략, 관리 전략이 있다. 교수 결과 변인은 서로 다른 교수 조건에서 사용된 다양한 교수 방법들이 어떤 면에서 어느 정도의 효과가 있었는지를 나타내는 수업 활동의 결과를 의미한다. 교수 결과 변인의 하위 요소에는 효과성, 효율성, 매력성, 안정성이 있다.

[개념형] #교수설계의 이해

15 교수설계의 일반적인 절차를 설명하시오.

> 교수설계는 요구 분석, 학습자 분석, 교수 목표 설정, 학습 과제 분석의 단계를 거친다. 요구 분석은 교수설계에 앞서 진행되는 과정으로, 기대 수준과 실제 수행 수준을 분석함으로써 문제의 본질을 규명하고 문제를 해결하는 가장 적절한 방안을 제안하고자 하는 활동이다. 불확실한 문제의 규명을 통해 교육 목표를 추출하고, 교육 내용을 선정하는 데 도움을 준다. 학습자 분석은 연령, 학력, 직업 등 학습자의 일반적 특성과 학습 내용에 대한 기존 지식, 학습 동기와 유형, 과제에 대한 태도를 분석하는 단계이다. 교수 목표 설정에서 교수 목표는 수업이 성공적으로 끝났을 경우, 학습자의 생각, 느낌, 행동에 어떠한 변화가 일어날 것인가 규정한 것을 의미한다. 교수 목표 설정은 수업의 방향을 결정해 주고, 수업 내용과 절차의 선정과 조직에 구체적인 지침을 제시해 주며, 평가의 기준이 된다. 학습 과제 분석은 교수 내용에 관한 정보를 제공하기 위해 가르쳐야 할 모든 종류의 지식이나 기능을 분석하는 과정으로, 학습 목표 분석과 그 목표를 구성하는 하위 기능 분석으로 이루어진다.

[개념형] #교수설계의 이해 #교수설계의 일반적 절차

16 교수설계에서의 교수 목표의 일반적 진술과 명세적 진술을 설명하고, 행동적 교수 목표 진술의 장점과 단점 2가지를 각각 설명하시오.

> 교수 목표의 일반적 진술은 진술 내용과 표현을 추상적이고 포괄적으로 진술하는 경우로, '안다, 이해한다, 추정한다, 파악한다' 등과 같은 막연하고 암시적인 동사로 나타내는 것이다. 명세적 진술은 관찰할 수 있는 구체적·명세적 도착점 행동으로 진술하며, '정의한다, 구별한다, 계산한다, 결합한다' 등과 같은 구체적인 동사로 표현한다. 행동적 교수 목표의 장점은 다음과 같다. 첫째, 구체적인 행위 동사로 진술되므로 교사들은 수업 전개를 보다 구체화할 수 있고, 수업 효과를 보다 타당하게 판단할 수 있다. 둘째, 수업 내용의 위계적 관계를 파악하는 데 도움을 줌으로써, 교수 설계의 기초가 되는 정보를 제공한다. 행동적 교수 목표의 단점은 다음과 같다. 첫째, 실제 낱개의 목표를 중심으로 수업이 진행될 가능성이 높으므로 지식의 총체적인 수업을 어렵게 하고, 둘째, 구체적으로 제시된 행위 동사가 수업의 목표가 될 경우 수업은 그 행동에만 국한되어 학생들의 다양한 사고나 폭넓은 능력의 습득을 저해할 수 있다.

[개념형] #교수설계의 이해 #교수설계의 일반적 절차
17 타일러(Tyler), 메이거(Mager), 그론룬드(Gronlund)의 목표 진술 방식을 설명하시오.

> 타일러는 교육 목표가 내용과 행동으로 진술되어야 한다고 보았다. 이때 행동은 수업이 끝난 후 학생들이 보일 행동, 즉 도착점 행동으로 표현되어야 한다고 주장하였다. 메이거는 교육 목표가 학습자의 도착점 행동과 수락 기준의 준거, 구체적 상황의 조건을 포함하여야 한다고 주장하였다. 그론룬드는 일반적 수업 목표와 명세적 수업 목표를 구분하고, 먼저 일반적 수업 목표를 진술한 후 명세적 수업 목표를 진술해야 한다고 보았다.

[개념형] #교수설계 모형
18 교수체제설계(체제적 교수설계, ISD)의 개념과 특징 3가지를 설명하시오.

> 교수체제설계는 교수체제의 하위 요소들 간의 관계를 중심으로 개발 과정 및 절차를 도식화하여 나타낸 절차적 모형으로, 체제의 관점을 분석, 설계, 개발, 실행 평가의 과정에 적용하여 효과적·효율적인 교육 프로그램을 개발하고자 한다. 교수체제설계의 특징은 다음과 같다. 첫째, 교수 설계의 각 단계를 연관시켜 설계하므로 목표에 적합하고 효과적인 교수 전략을 고안할 수 있다. 둘째, 교수와 관련된 문제를 해결하기 위해 교수체제의 여러 구성 요소를 총체적·유기체적인 관계에서 접근한다. 셋째, 교수체제가 사회·문화적, 역사적 맥락 속에서 어떤 영향을 주고받는지를 강조한다.

[개념형] #교수설계 모형
19 ADDIE 모형의 5단계를 설명하시오.

> ADDIE 모형은 분석(A), 설계(D), 개발(D), 실행(I), 평가(E)의 다섯 단계로 이루어진다. 분석(A)은 목표를 설정하기 위해 학습과 관련된 요인들을 분석하는 단계로 요구 분석, 과제 분석, 학습자 분석, 환경 분석을 수행한다. 설계(D)는 분석 과정에서 나온 결과를 종합하여 구체적인 교육 계획서를 설계하는 단계로, 수행 목표의 명세화, 평가 도구 개발, 구조화, 교수 전략 및 매체 선정을 수행한다. 개발(D)은 설계 단계에서 결정된 설계 명세서에 따라 실제 수업에 사용할 교수 자료나 교수 프로그램을 제작하고 형성평가를 실시하여 수정·보완하는 단계이다. 실행(I)은 완성된 최종 산출물인 교수 자료나 교수 프로그램을 실제 현장에 적용하고 관리하는 단계이다. 평가(E)는 최종적인 총괄평가를 통해 교수 프로그램이 의도한 목적을 달성했는지를 평가하는 단계이다.

[개념형] #교수설계 모형

20 딕과 캐리(Dick & Carey)의 체제적 교수설계 모형의 개념과 요구 분석에서 요구의 종류 5가지를 설명하시오.

> 딕과 캐리의 체제적 교수설계 모형은 체제적 교수설계의 대표적 모형으로, 효과적인 교수 프로그램을 개발하는 데 필요한 단계들의 역동적 상호 작용에 초점을 둔다. 요구 분석은 교수 목적을 도출하는 단계로, 요구에는 규범적 요구, 표출된 요구, 감지된 요구, 비교된 요구, 미래의 예견된 요구가 있다. 규범적 요구는 전문가에 의해 정상적이거나 바람직하다고 규정된 것이고, 표출된 요구는 학습자로부터 직접적으로 표출된 것이다. 감지된 요구는 교수자에 의해 감지된 학습자의 결핍, 손실, 격차 상태이고, 비교된 요구는 유사한 학습자에게 유익한 것이 특정 학습자에게는 결핍되어 있는 것이다. 마지막으로 미래의 예견된 요구는 미래에 일어날 가능성이 있거나 확인될 것으로 예견되는 것이다.

[개념형] #교수설계 모형

21 딕과 캐리(Dick & Carey)의 체제적 교수설계 모형 중 교수 전략 개발 단계를 설명하시오.

> 교수 전략 개발은 최종 목표를 달성하기 위한 교수 전략을 개발하는 단계로, 목표에 진술된 학습 성과를 학습자가 달성할 수 있도록 수업 자료와 요소 및 환경을 활용하는 절차를 개발한다. 교수 전략 단계는 '수업 전 활동, 정보·지식 제시, 학습자 참여, 시험·검사, 추수 활동 단계'로 진행된다.

[개념형] #교수설계 모형

22 조나센(Jonassen)의 구성주의 학습 환경 설계 모형의 개념과 교수 활동 방법 3가지를 설명하시오.

> 구성주의 학습 환경 설계 모형은 학습자의 자발적 학습을 위한 학습 환경의 설계에 주목하여 학습자의 지식 구성을 촉진할 수 있는 환경을 설계하고자 했다. 구성주의 학습 환경 설계 모형의 교수 활동 방법에는 모델링, 코칭, 스캐폴딩이 있다. 모델링은 전문가가 과제를 수행하는 행동을 직접 보여주는 활동으로, 행동 모델링과 인지 모델링으로 구분할 수 있다. 코칭은 교수자 입장에서 학습자의 명료화 활동을 도와주기 위한 것으로, 학습자가 과제를 수행하는 동안 학습자를 관찰하면서 도움을 제공한다. 학습자의 수행 과정을 명료화하는 데 초점을 맞추며, 동기 부여 및 수행 과정에 대한 피드백 등의 활동이 이루어진다. 학습자는 수행에 대한 코칭을 통해 동기 부여, 분석 및 피드백, 반성적 사고 및 명료화가 가능해진다. 스캐폴딩은 학습자가 자신의 능력 수준을 넘어서는 학습 수행을 할 수 있도록 임시적 틀(발판)을 제공하는 것이다. 학습자가 학습을 수행하는 과정에 초점을 두며, 교수자는 학습자가 근접발달영역(ZPD)에서 학습 활동을 수행할 수 있도록 지원한다.

사고형 #교수설계 모형

23 효과적인 피드백의 조건을 학생의 입장에서 2가지, 교사의 입장에서 1가지 설명하시오.

> 학생의 입장에서 효과적인 피드백의 조건은 다음과 같다. 첫째, 우수한 수행의 근거(목표, 준거, 기대 성취 수준)를 분명하게 제시하여 학생들에게 학습에 대한 질 높은 정보를 제공해야 한다. 둘째, 현재 수행과 희망하는 수행 사이의 차이를 줄일 수 있는 기회(피드백을 사용하여 학습을 향상시킬 수 있는 기회)를 제공하여 학습 주체로서의 학습 동기와 자존감을 높여주어야 한다. 교사의 입장에서 효과적인 피드백의 조건은 학생들을 가르치는 데 도움이 되는 과제와 과정에 초점을 둔 정보를 제공해야 한다는 것이다.

CHAPTER 3 교수 방법

개념형 #교수 방법

24 강의법의 개념을 설명하고, 강의법을 수업에 적용하기 적절한 경우와 적절하지 않은 경우 2가지를 각각 설명하시오.

> 강의법은 가장 오래된 전통적 교수법으로, 교사 중심의 수업 방식을 의미한다. 교사의 해설이나 설명에 의해 수업이 이루어지며, 수업은 언어를 통한 학생과 교사의 상호 작용 중심으로 진행된다. 강의법의 주된 목적은 교사가 지닌 지식이나 정보를 체계적으로 전달하는 것이다. 강의법을 수업에 적용하기 적절한 경우는 다음과 같다. 첫째, 수업의 계열상에서 다음 단계의 학습에 필요한 기본적인 정보를 제공할 때 유용하다. 둘째, 지식을 논리적이고 체계적으로 전달할 수 있으므로 학생들이 가지고 있는 교과서와 참고서에 없는 사실이나 어려운 내용을 전달할 때 유용하다. 반면, 강의법을 수업에 적용하기 적절하지 않은 경우는 다음과 같다. 첫째, 사회성과 같이 학생들의 자발적인 참여를 통해야만 획득될 수 있는 지식 이외의 수업 목표가 강조될 때는 부적합하다. 둘째, 학생이 오랫동안 집중하고 이를 체계적으로 받아들일 수 있어야 효과를 볼 수 있으므로 이해력이 떨어지는 학생의 경우, 수업 자체를 쫓아가기가 어려울 수 있다.

개념형 #교수 방법

25 강의법의 장점과 단점 3가지를 각각 설명하시오.

> 강의법의 장점은 다음과 같다. 첫째, 교사가 지닌 지식과 기능을 체계적이고 논리적으로 전달할 수 있다. 둘째, 정해진 시간 내에 여러 가지 지식을 많은 학생들에게 동시에 전달할 수 있다. 셋째, 교사가 열심히 강의를 하게 되면 학생들은 교사의 열정·논리·유머·온화함 등에서 강화를 받게 되어 학습 동기를 자극받게 된다. 반면, 강의법의 단점은 다음과 같다. 첫째, 교사의 설명 중심으로 수업이 진행되기 때문에 학생들의 자주적인 학습 활동이 저해되어 수동적인 사고와 학습을 초래할 가능성이 높아진다. 둘째, 학습이 수동적이고 기계적으로 이루어지게 되면 학습 내용의 장기적인 파지가 어렵다. 셋째, 많은 학생을 대상으로 진행되므로 학생들의 개별적 수준에 맞는 수업이 어렵다.

개념형 #교수 방법

26 문답법의 개념과 수업의 절차 4단계를 설명하시오.

> 문답법은 강의법과 함께 오래전부터 사용되어 온 전통적 교수법으로, 교사와 학생 간의 질문과 대답을 통해 학습 활동이 전개되는 수업 방식을 의미한다. 계속적인 질문과 대답을 통해 학습 목표에 도달하게 하므로, 귀납적 교수 방법에 해당한다. 문답법은 구조화, 질의, 반응, 대응의 단계로 진행된다. 구조화는 교사가 수업에서 다룰 내용을 간단하게 정리해 주는 것으로, 적절한 구조화는 학생의 학업 성취에 최적의 효과를 가져온다. 질의는 학생의 반응을 유도하기 위한 교사의 질문으로, 교사는 학생의 지적 능력을 자극할 수 있는 교과 내용과 관련된 질문을 해야 한다. 반응은 교사의 질문에 대한 학생의 응답 또는 대답을 의미한다. 대응은 학생의 반응을 교사가 평가하거나 수정해 주는 것으로, 즉각적인 대응보다 3초 이상의 여유를 갖고 대응하는 것이 효과적이다.

개념형 #교수 방법

27 토의법의 개념을 설명하고, 장점과 단점 2가지를 각각 설명하시오.

> 토의법은 교사와 학생, 학생과 학생 간의 상호 작용을 통해 결론을 이끌어 내는 수업 방식으로, 언어와 비언어적인 표현을 통해 새로운 정보를 획득하거나 문제 해결 능력을 키우고, 사회적인 기능이나 태도를 배양할 수 있도록 하는 수업 방식이다. 토의법의 장점은 다음과 같다. 첫째, 타인의 의견을 존중하고 합의를 모색하는 과정에서 민주적 태도를 학습할 수 있다. 둘째, 모두가 만족하는 효율적인 학습 효과를 기대할 수 있다. 반면 토의법의 단점은 다음과 같다. 첫째, 의사소통의 문제를 유발하여 갈등이 발생할 수 있다. 둘째, 토론의 내용이 지나친 사견으로 흐를 수 있다.

개념형 #교수 방법 #토의법

28 공개 토의(포럼)의 개념과 특징 2가지를 설명하시오.

> 공개 토의는 한 명 이상의 전문가가 청중을 대상으로 공개 연설을 한 후, 청중과 질의응답하며 토의를 진행하는 방식이다. 공개 토의의 특징은 다음과 같다. 첫째, 발표자인 전문가에게 청중이 질의응답하고 의견을 개진하며 직접적으로 토의에 참여하는 과정에서 자연스럽게 학습이 이루어진다. 둘째, 대체로 다른 교수·학습 방식(강의, 심포지엄, 패널 등)에서 제기된 문제나 주제의 후속 논의나 탐구가 요구되는 경우에 활용된다.

[개념형] #교수 방법 #토의법
29 버즈 토의의 개념을 설명하고, 장점과 단점 2가지를 각각 설명하시오.

> 버즈 토의는 전체 집단을 몇 개의 소집단으로 나누어 분과 형태의 토의를 진행하고, 최종적으로 집단 구성원 전체가 다시 모여 결론을 도출하는 방식을 의미한다. 즉, 소집단으로 구성된 학생들이 왁자지껄하게 소란을 피우면서 토의를 진행하는 방식이다. 버즈 토의의 장점은 다음과 같다. 첫째, 학생 모두에게 직접 토의에 참여할 기회가 제공되므로 학습 효과를 높일 수 있다. 둘째, 전체 집단이 논의할 대주제가 여러 개의 하위 주제 또는 소주제로 나뉘어 토의됨으로써 보다 심층적인 논의가 이루어질 수 있다. 반면, 버즈 토의의 단점은 다음과 같다. 첫째, 토의 진행과 학습 효과가 사회자와 분과장의 능력에 따라 크게 좌우될 수 있다. 둘째, 몇몇 소수 학생들의 주도적·독점적 행위가 통제되지 않을 경우, 일부 학생만 참여하게 될 수 있다.

[개념형] #교수 방법 #토의법
30 토의법을 수업에 적용하여 진행하는 단계에서 교사의 역할 3가지를 설명하시오.

> 토의의 진행 단계에서 교사의 역할은 다음과 같다. 첫째, 각 소집단별로 토의가 진행되는 과정을 면밀하게 관찰해야 한다. 둘째, 학생들이 토의를 진행하면서 특별한 내용에 대하여 자문을 구하고자 할 때 적절한 수준에서의 도움을 제공하여 토의가 중간에 중단되지 않도록 한다. 셋째, 소집단 구성원 간에 감정 대립이 야기되거나, 분위기가 침체되거나, 몇 사람이 주도권을 독점할 경우 토의가 원만하게 진행될 수 있도록 해야 한다.

[개념형] #교수 방법
31 듀이(Dewey)의 문제 해결 학습의 수업 절차를 설명하고, 장점과 단점 2가지를 각각 설명하시오.

> 문제 해결 학습의 수업은 문제의 인식, 문제 해결의 계획, 자료 수집, 문제 해결의 실시, 결과 발표 및 검토의 단계로 진행된다. 문제의 인식은 학생이 선택한 문제나 제시된 문제에 대하여 자세히 검토하고, 그 본질을 정확하게 인식하는 단계이다. 문제 해결의 계획은 문제를 어떤 방법이나 절차로 해결할 것인가를 개인별 혹은 소집단별로 연구하는 단계이다. 자료 수집은 문제 해결을 위해 필요한 자료를 수집하여 연구하는 단계이다. 문제 해결의 실시는 수집된 자료의 조사, 관찰, 비교 등을 통해 문제의 해결을 시도하는 단계이다. 결과 발표 및 검토는 결과를 정리하여 발표하고 검토하는 단계이다. 문제 해결 학습의 장점은 다음과 같다. 첫째, 학생의 자발적인 학습이 이루어진다. 둘째, 실생활과 관련된 문제를 제공하므로 학생의 구체적인 경험을 통한 학습이 가능하다. 반면, 문제 해결 학습의 단점은 다음과 같다. 첫째, 문제를 중심으로 학습이 진행되므로 교과를 체계적으로 익힐 수 없어 기초 학력이 부실해질 수 있다. 둘째, 학습의 노력과 시간에 비해 지적 성장이 비능률적이다.

[개념형] #교수 방법
32 킬패트릭(Kilpatrick)의 프로젝트 학습(구안법)과 문제 해결 학습의 차이점 2가지를 설명하시오.

> 프로젝트 학습(구안법)과 문제 해결 학습의 차이점은 다음과 같다. 첫째, 프로젝트 학습은 구체적인 결과를 만들어 내는 실천적인 면을 중시하지만, 문제 해결 학습은 문제 해결 과정에서 가지게 되는 반성적 사고 과정을 중시한다. 둘째, 프로젝트 학습은 현실적 장면에서의 문제 해결을 중시하지만, 문제 해결 학습은 이론적으로 문제를 해결해 나가는 과정 자체를 중시한다.

[개념형] #교수 방법
33 관리적 자기주도 학습과 구성적 자기주도 학습의 개념을 각각 설명하시오.

> 관리적 자기주도 학습은 학생 스스로 학습 과정을 관리하는 것으로, 학생이 수업 목표를 설정하고, 학습 자원을 확인하며, 중요한 학습 전략을 선택하고, 학습 결과를 평가하는 일련의 작업을 수행하는 것을 의미한다. 구성적 자기주도 학습은 학생들이 개별적인 수준, 관심, 흥미, 특성에 근거하여 능동적으로 지식을 구성해 가는 것을 의미한다.

[개념형] #교수 방법
34 학생들의 자기주도 학습을 증진시킬 수 있는 방안 5가지를 설명하시오.

> 학생들의 자기주도 학습을 증진시킬 수 있는 방안은 다음과 같다. 첫째, 학생들에게 목표 설정 전략, 자기 점검 전략, 자기 평가 전략 등을 지도한다. 둘째, 교사는 학생들의 자율성과 주도성을 수용하고 장려한다. 셋째, 학생들에게 개방적 질문을 하거나 학생들 간에 서로 질문을 하게 함으로써 학생들의 탐구를 유도한다. 넷째, 교사는 학생들의 반응을 고려하여 수업을 진행하고, 필요하다면 수업 전략이나 학습 내용을 변경한다. 다섯째, 교사 자신의 생각이나 개념에 대한 이해를 말하기에 앞서 학생들의 이해를 먼저 확인한다.

`개념형` #교수 방법 #개별화 학습

35 개별 처방 교수법(IPI)의 개념과 절차를 설명하시오.

> 개별 처방 교수법은 학생들의 개인차에 적합한 학습 프로그램을 제시함으로써 개별화 학습 효과를 극대화하고자 하는 교수법이다. 스키너(Skinner)의 작동 조건 형성 원리와 프로그램 학습법에 기초한 교수법으로, 교사는 학생의 성취도 수준에 따라 적합한 수업을 처방한다. 개별 처방 교수법은 진단평가 실시, 개별화 학습 실시, 정착 검사와 보충 학습 실시의 단계로 진행된다. 진단평가 실시는 학생의 수준을 판단하는 단계이다. 개별화 학습 실시는 결과에 따라 학생에게 적절한 수준의 학습 자료를 제공하고, 학습자는 주어진 자료를 개별적으로 공부하는 단계이다. 정착 검사와 보충 학습 실시는 단원의 교육 목표 성취 여부를 평가한 후 성취가 입증되면 다음 단원으로 넘어가고, 그렇지 않으면 실패한 목표에 대한 적절한 수준의 학습 자료를 다시 제공하는 단계이다.

`개념형` #교수 방법 #개별화 학습

36 팀티칭의 개념을 설명하고, 장점과 단점 2가지를 각각 설명하시오.

> 팀티칭은 두 명 이상의 교사가 동일한 학습 집단의 학습 지도를 위해 수업을 협동적으로 계획·지도·평가하는 방법으로, 교사의 전문성을 살려 학생의 개인차를 존중하는 교육을 실시한다. 팀티칭의 장점은 다음과 같다. 첫째, 교사의 전문성을 최대한으로 이용하여 학생들에게 보다 풍부한 경험을 제공할 수 있다. 둘째, 교사는 학생들의 개인 능력에 맞추어 다양한 학습 집단을 편성하고 다양한 교수 방법을 제공할 수 있다. 팀티칭의 단점은 다음과 같다. 첫째, 교과목 수가 많은 중등학교에서는 편성이 어렵다. 둘째, 책무성과 전문성이 높은 교사를 확보하기 어렵다.

[개념형] #교수 방법 #협동 학습

37 협동 학습의 5가지 원리를 설명하시오.

> 협동 학습의 원리에는 긍정적 상호 의존성, 개별 책무성, 대면적 상호 작용, 사회적 기술, 집단 과정의 5가지 원리가 있다. 긍정적 상호 의존성은 집단의 성공을 위해 자신뿐만 아니라 동료도 함께 성공해야 한다는 것으로, 집단의 성공을 위해 서로 도움을 주는 관계를 의미한다. 집단의 공동 목표를 달성하기 위해서는 구성원 간의 긍정적 상호 의존성이 전제되어야 한다. 개별 책무성은 과제를 숙달해야 하는 책임이 개인에게 있다는 것으로, 집단의 공동 목표를 달성하기 위해 역할을 분담하게 되므로 개인의 책무성이 강조된다. 이를 통해 무임 승객 효과와 봉 효과를 방지할 수 있다. 대면적 상호 작용은 집단의 공동 목표를 달성하기 위해 집단 구성원이 다른 구성원들의 노력을 격려하고 촉진시켜 주는 것을 의미한다. 사회적 기술은 집단의 구성원들이 서로 배려하고 존중하면서 상호 작용할 수 있도록 갈등 관리, 리더십, 의사소통과 같은 사회적 기술을 가르치는 것이다. 집단 과정은 집단의 공동 목표를 달성하기 위해서는 집단 구성원의 노력과 행위에 대한 토론과 평가가 필요하다는 것이다.

[개념형] #교수 방법 #협동 학습

38 직소 모형 중 직소Ⅰ 모형을 설명하시오.

> 직소Ⅰ~Ⅳ 모형은 집단 내 동료 구성원들이 서로 가르치고 배우는 모형으로, 정의적 특성의 형성에 관심을 둔다. '직소Ⅰ 모형'의 소집단은 5~6명의 이질적인 학생들로 구성되며, 집단 구성원의 수에 맞게 학습 단원을 나누고 구성원들에게 한 부분씩 할당한다. 같은 부분을 맡은 학생들끼리 전문가 집단을 형성한 후 분담된 내용을 토의하고 학습한다. 토의 이후에 기존의 소속 집단으로 돌아와 학습한 내용을 구성원들에게 설명한다. 구성원들은 개별 시험(퀴즈)을 통해 개인별로 성적을 받는다. 직소Ⅰ 모형에서 팀 점수는 합산하지 않으므로 과제 해결의 상호 의존성은 높으나, 보상의 상호 의존성은 낮다.

[개념형] #교수 방법 #협동 학습

39 성취 과제 분담 모형(STAD)의 개념과 절차를 설명하시오.

성취 과제 분담 모형(STAD)은 개인의 성취가 팀의 성취로 분담되도록 하는 협동 학습 모형이다. 기본 기능의 습득이나 지식의 이해를 촉진시키기 위해 고안된 방법으로, 집단 보상, 개별적 책무성, 성취 결과의 균등 분배의 협동 전략을 취한다. 성취 과제 분담 모형(STAD)의 절차는 교사의 수업 안내, 소집단 조직, 소집단 학습, 형성평가 및 개인별 점수 부여, 팀별 점수 부여, 점수 게시 및 보상의 단계로 이루어진다. 교사의 수업 안내는 교사가 학급의 전체 학생을 대상으로 학습할 내용을 소개하는 단계이다. 소집단 조직은 4~5명의 이질적인 학생들로 소집단을 구성하여, 수업 내용 및 구성원의 특징 등에 따라 구성원의 역할을 분담하는 단계이다. 소집단 학습은 팀별로 나누어 준 학습지의 문제를 협동 학습을 통해 해결하는 단계이다. 형성평가 및 개인별 점수 부여는 개인별 시험(퀴즈)을 실시하여 개인 점수를 부여하고, 과거의 점수와 비교하여 개인별 향상 점수를 부여하는 단계이다. 팀별 점수 부여는 개인별 향상 점수의 합을 평균하여 점수를 부여하는 단계이다. 점수 게시 및 보상은 팀 점수와 개인 점수를 게시하여 최고 득점자와 최고 득점의 팀에게 보상을 제공하는 단계이다.

[개념형] #교수 방법 #협동 학습

40 자율적 협동 학습의 개념과 특징 2가지를 설명하시오.

자율적 협동 학습은 학급의 전체 학습 과제를 소집단으로 구성된 학급 전체가 협동하여 문제를 해결하는 모형이다. 학급 전체의 과제를 소주제로 나누고 같은 소주제를 선택한 학생들끼리 팀을 구성하여 팀별로 학습한 후, 동료 및 교사에 의한 다면적 평가를 실시한다. 자율적 협동 학습의 특징은 다음과 같다. 첫째, 학급 전체의 학습 목표를 달성하기 위해 집단 내의 협동과 집단 간의 협동을 강조함으로써 소집단 협력 체제를 지향한다. 둘째, 동료 및 교사에 의한 다면적 평가를 통해 무임 승객 효과나 봉 효과를 최소화할 수 있다.

[개념형] #교수 방법 #협동 학습

41 협동 학습의 장점과 단점 3가지를 각각 설명하시오.

> 협동 학습의 장점은 다음과 같다. 첫째, 혼자서 학습하는 것보다 여러 사람이 협동해서 얻게 되는 지식이 더 많으므로 교과에 대한 지식이 증대된다. 둘째, 구성원들이 일을 나누어 하는 과정에서 역할 분담을 학습할 수 있다. 셋째, 소집단 활동을 통해 자신의 장점과 약점을 확인하고, 다른 사람에게도 장점과 약점이 있다는 것을 알게 되어 타인에 대한 이해를 확장할 수 있다. 반면, 협동 학습의 단점은 다음과 같다. 첫째, 집단의 목표 달성이 강조되어 일의 과정보다 결과를 중시하게 될 수 있다. 둘째, 집단 구성원 전체가 잘못 이해하고 있는 내용을 옳은 것으로 오해할 수 있다. 셋째, 소집단 내에서 능력이 떨어지는 학생은 자신이 집단에서 불필요한 존재라고 느끼게 되어 모멸감이나 수치심을 느낄 수 있다.

[사고형] #교수 방법

42 학생들의 사회성을 이끌 수 있는 교수 방법 2가지를 구체적으로 설명하시오.

> 사회성이란 다른 사람들과 서로 상호 작용하고 어울릴 수 있는 개인의 능력을 말한다. 학생들의 사회성을 이끌 수 있는 수업 방식에는 다음과 같이 2가지가 있다. 첫째, 협동학습의 일환으로 직소 활동을 기획하여 실행할 수 있다. 직소란 모집단 활동과 전문가 활동을 통해 개인에게 부여된 학습 과제를 전문가 집단 토의를 통해 성공적으로 익히고, 이를 모집단 모둠 내 다른 학생들에게 설명하는 수업 방식을 말한다. 직소 활동을 통해 학생들은 문제를 해결하기 위하여 상대방의 생각·감정·설명을 이해하려고 노력하며, 이를 통해 학생들은 사회성을 증진시킬 수 있다. 둘째, 문제 해결 학습법을 수업 방식으로 사용할 수 있다. 문제 해결 학습법이란 학생들의 실제적 삶에서 마주하는 문제를 해결하는 과정에서 지식·기능·태도를 학습하는 수업 방식을 말한다. 문제 해결 학습법을 통해 학생들은 해당 문제와 관련 있는 모든 사람들에게 유익한 방법으로 갈등을 해결하는 능력을 키움으로써 사회성을 증진시킬 수 있다.

CHAPTER 4 교수·학습 이론

개념형 #객관주의 교수·학습 이론

43 캐롤(Carroll)의 학교 학습 모형의 개념과 교육적 의의 3가지를 설명하시오.

> 학교 학습 모형은 학교에서 이루어지는 여러 형태의 학습 가운데 지적 학습에 작용하는 중요한 변인들 간의 상호 관계를 바탕으로 체계화한 완전 학습 모형이다. 적성, 수업 이해력, 학습 지속력의 개인차 변인과 수업의 질, 학습 기회의 수업 변인을 조절함으로써 학교 학습의 효과를 극대화할 수 있다고 본다. 학교 학습 모형의 교육적 의의는 다음과 같다. 첫째, 학교 학습의 5가지 변인들 사이의 상호 관계를 조절함으로써 완전 학습을 이룰 수 있다. 둘째, 학습에 필요한 시간을 줄이고, 학습에 사용한 시간을 늘리면 학습의 정도를 최대한으로 높일 수 있다. 셋째, 수업의 질을 높이면 학습자의 수업 이해력도 상승하므로 학습에 필요한 시간을 줄일 수 있으며, 학습 기회를 충분히 허용하면 학습에 사용한 시간이 늘어나므로 적성이 낮은 학습자도 완전 학습에 이를 수 있다.

개념형 #객관주의 교수·학습 이론

44 블룸(Bloom)의 완전 학습 모형의 교육적 의의 3가지를 설명하시오.

> 블룸(Bloom)의 완전 학습 모형의 교육적 의의는 다음과 같다. 첫째, 적성, 수업 이해력, 수업의 질을 높여 학습에 필요한 시간을 줄이고, 보충 학습을 통해 학습 기회를 충분히 제공하여 학습에 사용된 시간을 늘리면 완전 학습을 이룰 수 있다. 둘째, 학습에 어려움을 느끼는 학습자는 철저한 개별화 수업을 통해 보충 학습이 제공되면 완전 학습을 이룰 수 있다. 셋째, 형성평가를 통해 학습자의 적성과 수업 이해력을 파악하여 보충 학습과 심화 학습의 기회를 제공하면 완전 학습을 이룰 수 있다.

개념형 #객관주의 교수·학습 이론

45 발견 학습의 개념과 특징 3가지를 설명하시오.

> 발견 학습은 관찰, 토론 등을 통해 학습자 스스로 학습 과제의 최종 형태를 찾아내게 하는 학습 방법이다. 발견 학습은 학문의 개념이나 원리를 발견하는 과정에 학습자를 직접 참여하게 함으로써 과학적 탐구 능력을 습득하고 새로운 지식을 탐구하게 한다. 또한 학습자의 자율성과 주도성을 강조하여 학습자 스스로 개념이나 원리를 발견하도록 한다. 발견 학습의 특징은 다음과 같다. 첫째, 지식의 구조를 학습하면 교과에 대한 이해가 쉽고 전이가 쉽게 이루어진다고 주장하며 이에 대한 철저한 학습을 강조한다. 둘째, 학습자 스스로 개념이나 원리를 발견해 내는 능동적·주체적 학습을 강조하고, 학습자의 발견 과정을 촉진하고 안내하는 교사의 역할을 강조한다. 셋째, 학습자 스스로 교과의 최종 형태를 발견하도록 한다는 점에서 학습의 결과보다 학습의 과정이나 학습 방법을 강조한다.

개념형 #객관주의 교수·학습 이론
46 발견 학습의 절차를 설명하시오.

> 발견 학습은 탐색 및 문제 파악, 자료 제시 및 관찰 탐색, 자료 추가 제시 및 관찰 탐색, 규칙성 발견 및 개념 정리, 적용 및 응용 단계로 이루어진다. 탐색 및 문제 파악은 주어진 학습 자료를 탐색하고 학습 문제를 파악하는 단계로, 교사는 학습자가 문제를 파악할 수 있도록 돕는다. 자료 제시 및 관찰 탐색은 교사가 문제 해결에 필요한 자료를 제시하여 학습자들로 하여금 관찰하고 탐색하도록 하는 단계이다. 자료 추가 제시 및 관찰 탐색은 교사가 앞서 제시한 자료 이외의 자료를 추가로 제시하여 관찰·탐색하도록 함으로써 앞선 관찰 결과와 비교하도록 하는 단계이다. 규칙성 발견 및 개념 정리는 학습자가 관찰·탐색한 결과에 대하여 토의하고, 이를 통해 규칙성을 발견하고 개념을 정리하는 단계이다. 적용 및 응용은 학습자가 발견한 규칙성을 다른 상황에 적용해 보도록 함으로써 규칙성이나 개념을 보충·심화시키는 단계이다.

개념형 #객관주의 교수·학습 이론
47 발견 학습의 장점과 단점 3가지를 각각 설명하시오.

> 발견 학습의 장점은 다음과 같다. 첫째, 발견 자체가 보상이 되어 만족감과 유능감을 높이므로 내재적 동기를 유발한다. 둘째, 학습사의 자발적인 수업 참여를 유도한다. 셋째, 지식의 구조(기본 원리)에 대한 학습을 통해 학습 내용을 쉽게 이해하고, 더 오래 기억하며 다양한 장면으로 전이될 수 있도록 한다. 반면 발견 학습의 단점은 다음과 같다. 첫째, 학습자의 능동적 학습 과정을 중요시하므로 방만한 수업이 될 수 있다. 둘째, 개념과 원리를 발견하는 데 많은 시간이 소요될 수 있다. 셋째, 모든 지식을 학습자 스스로 발견할 수 없으며, 지적 능력이 낮은 학습자는 학습에서 소외될 수 있다.

개념형 #객관주의 교수·학습 이론
48 유의미 학습과 암기 학습의 특징 2가지를 각각 설명하시오.

> 유의미 학습의 특징은 다음과 같다. 첫째, 잠재적 유의미가를 지닌 학습 자료가 학습자의 인지구조에 의미 있게 연결되어 학습이 일어난다. 둘째, 학습한 내용은 조직적·종합적 지식 체계를 이루어 후속 학습 내용을 유의미하게 연결한다. 암기 학습의 특징은 다음과 같다. 첫째, 새로운 지식이 학습자의 기존 인지구조에 임의적으로 연결된다. 둘째, 학습한 내용은 단편적인 지식들로, 기존의 정보와 상호 작용이 이루어지지 않는다.

[개념형] #객관주의 교수·학습 이론
49 유의미 학습에서 유의미한 학습 과제를 설명하시오.

유의미한 학습 과제는 논리적 유의미가를 지닌 과제로, 학습 과제가 실사성과 구속성을 지닐 때 논리적 유의미가 있다고 본다. 이때 실사성은 학습 과제를 어떻게 표현하더라도 의미가 변하지 않는 본질적 속성을 의미하고, 구속성은 임의적으로 맺어진 관계가 하나의 관습으로 굳어지면 다시 임의적으로 변하지 않는 속성을 의미한다. 유의미한 학습 과제는 주로 개념, 명제, 원리로 구성되므로 명제 학습이라고도 한다.

[개념형] #객관주의 교수·학습 이론
50 유의미 학습의 주요 수업 원리 6가지를 설명하시오.

유의미 학습의 주요 수업 원리 6가지에는 선행조직자의 원리, 점진적 분화의 원리, 통합적 조정의 원리, 체계적 조직의 원리, 학습 준비도의 원리, 선행 학습 요약 정리의 원리가 있다. 선행조직자의 원리는 수업의 도입 단계에서 새로운 학습을 제시하기 전에 추상적·포괄적 자료의 선행조직자를 앞서 제시해야 한다는 것이다. 점진적 분화의 원리는 가장 일반적이고 포괄적인 의미의 학습 내용을 먼저 제시하고, 점차 세분화되고 특수한 의미로 분화시켜 제시해야 한다는 것이다. 통합적 조정의 원리는 새로운 개념이나 의미가 이미 학습된 내용과 일치되고 통합되도록 제시해야 한다는 것이다. 체계적 조직의 원리는 학습 내용을 계열적·체계적으로 조직해야 한다는 것이다. 학습 준비도의 원리는 학습 내용이 학습자의 인지구조 발달 수준에 맞게 제시해야 한다는 것이다. 선행 학습 요약 정리의 원리는 새로운 학습에 임할 때 지금까지 학습한 내용을 요약·정리해 주어야 한다는 것이다.

[개념형] #객관주의 교수·학습 이론
51 유의미 학습의 선행조직자 교수 모형 중 인지조직(인지구조) 강화 단계를 설명하시오.

인지조직(인지구조) 강화는 통합적 조정의 원리를 적용하여 학습자의 능동적인 수용 학습을 촉진시키는 단계이다. 이때, 교사는 학습 자료에 제시된 개념이나 명제 간의 공통점과 차이점을 선행 학습 내용에 근거하여 비교·설명하게 하거나 학습 내용을 다른 시각에서 살펴보고 숨겨져 있는 가정이나 추론 등에 도전하도록 해야 한다.

[개념형] #객관주의 교수·학습 이론
52 목표별 수업 이론의 학습 조건 중 내적 조건의 개념과 4가지 요소를 설명하시오.

> 목표별 수업 이론의 내적 조건은 학습자의 내적 인지 과정과 관련된 조건으로, 효과적인 학습을 위해 학습자가 갖추어야 할 인지적·정의적 요소를 의미한다. 내적 조건은 선행 학습 능력, 학습 동기, 자아 개념, 주의력의 4가지 요소로 구성된다. 선행 학습 능력은 이전에 학습한 내적 능력이고, 학습 동기는 학습하고자 하는 능동적 자세의 내재적 동기이다. 자아 개념은 학습에 대한 자신감으로, 긍정적 자아 개념을 필요로 한다. 주의력은 학습에 대한 주의 집중을 의미한다.

[개념형] #객관주의 교수·학습 이론
53 가네(Gagne)의 목표별 수업 이론에서 학습 결과의 5가지 유형을 설명하시오.

> 목표별 수업 이론은 학습 결과인 학습된 능력 범주를 언어 정보, 지적 기능, 인지 전략, 운동 기능, 태도의 5가지 영역으로 분류했다. 언어 정보는 사실, 개념, 원리 등을 언어로 표현할 수 있는 능력으로, 사물에 대한 이름이나 명제들이 유의미하게 조직된 지식을 의미한다. 지적 기능은 언어, 숫자 등의 상징적 기호를 사용하여 환경과 상호 작용할 수 있는 능력으로 사실, 정보 등을 실제 사용하고 적용할 수 있는 방법적(절차적) 지식이다. 위계 학습을 통해 학습 가능하다. 인지 전략은 학습자가 개인의 학습, 기억, 사고 행동 등 총체적인 인지 과정을 제어하고 통제하는 능력으로, 학습자가 기억하고 사고하며 학습하는 방법에 대한 것을 의미한다. 비교적 장시간에 걸친 연습을 통해 발달한다. 운동 기능은 피아노 치기 등 특정 동작을 수행하는 능력으로, 장기간에 걸친 반복 연습을 통해 학습할 수 있다. 태도는 행동을 선택하는 데 영향을 주는 학습자의 내적·정신적 경향성을 의미한다.

[개념형] #객관주의 교수·학습 이론

54 목표별 수업 이론의 9가지 수업 사태 중 학습 준비에 관한 수업 사태의 교사와 학습자의 활동을 설명하시오.

> 학습 준비에 해당하는 수업 사태에는 주의 집중 시키기, 수업 목표 제시, 선수 학습 회상이 있다. 주의 집중 시키기에서 교사의 활동은 학습자의 주의를 집중시키고 학습 동기를 유발하는 것이며, 학습자의 활동은 외부 자극을 수용할 수 있도록 준비하는 것이다. 수업 목표 제시에서 교사의 활동은 수업을 통해 학습할 수 있는 능력을 제시하여 기대감을 심어주고 효율적인 인지 전략을 선택할 수 있도록 돕는 것이고, 학습자의 활동은 학습 결과에 대한 기대감을 갖는 것이다. 선수 학습 회상에서 교사의 활동은 새로운 정보를 습득하는 데 필요한 선수 학습 내용을 떠올리도록 돕는 것이고, 학습자의 활동은 선수 학습 내용을 장기 기억에서 단기 기억으로 재생하는 것이다.

[개념형] #객관주의 교수·학습 이론

55 메릴(Merrill)의 내용 요소 제시 이론에서 내용 차원의 요소 4가지를 설명하시오.

> 내용 요소 제시 이론의 내용 차원 요소에는 사실, 개념, 절차, 원리가 있다. 사실은 임의적이고 단편적인 이름이나 기호들을 의미하고, 개념은 공통적인 속성을 지닌 이름이나 기호들의 집합을 의미한다. 절차는 문제를 해결하기 위한 단계를 순서화한 계열을 의미하고, 원리는 사건이나 현상을 설명하고 이해하기 위해 사용한 인과 관계나 상관관계를 의미한다.

[개념형] #객관주의 교수·학습 이론

56 메릴(Merrill)의 내용 요소 제시 이론의 교수 처방 중 1차 제시형을 설명하시오.

> 1차 제시형은 학습 목표 도달을 위한 가장 최소한의 기본적 교수 처방 형태를 의미한다. 일반성(G)과 사례(eg) 차원, 설명식(E), 질문식(I) 차원을 기준으로 구분한다. 일반성(G)은 개념, 절차, 원리를 추상적으로 진술한 것이고, 사례(eg)는 특정한 예시를 제시하여 개념, 절차, 원리를 구체적으로 진술한 것이다. 설명식(E)은 학습 내용을 설명식으로 제시한 것으로 말하고, 설명하고, 시범을 보여주는 것이고, 질문식(I)은 학습 내용을 질문식으로 제시한 것이다. 이를 기준으로 자료의 형태를 법칙(EG), 예시(Eeg), 회상(IG), 연습(Ieg)으로 구분한다. 법칙(EG)은 교사가 개념, 절차, 원리 등의 일반적 내용을 설명해 주는 것이고, 예시(Eeg)는 교사가 일반성이 적용된 특정 사례를 설명해 주는 것이다. 회상(IG)은 일반적인 내용을 완성형으로 질문하는 것이고, 연습(Ieg)은 일반성이 적용된 특정 사례를 찾도록 요구하는 것이다.

[개념형] #객관주의 교수·학습 이론 #라이겔루스의 교수설계 이론
57 개념 학습 이론(미시적 전략)의 개념과 종류 3가지를 설명하시오.

> 개념 학습 이론은 조직 전략의 미시적 전략에 해당하는 이론으로 개념, 절차, 원리 등의 단일 아이디어를 가르치는 교수설계 전략이다. 학습한 개념을 새로운 사례에 적용하는 데 학습 목적을 둔다. 개념 학습 이론의 종류에는 개념 획득, 개념 적용, 개념 이해 세 가지가 있다. 개념 획득은 개념의 정의와 사례를 통해 개념의 특성을 파악하는 것이고, 개념 적용은 새로운 사례가 획득한 개념의 사례에 해당하는지 구분하는 것이다. 개념 이해는 해당 개념과 관련된 다른 여러 지식과의 종합적인 연관성을 파악하는 것이다.

[개념형] #객관주의 교수·학습 이론 #라이겔루스의 교수설계 이론
58 정교화 이론(거시적 전략)의 개념과 7가지 기본 전략 중 선수 학습 요소의 계열화를 설명하시오.

> 정교화 이론은 조직 전략의 거시적 전략에 해당하는 이론으로 수업 내용을 선택하고, 계열화하고, 종합하고, 요약하기 위해 적절한 교수 방법을 제공하는 교수설계 전략이다. 정교화 이론의 7가지 기본 전략 중 선수 학습 요소의 계열화는 새로운 내용을 학습하기 전, 반드시 학습해야 하는 선수 학습 요소를 순서화하여 가르치는 원리이다. 선수 학습 요소의 계열화에는 개념 학습, 원리 학습, 절차 학습이 있다. 개념 학습은 개념을 구성하는 속성들과 속성들 사이의 상관관계를 파악하는 것이고, 원리 학습은 각종 개념과 해당 개념들의 변화를 나타내는 이론을 파악하는 것이다. 절차 학습은 절차의 각 단계에 해당하는 행동들의 구체적 요인이나 규칙들을 이해하는 것이다.

[개념형] #객관주의 교수·학습 이론 #라이겔루스의 교수설계 이론
59 정교화 이론(거시적 전략)의 7가지 기본 전략 중 요약자와 종합자의 차이점과 구성 방식 3가지를 각각 설명하시오.

> 요약자는 학습한 것을 망각하지 않도록 복습하는 데 사용되는 전략 요소이고, 종합자는 개별 아이디어들을 서로 연결시키고 통합시키기 위하여 필요한 전략 요소이다. 즉, 요약자는 개별적인 아이디어를 진술·제공하고, 종합자는 일련의 아이디어들을 성격에 따라 통합한다. 요약자의 구성 방식은 다음과 같다. 첫째, 가르친 것에 대해 간결하게 재진술한다. 둘째, 전형적이면서 외우기 쉬운 예를 제시한다. 셋째, 진단적이고 자기 평가적인 연습 문제를 제시한다. 반면, 종합자의 구성 방식은 다음과 같다. 첫째, 여러 가지의 지식 구조 유형으로 일반성을 제시한다. 둘째, 개념 간의 관계를 나타내기 위해 통합적인 예를 제시한다. 셋째, 소수의 통합적·진단적·자기 평가적 연습 문항을 제시한다.

[개념형] #객관주의 교수·학습 이론

60 켈러(Keller)의 학습 동기 설계 이론(ARCS 이론)의 동기 유발 요소 중 자신감을 유발하기 위한 전략 3가지를 설명하시오.

> 자신감을 유발하기 위한 전략에는 학습에 필요한 조건 제시 전략, 성공 기회 제시 전략, 개인적 통제감 증대 전략이 있다. 학습에 필요한 조건 제시 전략은 학습의 필요 조건과 평가 기준을 제시하여 성공 가능성을 짐작할 수 있도록 함으로써 성공 기대감을 높이는 것으로, 수업의 목표와 구조를 분명하게 제시하고, 평가 기준을 명확하게 제시하여 연습에 대한 피드백을 제공해야 한다. 성공 기회 제시 전략은 성공을 경험할 수 있도록 적절한 수준의 과제를 제시하는 것으로, 쉬운 수준에서 어려운 수준으로 계열화하여 조직한 과제를 제시해야 한다. 개인적 통제감 증대 전략은 학습자가 자신을 조절하거나 통제하도록 하는 것으로, 학습자가 자신의 학습 속도를 조절할 기회를 주고, 언제든지 이전 학습 내용으로 돌아가 복습할 수 있도록 허용해야 한다.

[개념형] 객관주의 교수·학습 이론

61 켈러(Keller)의 학습 동기 설계 이론(ARCS 이론)의 동기 유발 요소 중 만족감을 유발하기 위한 전략 3가지를 설명하시오.

> 만족감을 유발하기 위한 전략에는 자연적 결과 강조 전략, 긍정적 결과 강조 전략, 공정성 강조 전략이 있다. 자연적 결과 강조 전략은 학습자의 내적 동기를 유지시키기 위해 습득한 지식을 실제 상황에 적용해 보는 기회를 제공하는 것으로, 연습문제를 통한 적용 기회와 후속 학습 상황을 통한 적용 기회를 제공해야 한다. 긍정적 결과 강조 전략은 바람직한 행동을 유지시키기 위해 강화와 피드백을 제공하는 것으로, 적절한 강화 계획을 활용하여 학습의 시작 단계에서 긍정적 피드백을 제공하고, 학습한 내용을 적용하는 연습 단계에서는 간헐적 강화를 제공해야 한다. 공정성 강조 전략은 공정하게 대우받는다고 느끼도록 하는 것으로, 수업의 목표·내용·구조를 일관성 있게 조직해야 하며, 수업 중 연습한 내용과 시험의 내용이 일치해야 한다.

[개념형] #구성주의 교수·학습 이론

62 교수 이론 관점에서 인지적 구성주의와 사회적 구성주의의 개념을 설명하고, 구성주의 학습관 3가지를 설명하시오.

> 인지적 구성주의는 동화, 조절, 평형화 과정으로 내적 평형 상태를 유지하려는 경향을 통해 학습하는 것이고, 사회적 구성주의는 근접발달영역(ZPD)에 기반한 사회적 상호 작용을 통해서 지식을 구성하는 것이다. 구성주의 학습관은 다음과 같다. 첫째, 학습을 개인의 주관적 경험과 사회적 상호 작용을 통해 의미를 구성해 가는 과정으로 본다. 둘째, 능동적 성격의 학습자는 맥락(상황)에 적합한 의미를 추구하며, 맥락에 적합한 의미를 부여할 수 없는 인지적 불균형 상태가 되면 이를 해소하고자 노력하므로 학습이 촉진된다고 본다. 셋째, 반성적 사고는 개인적 경험에 대한 의미를 따져 보게 하므로 학습의 중요한 원천이 되고, 공동체 구성원들과의 대화는 자신이 지니고 있는 생각에 대한 반성적 사고를 자극하므로 학습을 촉진시킨다고 본다.

[개념형] #구성주의 교수·학습 이론

63 구성주의 관점에서 본 교육 방법 3가지를 설명하시오.

> 구성주의 관점에서 본 교육 방법은 다음과 같다. 첫째, 학습자 스스로 자신이 원하는 목표를 결정하도록 해야 하고, 추론, 비판적 사고, 반성적 사고, 문제 해결 능력, 인지적 유연성 등을 획득할 수 있도록 해야 한다. 둘째, 이를 위해 복잡하고 비구조화된 상황과 다양한 관점을 제시하여 협력적인 학습 환경을 조성해야 한다. 셋째, 사전에 설정된 목표에 근거한 준거 지향 평가보다 수행평가와 같이 실제 과제를 수행하는 학습 과정 속에서 자연스럽게 이루어지는 질적인 평가를 지향해야 한다.

[개념형] #구성주의 교수·학습 이론

64 인지적 도제 이론의 의의와 한계 2가지를 각각 설명하시오.

> 인지적 도제 이론의 의의는 다음과 같다. 첫째, 교사의 역할이 점진적으로 학습자에게 이양됨으로써 학습자 스스로 과제를 수행할 수 있도록 한다. 둘째, 학습자의 내부적 인지 작용과 활동을 자극하는 자아성찰을 강조한다. 반면, 인지적 도제 이론의 한계는 다음과 같다. 첫째, 교사와 학생 간의 인지적 불균형으로 인해 학습자는 창의적이고 새로운 접근을 하기보다 교사의 인지적 과정을 그대로 답습할 수 있다. 둘째, 전문가의 인지 과정에 초점을 두므로 학습자에 대한 분석이나 고려가 부족하다.

[개념형] #구성주의 교수·학습 이론
65 구조화된 문제와 비구조화된 문제의 개념을 각각 설명하고, 인지적 유연성 이론의 교수 원칙 3가지를 설명하시오.

> 구조화된 문제는 한 개의 정답만 존재하는 것으로, 기존 학교에서 전통적으로 다루어 왔던 문제이다. 비구조화된 문제는 여러 개의 답이 존재하는 것으로, 현실 상황은 비구조화된 문제의 성격을 띤다. 비구조화된 문제에 대한 답은 여러 가지가 존재할 수 있으므로 학생은 다양한 소규모의 사례를 통해 학습해야 한다. 인지적 유연성 이론의 교수 원칙에는 주제 중심의 학습, 복잡성을 지닌 과제를 세분화하여 제시하기, 다양한 소규모의 사례 제시하기가 있다. 주제 중심의 학습은 상황의존적인 스키마의 연합체를 형성할 수 있도록 주제 중심의 학습을 하는 것이다. 복잡성을 지닌 과제를 세분화하여 제시하기는 학생들이 충분히 다룰 수 있는 정도의 복잡성을 지닌 과제를 작게 세분화하여 제시함으로써 상황과 맥락에 따라 효율적이고 유동적으로 대처할 수 있도록 하는 것이다. 다양한 소규모의 사례 제시하기는 지식을 실제 상황에 맥락적으로 적용하기 위해서 다양한 소규모 사례의 경험을 제시하는 것이다.

[개념형] #구성주의 교수·학습 이론
66 상황 학습 이론의 설계 원리 3가지를 설명하시오.

> 상황 학습 이론의 설계 원리 3가지는 다음과 같다. 첫째, 실제적 과제를 제시해야 한다. 실제 생활에서 사용되는 과제는 학습자의 학습 동기를 유발하고, 실제 상황에 쉽게 전이될 수 있다. 학습자들이 전문가처럼 실제 문제 해결 상황에 참여할 수 있도록 실제적 과제에 전문가의 수행과 사고 과정을 반영해야 한다. 둘째, 학습자가 교사의 과제 수행을 관찰하여 모방할 수 있도록 인지적 전략의 시연과 관찰의 기회를 제공해야 한다. 이때 교사는 코칭(Coaching)과 스캐폴딩(Scaffolding)을 통해 학습 촉진자의 역할을 해야 한다. 셋째, 평가는 학습에 통합되어 자연스럽게 진행되어야 한다.

[개념형] #구성주의 교수·학습 이론
67 상황 학습 이론의 실행공동체의 개념과 특징을 설명하시오.

> 실행공동체는 공동의 주제 및 목적을 가진 사람들이 자발적으로 모여 서로 간의 신뢰를 바탕으로 열정을 공유하고 상호 작용하면서 배우고 성장하는 공동체를 의미한다. 상황 학습 이론에 따르면 학습은 실행공동체에 참여함으로써 이루어지며, 정당한 주변적 참여의 과정을 통해 발생한다. 정당한 주변적 참여란 공동체의 주변 참여자가 전체 과정을 관찰하고 이해하게 되면서 점차 중심 구성원으로 활동하게 되는 과정을 의미한다. 즉, 학습은 사람들과의 관계에서 발생하며, 사람들과 관련된 정보를 공유하고 대화하는 상황 속에서 학습이 존재한다.

[개념형] #구성주의 교수·학습 이론
68 문제 중심 학습(PBL)의 개념과 특징 3가지를 설명하시오.

> 문제 중심 학습(PBL)은 학습자가 구체적 상황에서 실제적 문제를 해결해 나가는 과정을 통해 인지적 틀을 형성할 수 있도록 고안된 학습 방법으로, 비구조화된 문제를 해결해 나가는 과정에서 문제 해결력 및 관련 지식과 기능을 학습하도록 한다. 문제 중심 학습의 특징은 다음과 같다. 첫째, 실제 생활에서 경험할 수 있는 비구조화된 실제적 문제를 다루어야 한다. 둘째, 협동 학습과 자기 주도적 학습을 병행하는 학습자 중심의 학습 환경을 조성해야 하며, 학습자는 주도권을 갖고 능동적·자발적으로 학습해야 한다. 셋째, 교사는 학습자가 독립적으로 학습할 수 있는 능력과 기술을 익히도록 자기 성찰적 사고와 활동을 적극적으로 권장하고 지도하는 안내자의 역할을 해야 한다.

[개념형] #구성주의 교수·학습 이론
69 문제 중심 학습(PBL)의 구성 요소 3가지를 설명하시오.

> 문제 중심 학습(PBL)의 구성 요소에는 문제, 학습자, 교사가 있다. 문제는 실제 생활과 관련된 복잡하고 비구조화된 문제를 제공해야 하며, 다양한 접근과 해결이 가능한 문제를 제공해야 한다. 또한 교육과정과 관련성이 높으며 학습자의 발달 단계에 적합한 문제를 제공해야 한다. 학습자는 소그룹의 협동 학습을 통해 가설을 설정하고 사실을 확인하며, 학습 과제를 설정한 후 문제 해결에 필요한 구체적 실천 계획을 수립해야 한다. 또한 자기주도적 학습을 통해 다양한 자원으로부터 효과적인 정보를 수집하고 분석해야 한다. 교사는 학습자가 다양한 학습 자원을 충분히 활용하고 탐색할 수 있도록 격려하고 지도해야 하며, 학습자들로 하여금 팀을 구성하게 하고 과제에 대한 피드백을 제공해야 한다.

[개념형] #구성주의 교수·학습 이론

70 상보적 교수 이론의 개념을 설명하고, 수업 전략 4가지를 설명하시오.

> 상보적 교수 이론은 스캐폴딩(Scaffolding)을 활용하는 교수 방법으로, 비고츠키의 사회적 구성주의 이론을 바탕으로 개발된 독서 지도 이론이다. 교사와 학습자, 학습자 간의 대화를 통해 독해 전략을 배우는 방법을 의미한다. 상보적 교수 이론의 수업 전략에는 요약하기, 질문 만들기, 명료화하기, 예측하기가 있다. 요약하기는 읽은 글의 내용을 학습자 스스로 자신의 용어로 요약하는 것이다. 질문 만들기는 교사와 학생, 학생과 학생이 서로 번갈아 가며 질문을 만들고 대답하는 것이다. 명료화하기는 대답에 근거하여 요약을 명료화하는 것이다. 예측하기는 다음에 이어질 내용을 예측하는 것이다.

[개념형] #구성주의 교수·학습 이론

71 자원 기반 학습 이론 중 Big 6 정보 리터러시 모형을 설명하시오.

> Big 6 정보 리터러시 모형은 문제 해결의 과정에서 요구되는 정보 활용 기술을 인지적 영역의 단계에 적용하여 제시한 교수 설계 모형이다. 모형의 절차에는 과제 정의, 정보 탐색 전략, 소재 파악과 접근, 정보 활용, 종합 정리, 평가가 있다. 과제 정의는 해결할 과제의 요점과 과제 해결에 필요한 정보 유형을 파악하는 것이다. 정보 탐색 전략은 사용 가능한 정보원을 파악하여 최적의 정보원을 선택하는 것이다. 소재 파악과 접근은 정보원의 소재를 파악하고, 정보원을 이용해 정보를 찾는 것이다. 정보 활용은 찾아낸 정보를 읽고 적합한 정보를 가려내는 것이다. 종합 정리는 가려낸 정보를 체계적으로 정리하여 최종 결과물을 만드는 것이다. 평가는 결과의 유효성과 과정의 효율성을 평가하는 것이다.

개념형 #구성주의 교수·학습 이론
72 목표 기반 시나리오(GBS)의 개념과 설계 원리 6가지를 설명하시오.

> 목표 기반 시나리오(GBS)는 학습자를 특정 목표 중심으로 설정된 상황(시나리오)에 배치하여 시나리오에 따른 역할을 수행하도록 하는 과정에서 목표를 성취하도록 하는 학습 방법이다. 실제적 맥락에서 학습자 자신도 모르게 행함으로써 배우는 자연스러운 학습을 강조하고, 학습한 기술을 실제에서 사용할 수 있도록 하는 데 목표를 둔다. 목표 기반 시나리오(GBS)의 설계 원리는 다음과 같다. 첫째, 학습 목표는 내용 지식의 목표와 과정 지식의 목표를 구분하여 제시한다. 둘째, 내용 지식과 과정 지식이 모두 포함된 실제적 사례를 바탕으로 시나리오를 제작한다. 셋째, 실제 사례 현장에서 발생한 이슈를 분석하여 학습자의 미션을 제작한다. 넷째, 학습자가 수행하는 절차별로 피드백 활동을 설계한다. 다섯째, 학습자의 주요 활동을 기록하여 추후 업무에 적용할 수 있도록 지원한다. 여섯째, 학습자에게 개별적·주관적·질적 평가를 실시한다.

개념형 #이러닝, 온라인 교수·학습 이론
73 컴퓨터 보조 수업(CAI)의 유형 중 개인 교수형의 특징 3가지를 설명하시오.

> 개인 교수형의 특징은 다음과 같다. 첫째, 학습자의 독자적인 학습을 위해 새로운 정보를 가르치고, 확인하고, 강화하도록 구성된다. 둘째, 사실적 정보의 제공, 원리나 법칙 학습, 문제 해결 전략 학습을 위해 사용된다. 셋째, 학습자 수준과 특성에 맞는 지식과 정보를 제공하고, 학습자의 이해 정도를 확인하기 위한 문제를 제공하며, 학습자의 반응을 판단하여 적절한 피드백을 제공한다.

개념형 #이러닝, 온라인 교수·학습 이론
74 컴퓨터 보조 수업(CAI)의 유형 중 시뮬레이션의 특징 3가지를 설명하시오.

> 시뮬레이션의 특징은 다음과 같다. 첫째, 시간적·공간적·경제적 제한으로 인해 실제 조작할 수 없는 상황을 컴퓨터로 모의하여 실제와 유사한 경험을 갖도록 한다. 둘째, 큰 비용과 위험이 따르거나 관찰하고자 하는 변화가 장기간에 걸쳐 일어날 때, 실제와 유사한 상황을 제시하여 원리, 작동 절차, 변화 과정 등을 효율적으로 익힐 수 있다. 셋째, 학습자가 다양한 형태의 반응을 입력하면 반응에 대한 피드백을 제공하고, 수정된 시나리오를 제시하며 결과를 요약한다.

[개념형] #이러닝, 온라인 교수·학습 이론
75 이러닝, 온라인 교수·학습의 장점과 단점을 설명하시오.

> 이러닝, 온라인 교수·학습은 학습자의 특성과 능력을 분석·평가하여 학습자의 반응에 따라 적합한 과제를 선정하여 제시할 수 있고, 개별화된 프로그램을 통해 학습자 개개인에 적합한 수준과 속도의 개별 학습이 가능하다는 장점이 있다. 그러나 컴퓨터와 주변 기기를 구입하는 데 비용이 많이 들어간다는 단점도 존재한다.

[개념형] #이러닝, 온라인 교수·학습 이론
76 컴퓨터 관리 수업(CMI)의 개념과 유형 2가지를 설명하시오.

> 컴퓨터 관리 수업(CMI)은 컴퓨터가 수업 매체로 직접 사용되지는 않으나 수업과 관련된 제반 정보나 자료를 기록·분석·종합·평가하는 것으로, 학습자의 학습 내용, 학업 성취 등 학습에 관한 정보를 저장하고 평가하면서 학습을 관리한다. 컴퓨터 관리 수업의 유형에는 성적 관리 프로그램과 시험 출제 프로그램이 있다. 성적 관리 프로그램은 시험의 절차와 학습자의 성적을 기록하고 처리하는 프로그램이고, 시험 출제 프로그램은 시험 문제 은행 데이터베이스를 이용한 프로그램이다.

[개념형] #이러닝, 온라인 교수·학습 이론
77 멀티미디어의 개념과 교육적 의의 3가지를 설명하시오.

> 멀티미디어는 2가지 이상의 매체가 결합되어 정보를 제공하는 것으로, 컴퓨터를 중심으로 문자, 그림, 사진, 영상, 애니메이션 등이 디지털 방식으로 통합되어 상호 작용이 이루어지는 복합 다중 매체를 의미한다. 멀티미디어의 교육적 의의는 다음과 같다. 첫째, 프로그램과 학습자, 교사와 학습자, 학습자와 학습자 간의 상호 작용이 가능하다. 둘째, 멀티미디어 프로그램을 통해 개인차를 고려한 개별화 학습이 가능하다. 셋째, 시간과 공간을 초월한 원격 교육이 가능하다.

[개념형] #이러닝, 온라인 교수·학습 이론
78 ICT의 개념과 교육 유형 2가지를 설명하시오.

정보 기술과 통신 기술의 합성어인 ICT는 기존의 정보 기술 개념과 정보의 공유나 의사소통 과정을 강조하는 통신 개념을 포함하는 것으로, 정보 기기의 하드웨어 및 소프트웨어 기술을 이용하여 정보를 수집·생산·전달·활용하는 모든 방법을 의미한다. ICT 교육 유형에는 ICT 소양 교육과 ICT 활용 교육이 있다. ICT 소양 교육은 ICT 자체에 대한 교육으로, 기본적인 정보 활용 능력과 ICT 리터러시(Literacy)를 기르는 교육을 의미한다. ICT 활용 교육은 기본적인 정보 활용 능력을 바탕으로 학습 및 일상생활의 문제 해결에 ICT를 활용할 수 있도록 하는 교육을 의미한다.

[개념형] #이러닝, 온라인 교수·학습 이론
79 모바일 러닝의 특징과 교육적 의의 2가지를 각각 설명하시오.

모바일 러닝의 특징은 다음과 같다. 첫째, 일반 교실 또는 컴퓨터 앞에서의 교육 환경과 달리 이동하는 위치와 처해 있는 상황과 맥락을 반영하여 적합한 반응을 할 수 있다. 둘째, 학습자의 개별 상황과 요구가 반영된 학습을 통해 학습자 스스로 학습을 주도할 수 있다. 모바일 러닝의 교육적 의의는 다음과 같다. 첫째, 교실 내에서의 시간적·공간적 제한을 벗어나고자 하는 이러닝의 지향점을 구현할 수 있다. 둘째, 언제 어디서나 이루어지는 교육적 이상을 달성할 수 있다.

[개념형] #이러닝, 온라인 교수·학습 이론
80 액션 러닝의 개념과 특징 3가지를 설명하시오.

액션 러닝은 '행동을 통해 배운다'는 학습 원리를 기반으로 실제적 문제를 팀의 구성원들과 함께 해결하는 과정에서 학습이 이루어지는 교육 방식을 의미한다. 팀 학습을 통해서 다양한 아이디어를 도출하고, 이를 실제로 적용하는 과정에서 이루어지는 학습을 강조한다. 액션 러닝의 특징은 다음과 같다. 첫째, 학습자 개인의 학습 역량뿐만 아니라 학습팀과 집단 전체의 역량을 향상시킨다. 둘째, 학습자의 자발적·민주적 참여로 진행된다. 셋째, 서로 다른 경험과 학습을 수행하는 동료 팀과 다양한 관점을 공유함으로써 최적의 해결 방안을 도출할 수 있다.

개념형 #이러닝, 온라인 교수·학습 이론

81 플립드 러닝의 교육적 의의 3가지를 설명하시오.

플립드 러닝의 교육적 의의 3가지는 다음과 같다. 첫째, 교실 수업 전 사전 학습이 이루어지므로 교실에서의 학습 시간이 늘어나고, 학습자 중심의 수업을 운영할 수 있다. 둘째, 학습자의 수준과 특성에 맞는 수업을 전개함으로써 학습의 효율성을 증진할 수 있다. 셋째, 사전에 학습한 내용을 교실 수업에서 다루므로 학습에 대한 자신감을 고취시킬 수 있다.

사고형 #객관주의 교수·학습 이론

82 오수벨(Ausubel)의 유의미 학습의 비판점과 이를 보완할 수 있는 방법을 설명하시오.

유의미 학습은 설명식 교수 이론으로, 교사는 지식의 구조가 학습자의 인지구조에 의미있게 수용 및 통합될 수 있도록 학습 내용을 완성된 형태로 제시하고, 학습자가 이를 내면화하기를 유도한다. 따라서 학습자가 비판적 능력을 지니지 못한 경우, 지식의 구조를 심층적으로 이해하지 못한 상태에서 기계적으로 암기하는 문제가 발생할 수 있다. 이를 보완할 수 있는 방안으로 소크라테스의 문답법을 활용할 수 있다. 문답법에는 반어법과 산파법이 있다. 반어법은 학생들이 쉽게 대답하기 어려운 구체적 사례를 제시하여 학습자의 개념이 정확한지 확인하는 것이다. 산파법은 질문과 답변의 과정을 통해 정확한 개념 정의에 도달하도록 하는 논리적 추론 과정을 의미한다.

MEMO

메가쌤
교육학
개념 인출서
인출 연습문제 & 모범답안

PART 04

교육평가

CHAPTER 1 | 교육평가의 유형
CHAPTER 2 | 교육평가 모형
CHAPTER 3 | 평가 방법 선정과 개발
CHAPTER 4 | 평가 결과의 활용

CHAPTER 1 교육평가의 유형

개념형 #교육관
01 선발적 교육관과 발달적 교육관의 차이점 5가지를 설명하시오.

> 선발적 교육관과 발달적 교육관의 차이점은 다음과 같다. 첫째, 선발적 교육관은 지적 능력을 유전론적으로 타고나는 것으로 보고 교육 목표 달성과 밀접한 관계가 있다고 가정하지만, 발달적 교육관은 환경론에 입각하여 적절한 교수·학습 환경이 제시된다면, 누구나 교육 목표를 달성할 수 있다고 본다. 둘째, 선발적 교육관은 지능과 학업 성취의 관계가 높을 때 교육을 매우 의미 있는 것으로 간주하지만, 발달적 교육관은 지적 능력과 학업 성취의 관계가 높을 때 교육을 실패한 것으로 간주한다. 셋째, 선발적 교육관은 교육을 통한 인간의 행동 변화에 대해 부정적인 입장을 지니지만, 발달적 교육관은 교육을 통한 인간의 행동 변화 가능성에 대해 긍정적인 입장을 지닌다. 넷째, 선발적 교육관에서 학업 실패의 책임은 학습자에게 있지만, 발달적 교육관에서는 학업 실패의 책임이 교사에게 있다. 다섯째, 선발적 교육관의 평가 목적은 우수아와 열등아를 구분하는 개인차 변별과 일정한 교육 수준이나 교육 목표에 도달할 가능성이 있는 소수의 우수자 선발에 있지만, 발달적 교육관의 평가 목적은 수업 목표의 달성과 적절한 교수 방법을 제공하여 완전 학습에 이르는 데 있다.

개념형 #교육평가관
02 교육평가관 중 평가관의 인간관과 증거 수집의 방법, 결과의 활용 방법을 설명하시오.

> 평가관은 인간의 행동이 안정성이 없고, 인간은 변화하는 특성이 있으므로 교육적 가치가 있는 변화를 평가해야 한다고 보았다. 따라서 학습자의 변화를 목표에 비추어 평가해야 하므로 평가 도구의 내용 타당도를 중시하고, 양적·질적 방법을 모두 사용하여 증거를 수집한다. 이렇게 수집한 결과는 학습자의 배치와 진급을 위한 분류와 교육과정, 교수 방법 등의 효과를 평가하는 데 활용한다.

[개념형] #교육관 #교육평가관

03 이 교사는 교육의 목적을 자아실현으로 보고, 학생들의 자율적이고 적극적인 학습 참여를 독려한다. 이 교사가 생각하는 교육관의 명칭과 이에 적합한 검사관의 개념과 특징을 설명하시오.

> 이 교사의 교육관은 인본주의적 교육관이다. 인본주의적 교육관은 교육을 인성적 성장, 통합을 통한 자아실현의 과정으로 보고, 학습자의 자율적이고 적극적인 학습 참여를 중시한다. 인본주의적 교육관에 적합한 검사관은 총평관이다. 총평관은 다양한 방법을 통해 인간의 특성을 종합적·전체적으로 판단하는 관점이다. 총평관의 특징은 다음과 같다. 첫째, 인간의 행동은 환경과의 역동적 상호 작용을 통해 변화한다고 본다. 둘째, 행동 특성의 구성 요인을 얼마나 충실하게 측정하는지에 중점을 두므로 평가 도구의 구인 타당도를 중시한다. 셋째, 선발, 분류, 예언, 실험과 역할에 따른 개인의 진단에 평가 결과를 활용한다.

[개념형] #평가 준거에 따른 유형

04 목표 지향 평가의 개념과 특징 3가지를 설명하시오.

> 목표 지향 평가는 학생들이 성취해야 할 교육 목표에의 도달 여부와 그 정도를 확인하고자 하는 평가로, 절대적 기준인 교육 목표에 비추어 학생의 점수를 절대적으로 해석한다. 목표 지향 평가의 특징은 다음과 같다. 첫째, 충분한 학습 시간과 조건이 제공되면 대부분의 학생이 주어진 학습 목표에 도달할 수 있다는 발달적 교육관에 근거한다. 둘째, 학습 목표의 달성 여부를 판단하므로 평가 도구가 학습 목표를 얼마나 충실히 측정하는가를 판단하는 평가 도구의 타당도를 중시한다. 셋째, 교수 과정의 개선 방향과 전략을 결정할 수 있는 자료를 마련하며, 학생의 점수는 목표 도달 여부를 판정하는 기준이 된다.

[개념형] #평가 준거에 따른 유형

05 목표 지향 평가의 장점과 단점 2가지를 각각 설명하시오.

> 목표 지향 평가의 장점은 다음과 같다. 첫째, 학생의 학습 목표 달성 정도에 대한 정보를 제공함으로써 학생의 달성 목표와 미달 목표를 확인하여 학습 결손에 대한 파악이 가능하므로 완전 학습이 가능하다. 둘째, 석차보다 과제의 숙달과 이해 등 지적 성취를 강조하므로 경쟁보다 협동 학습을 중시하는 건전한 학습 분위기를 조성할 수 있다. 반면 목표 지향 평가의 단점은 다음과 같다. 첫째, 학습 목표 설정에는 전문성이 요구되므로 평가 기준이 되는 학습 목표의 성취 기준을 설정하기가 어렵다. 둘째, 집단 내의 상대적 위치를 알 수 없으므로 개인차 변별이 불가능하다.

[개념형] #평가 준거에 따른 유형
06 규준 지향 평가의 장점과 단점 3가지를 각각 설명하시오.

> 규준 지향 평가의 장점은 다음과 같다. 첫째, 집단 내에서의 상대적 위치를 명확히 파악할 수 있으므로 개인차의 엄밀한 변별이 가능하다. 둘째, 경쟁을 통한 외재적 동기를 유발할 수 있다. 셋째, 신뢰도가 높은 객관적인 검사 도구를 사용하므로 교사의 편견을 배제할 수 있다. 반면 규준 지향 평가의 단점은 다음과 같다. 첫째, 상대적 위치만 파악할 수 있으므로 학습 목표의 달성 정도를 파악할 수 없다. 둘째, 시험에 나올 것만 가르치고 학습하는 선택적 교수·학습을 조장할 수 있다. 셋째, 지나친 경쟁심을 조장하여 학생 상호 간의 질투와 시기를 유발함으로써 학생의 정서적 불안과 비인간화를 초래할 수 있다.

[개념형] #평가 준거에 따른 유형
07 김 교사는 학생이 지닌 능력과 학습 결과를 비교하여 평가하고자 한다. 이때 김 교사가 활용해야 하는 평가 유형의 명칭과 해당 유형의 장점과 단점 3가지를 각각 설명하시오.

> 학생이 지니고 있는 능력에 비추어 수행 결과를 평가하는 것은 능력 지향 평가이다. 능력 지향 평가의 장점은 다음과 같다. 첫째, 개별 학생의 능력에 따라 평가가 이루어지므로 개별 평가가 가능하다. 둘째, 능력의 발휘 정도에 대한 정보를 얻을 수 있으므로 평가의 교수적 기능을 촉진할 수 있다. 셋째, 능력에 비추어 최선을 다하면 좋은 평가를 받을 수 있으므로 능력이 낮은 수준의 학생도 동기화할 수 있다. 반면 단점은 다음과 같다. 첫째, 추상적 개념의 능력은 조작적으로 정의하기 어렵고, 정확하게 측정할 수 없다. 둘째, 평가의 형평성에 문제가 발생할 수 있으므로 평가 결과를 선발 및 배치와 같은 행정적 기능을 위해 활용할 수 없다. 셋째, 학습 과제에 필수적으로 요구되는 능력을 명확하게 규정하기 어렵다.

[개념형] #평가 준거에 따른 유형

08 A학생은 학습 전과 후에 동일한 시험을 치렀다. 학습 전에는 80점을 받았고, 학습 후에는 90점을 받았다. 이 교사는 이 현상에 중점을 두고 평가하려고 한다. 이 교사가 활용할 수 있는 평가 유형의 개념과 특징 2가지를 설명하시오.

> A학생의 초기 능력 수준 대비 최종 능력 수준이 향상된 것을 근거로 성장 지향 평가를 할 수 있다. 성장 지향 평가는 학생의 초기 능력 수준에 비추어 평가 시점에서의 최종적 능력 수준이 얼마나 향상되었는지에 초점을 두는 평가로, 학생이 교육과정을 통해 과거에 비해 얼마나 성장하였는지에 관심을 둔다. 성장 지향 평가의 특징은 다음과 같다. 첫째, 개인의 과거 능력 수준과 현재 능력 수준을 비교함으로써 개인의 내적 차이를 강조하여 학생에게 학업 증진의 기회를 부여한다. 둘째, 학업 성취도가 낮은 학습자도 사전 평가 시점과 사후 평가 시점의 수준에 큰 차이가 있다면 좋은 성적을 받을 수 있다.

[개념형] #평가 준거에 따른 유형

09 성장 지향 평가의 장점과 단점 3가지를 각각 설명하시오.

> 성장 지향 평가의 장점은 다음과 같다. 첫째, 배워야 할 것을 배웠는지에 대해 평가하므로 진정한 의미의 교수적 평가가 가능하다. 둘째, 성장의 정도에 대한 정보를 제공하므로 학생 스스로 학습의 내적 가치를 인식할 수 있다. 셋째, 성장 지향 평가에서 좋은 성적을 받은 학습자는 긍정적인 자기효능감, 자기개념, 자아존중감을 형성할 수 있다. 반면, 단점은 다음과 같다. 첫째, 성적을 성취 수준과 동일시하므로 성장 정도를 기준으로 둘 경우 성적의 의미를 왜곡시킬 가능성이 있다. 둘째, 학습 목표의 달성보다 성장에 더 큰 관심을 가지므로 최저 수준의 목표 도달에 무관심하며, 이는 공교육의 목표 중 하나인 완전 학습과 상충된다. 셋째, 평가의 형평성에 문제가 발생할 수 있으므로 평가 결과를 선발 및 배치와 같은 행정적 기능을 위해 활용할 수 없다.

개념형 #평가 시기에 따른 유형

10 진단평가의 특징과 효과적 시행 방안 3가지를 각각 설명하시오.

> 진단평가의 특징은 다음과 같다. 첫째, 학습 목표 달성에 필요한 선수 학습 정도(출발점 행동)를 확인할 수 있다. 둘째, 앞으로 가르치려는 교과 목표의 성취 수준을 확인하여 학생 수준에 맞는 교과 목표나 교수 프로그램을 제공할 수 있다. 셋째, 학생의 학업 실패에 대한 교육 외적 원인이 되는 신체적·정서적·환경적 요인을 확인할 수 있다. 진단평가를 효과적으로 시행하기 위한 방안은 다음과 같다. 첫째, 학생의 선수 학습 정도나 교과 목표의 성취 수준을 파악하기 위해 목표 지향 평가를 활용한다. 둘째, 표준화 검사, 관찰법 등의 다양한 평가 도구를 활용한다. 셋째, 학생의 지적 영역뿐만 아니라 정의적·신체적·심리적·환경적 요인을 확인하여 종합적으로 진단한다.

개념형 #평가 시기에 따른 유형

11 형성평가의 개념과 제작 절차를 설명하시오.

> 형성평가는 교수·학습이 진행되는 상황에서 교사와 학생에게 피드백을 제공하고, 수업을 개선하기 위해 실시하는 평가로, 수업 중 학습 상황에 대한 정보를 수집·분석하여 수업 및 학습을 개선하기 위해 실시한다. 형성평가는 학습 과제의 세분화, 목표의 진술, 목표의 위계화, 평가 도구의 제작 순으로 이루어진다. 학습 과제의 세분화는 학습 과제를 분석하여 하위 요소로 세분화하는 단계이다. 목표의 진술은 메이거(Mager)의 진술 방식에 따라 조건, 도착점 행동, 수락 기준을 포함하는 구체적 형태의 목표를 진술하는 단계이다. 목표의 위계화는 목표를 위계적으로 조직하는 단계이다. 선행 요소의 학습이 제대로 이루어지지 않으면 다음 요소의 학습이 이루어질 수 없다. 평가 도구의 제작은 목표 분류에 나타난 행동 항목을 모두 포함하여 내용 및 행동 목표에 따라 다양하게 제작하는 단계이다.

[개념형] #평가 시기에 따른 유형

12 박 교사는 다음 학기에 학생들에게 적합한 수업 방법을 제공하기 위해 학생들의 학업 성취 정도 파악과 전체적 수업 내용 및 수준을 점검할 수 있는 평가를 실시해야 한다고 생각했다. 박 교사가 시행해야 하는 시기에 따른 평가 유형의 개념을 설명하고, 특징과 효과적 시행 방안 3가지를 각각 설명하시오.

> 박 교사가 시행해야 하는 평가는 일련의 학습 과제나 교과의 학습이 끝난 후에 학습 목표의 달성 여부를 총합적으로 판정하기 위해 실시하는 총괄평가이다. 총괄평가의 특징은 다음과 같다. 첫째, 다음 학기나 학년의 수업이 시작될 때, 어느 정도의 수준에서 가르쳐야 할 것인지에 대한 판단에 도움을 준다. 둘째, 다음 학습 과제의 수행에서 학생의 성공 여부를 예언하는 역할을 한다. 셋째, 학생 개인의 성적을 산출할 뿐만 아니라 학습 집단 전체로서의 성적 산출이 가능하므로 집단 간의 성적을 비교할 수 있다. 총괄평가를 효과적으로 시행하기 위한 방안은 다음과 같다. 첫째, 평가 목적에 따라 목표 지향 평가와 규준 지향 평가를 혼용해야 한다. 둘째, 평가 도구는 교사보다 평가 전문가가 제작해야 한다. 셋째, 평가 내용은 그동안의 교수·학습 내용을 모두 포함해야 한다.

[개념형] #평가 영역에 따른 유형

13 인지적 평가의 개념과 문항 개발 시 유의점 3가지를 설명하시오.

> 인지적 평가는 지식, 이해력, 적용력, 분석력, 종합력, 평가력과 같은 학생의 인지적 사고 과정에 대한 평가이다. 인지적 평가 문항 개발 시 유의점은 다음과 같다. 첫째, 학습 목표와 내용을 정확히 파악해야 한다. 둘째, 문항의 타당도를 위하여 수험자의 독해력 및 어휘력 수준과 수험자에게 미칠 수 있는 부정적 영향을 고려해야 한다. 셋째, 문항의 유형에 따른 특징, 장단점, 복잡성 등을 고려해야 한다.

[개념형] #평가 영역에 따른 유형

14 정의적 평가의 개념과 필요성 3가지를 설명하시오.

> 정의적 평가는 학생의 태도, 가치관, 자아개념, 자기효능감, 학습 동기, 도덕성 등 정의적 특성에 대한 평가로, 학생이 바람직한 방향으로 성장할 수 있도록 돕기 위해 정의적 특성의 강점과 약점을 파악하는 것이다. 정의적 평가의 필요성은 다음과 같다. 첫째, 정의적 평가를 통해 학생의 전인적 발달을 꾀하며 전인적 교육의 이상을 실현할 수 있다. 둘째, 정의적 특성은 학업의 촉진제 역할을 하므로 지적 학업 성취에서 중요한 요인으로 작용한다. 셋째, 학생의 흥미, 태도, 가치 등 교육 방법이나 내용을 개선하는 데 중요한 정보를 제공한다.

[개념형] #평가 영역에 따른 유형 #정의적 평가

15 사회성 측정법의 개념과 교육적 가치 4가지를 설명하시오.

> 사회성 측정법은 집단 내에서 학생이 다른 학생들에게 어떻게 수용되고 있는가를 평가하는 방법으로, 집단 내의 인간관계 및 집단의 성질, 구조 등을 파악할 수 있다. 사회성 측정법의 교육적 가치는 다음과 같다. 첫째, 개인의 사회 적응력을 향상할 수 있다. 둘째, 집단의 사회적 구조를 개선하는 데 도움을 준다. 셋째, 집단을 새로 조직하거나 재조직하는 데 도움을 준다. 넷째, 왕따나 따돌림 등 특수한 교육 문제 해결에 활용할 수 있다.

[개념형] #평가 방법에 따른 유형

16 양적 평가의 개념을 설명하고, 장점과 단점 2가지를 각각 설명하시오.

> 양적 평가는 수량화된 자료를 수집하고, 통계적 방법을 이용하여 기술·분석하는 평가 방법으로, 평가 대상을 수량화하는 경험적·실증적 탐구의 평가 방법이다. 양적 평가의 장점은 다음과 같다. 첫째, 과학적이고 체계적이므로 신뢰성을 보장받을 수 있다. 둘째, 간결하고 분명한 결과를 통해 객관성을 확보할 수 있다. 반면 단점은 다음과 같다. 첫째, 평가 대상을 전체적으로 조망하거나 심층적으로 평가할 수 없다. 둘째, 결과 중심의 평가로, 과정을 배제하고 결과에만 관심을 기울인다.

[개념형] #평가 방법에 따른 유형

17 양적 평가와 질적 평가의 차이점 5가지를 설명하시오.

> 양적 평가와 질적 평가의 차이점은 다음과 같다. 첫째, 양적 평가는 수량화된 자료를 수집하고, 통계적 방법을 이용하여 기술·분석하는 평가 방법이고, 질적 평가는 수량화되지 않는 자료를 수집하여 분석·이해·판단하는 평가 방법이다. 둘째, 양적 평가는 신뢰도와 객관성을 강조하지만, 질적 평가는 타당도와 상호 주관적 이해를 강조한다. 셋째, 양적 평가는 평가 대상과의 원거리를 유지함으로써 객관성과 중립성을 확보하지만, 질적 평가는 평가 대상과 근거리를 유지하는 참여 관찰, 민속지, 생태적 접근 방법을 활용한다. 넷째, 양적 평가는 많은 사례의 수집과 큰 표집, 자료의 수량화를 통해 일반적 법칙의 발견을 중시하지만, 질적 평가는 개인의 독특성과 개인차에 대한 심층적 이해를 강조한다. 다섯째, 양적 평가는 구성 요소의 분석을 통해 전체적인 맥락을 파악하지만, 질적 평가는 대상의 심층적 이해를 위한 전체적 파악을 강조한다.

개념형 #수행평가 #수행평가의 이해
18 수행평가의 필요성 2가지를 설명하시오.

> 수행평가의 필요성은 다음과 같다. 첫째, 21세기 지식·정보화 사회에서 정보 탐색·수집·분석·비판·종합·창출 능력을 요구함에 따라 고등 정신 능력을 타당하게 측정할 수 있는 수행평가의 도입이 요구된다. 둘째, 학교 교육이 고등 정신 능력과 바람직한 품성의 함양이라는 교육 목표의 성격에 부합할 수 있도록 평가에 대한 개선이 요구됨에 따라 수행평가의 도입이 필요하다.

개념형 #수행평가 #수행평가의 이해
19 수행평가의 설계 4단계를 설명하시오.

> 수행평가의 설계는 평가 목적 확인, 평가 내용 선정, 평가 방법 설계, 채점 계획 수립 단계로 진행된다. 평가 목적 확인 단계에서는 평가 목적을 명확히 규명하고, 평가 결과를 활용하는 사람과 평가 결과의 용도, 평가 대상을 구체적으로 서술한다. 평가 내용 선정 단계에서는 평가의 내용 영역(교과, 단원, 제재) 및 기능을 밝히고, 타당도를 고려하여 수행 과제를 선정한다. 또한 각 수준에 해당하는 수행 준거를 상세히 열거한다. 평가 방법 설계 단계에서는 평가 방법을 결정하고, 평가 시행 공고 여부나 수집할 자료의 양을 결정한다. 채점 계획 수립 단계에서는 채점 방법과 채점자를 결정하고, 평가 결과의 기록 방법을 명확히 결정한다.

개념형 #수행평가 #수행평가의 이해
20 수행평가의 수행 과제를 선정할 때, 고려해야 할 사항 4가지를 설명하시오.

> 수행평가의 수행 과제 선정 시 고려해야 할 사항은 다음과 같다. 첫째, 학생의 지식과 능력을 실제 상황에서 평가할 수 있어야 한다. 둘째, 다양한 학습 성과를 평가할 수 있어야 한다. 셋째, 수행평가 과제는 성별이나 계층과 같은 학생의 배경 특성에 따라 편향되지 않고 공정해야 한다. 넷째, 수행평가 과제는 신뢰할 수 있고 정확하게 채점할 수 있어야 하며, 채점 준거를 명시해야 한다.

[개념형] #수행평가 #수행평가의 이해
21 수행평가의 채점 준거를 선정할 때, 고려해야 할 사항 4가지를 설명하시오.

> 수행평가의 채점 준거 선정 시 고려해야 할 사항은 다음과 같다. 첫째, 수행이나 작품의 핵심 측면과 관련되어야 하고, 교육 목표를 반영해야 한다. 둘째, 채점 준거가 모호하면 채점 과정에서 오류가 발생할 수 있으므로 매우 구체적이어야 한다. 셋째, 학생과 학부모들이 쉽게 이해할 수 있도록 명료해야 한다. 넷째, 채점 준거는 수가 적고 단순할수록 좋다.

[개념형] #수행평가 #수행평가의 이해
22 선택형 시험으로 대표되는 전통적 평가 체제와 수행평가로 대표되는 대안적 평가 체제의 차이점 5가지를 설명하시오.

> 전통적 평가 체제와 대안적 평가 체제의 차이점은 다음과 같다. 첫째, 전통적 평가 체제는 상대평가와 선발형 평가를 강조하지만, 대안적 평가 체제는 절대평가와 충고형 평가를 강조한다. 둘째, 전통적 평가 체제에서는 선언적 지식과 학습의 결과를 중시하지만, 대안적 평가 체제에서는 절차적 지식과 학습의 과정을 중시한다. 셋째, 전통적 평가 체제의 평가 시기는 학습 활동이 종료되는 시점으로, 교수·학습과 평가 활동을 분리하지만, 대안적 평가 체제는 학습 활동의 모든 과정을 평가하며, 교수·학습과 평가 활동을 통합한다. 넷째, 전통적 평가 체제에서 교사의 역할은 지식의 전달자이고, 대안적 평가 체제에서 교사의 역할은 학습의 안내자이자 촉진자이다. 다섯째, 전통적 평가 체제에서는 교사 중심의 암기 위주 학습이 이루어지지만, 대안적 평가 체제에서는 학생 중심의 탐구 학습이 이루어진다.

[개념형] #수행평가 #수행평가의 유형과 방법
23 수행평가의 방법 중 포트폴리오 평가의 특징 3가지와 평가 방법 2가지를 각각 설명하시오.

> 포트폴리오 평가의 특징은 다음과 같다. 첫째, 학생에게 포트폴리오에 포함될 내용과 구성 방법 등을 정할 수 있는 선택의 기회를 제공한다. 둘째, 포트폴리오는 평가 도구인 동시에 수업 도구이므로 교수와 평가를 통합한 수업을 진행할 수 있다. 셋째, 학생에게 자신의 학습에 대한 정리나 반성의 기회를 제공한다. 포트폴리오 평가 방법에는 분석적 평가 방법과 총체적 평가 방법이 있다. 분석적 평가 방법은 학생의 작품이 지닌 여러 가지 특성이나 차원에 따라 점수를 할당하는 방법으로, 상세한 정보를 제공한다. 총체적 평가 방법은 학생의 포트폴리오를 전체로서 이해하고, 전반적인 것에 대해 점수를 부과한다.

[개념형] #수행평가 #수행평가의 이해
24 수행평가의 장점과 단점 3가지를 각각 설명하시오.

> 수행평가의 장점은 다음과 같다. 첫째, 종합적·전인적 평가로, 학생의 인지적 영역뿐만 아니라 정의적·심동적 영역까지 평가할 수 있다. 둘째, 학생이 과제를 수행하는 과정과 결과를 동시에 평가할 수 있으며, 평가와 교수·학습이 통합된 형태로 운영할 수 있다. 셋째, 학생 스스로 과제를 선택하고 수행 과정과 결과에 대해 스스로 평가하므로 자기주도적 학습 능력을 신장시킬 수 있다. 반면 단점은 다음과 같다. 첫째, 평가 도구의 개발과 평가 실시, 채점 등에 많은 시간과 노력이 소요된다. 둘째, 수행 과정과 결과를 모두 평가해야 하므로 채점이 어렵다. 셋째, 채점자의 주관이 개입될 소지가 많으므로 평가 결과의 신뢰도가 낮고 객관성, 정확성이 떨어진다.

[개념형] #수행평가 #수행평가의 유형과 방법
25 포트폴리오 평가와 전통적인 평가의 차이점 4가지를 설명하시오.

> 포트폴리오 평가와 전통적인 평가의 차이점은 다음과 같다. 첫째, 포트폴리오 평가는 주어진 내용 영역에서 학생의 활동을 다양하게 표현할 수 있지만, 전통적인 평가는 한정된 내용 영역을 나타내며, 학생들이 배운 것을 실제적으로 나타내지 못한다. 둘째, 포트폴리오 평가는 스스로 목표를 설정하고 평가를 실시하므로 학생의 적극적 참여가 이루어지지만, 전통적인 평가는 학생의 투입이 거의 없는 기계적 채점에 의존한다. 셋째, 포트폴리오 평가는 학생의 개인차를 고려할 수 있지만, 전통적인 평가는 다수의 학생을 검사하여 개인차를 고려할 수 없다. 넷째, 포트폴리오 평가는 교사와 학생 간의 협력이 가능하지만, 전통적인 평가는 교사와 학생 간의 협력이 불가능하다.

[개념형] #성취평가제
26 성취평가제의 목적을 설명하고, 장점과 단점을 각각 설명하시오.

> 성취평가제의 목적은 학생이 무엇을 알고 무엇을 할 수 있는지에 대한 정보를 교사, 학부모, 학생에게 제공하는 것이며, 이에 따라 교사의 교수·학습을 개선하는 데도 목적이 있다. 성취평가제의 장점은 다음과 같다. 첫째, 내용과 과정에 대한 심층적 분석으로 교수·학습 개선에 용이하다. 둘째, 교과의 특성에 따라 점수가 아닌 등급으로 평가하므로 학습자 간에 협동 학습의 분위기를 조성할 수 있다. 셋째, 탐구 정신의 발휘와 창의·인성 계발을 위한 수업을 진행할 수 있다. 반면에 단점으로는 준거 지향 평가 방식으로써 경쟁을 통한 외적 동기 유발이 부족하다는 점이 있다.

[개념형] #성취평가제
27 성취평가제의 개념과 특징 3가지를 설명하시오.

> 성취평가제는 국가 교육과정에 근거하여 개발된 교과목별 성취 기준과 성취 수준에 따라 학생의 학업 성취 수준을 평가하는 방식으로, 서열 위주의 상대평가에서 벗어나 학생 개인이 특정 과목에 대하여 무엇을 어느 정도로 성취하였는가를 등급으로 평가하는 제도이다. 성취평가제의 특징은 다음과 같다. 첫째, 학생이 무엇을 알고 무엇을 할 수 있는지에 대한 정보를 제공한다. 둘째, 사전에 설정된 준거(교육 목표)에 근거하여 학생의 성취를 평가한다. 셋째, 협동 학습이 가능하며, 창의·인성 개발을 위한 수업 방식을 활성화할 수 있다.

[개념형] #표준화 검사
28 표준화 검사의 개념과 기능을 설명하시오.

> 표준화 검사는 표준화된 제작 절차, 검사 내용, 검사의 실시 조건, 채점 과정 및 해석에 의해 객관적으로 행동을 측정하는 검사 방법으로, 측정치를 통해 전체 집단을 미루어 짐작하고, 이를 바탕으로 두 사람 이상의 행동을 비교하고자 하는 체계적 절차를 의미한다. 표준화 검사는 예측, 진단, 조사, 배치, 프로그램 평가의 기능을 수행한다. 예측은 인간의 행동 특성을 예측하는 것이고, 진단은 인간의 장단점을 파악하여 현재의 능력과 문제점을 진단하는 것이다. 조사는 특정 집단의 일반적인 경향을 조사하는 것이고, 배치는 개성이나 적성을 발견하여 적성에 따른 지도와 배치를 하는 것이다. 마지막으로 프로그램 평가는 프로그램의 효과를 평가하는 것이다.

[개념형] #표준화 검사
29 표준화 검사의 한계점 4가지를 설명하시오.

> 표준화 검사의 한계점은 다음과 같다. 첫째, 표준화 검사에 포함되는 문항 수는 대개 40~50개로 한 과목이 한 학기 또는 한 학년에 의도하고 있는 모든 목표를 포괄적으로 측정할 수 없다. 둘째, 표준화 검사를 교수의 기준으로 생각하여 이와 관련된 내용만을 다룰 경우 선택적 교수·학습이 이루어질 수 있다. 셋째, 표준화 검사는 학생이 지니고 있는 여러 능력과 특성의 일부분에 대한 정보만 제공하므로 다른 정보와의 관련 속에서 종합적으로 검토되어야 한다. 넷째, 표준화 검사에는 오차가 있을 수 있으므로, 한 번의 검사 결과로 학생의 특성을 판단해서는 안 된다.

CHAPTER 2 교육평가 모형

[개념형] #목표 중심 모형

30 타일러(Tyler)의 목표 달성 모형의 절차와 특징 3가지를 설명하시오.

> 목표 달성 모형은 교육 목표 설정, 교육 목표 분류, 행동적 용어 진술, 평가 장면 설정, 측정 방법/도구 선정 개발, 자료 수집, 자료 분석 후 학생 성취와 행동 목표 비교의 단계로 이루어진다. 목표 달성 모형의 특징은 다음과 같다. 첫째, 교육 목표 성취의 실패는 교육 프로그램의 부적절함을 의미하며, 교육 목표의 성취는 교육 프로그램의 성공을 의미한다. 둘째, 교육 목표의 과학적·경험적 적절성을 판단하는 준거를 제공하여 교육 목표 선정에 기여한다. 셋째, 학습자에게 어떤 교수 방법이 적절한지에 대한 정보와 학습 결과를 제공하여 교수·학습 과정의 개선에 공헌한다.

[개념형] #목표 중심 모형

31 타일러(Tyler)의 목표 달성 모형의 장점과 단점 3가지를 각각 설명하시오.

> 목표 달성 모형의 장점은 다음과 같다. 첫째, 교육 목표를 행동 용어로 진술하여 평가 기준을 명확히 제시할 수 있다. 둘째, 교육 목표의 달성 정도가 평가 내용에 해당하므로 교육 목표, 교육 내용, 교육평가 간에 논리적 일관성을 유지할 수 있다. 셋째, 교사들이나 교육 프로그램의 개발자들에게 교육 활동에 대한 책무성을 가지도록 한다. 반면 단점은 다음과 같다. 첫째, 행동적 용어로 진술하기 어려운 정의적 특성 변화에 대한 평가가 어렵다. 둘째, 교육 목표가 미리 선정되어 있으므로 부수적·잠재적 교육 효과에 대한 평가가 불가능하다. 셋째, 결과에 대한 평가를 지나치게 강조하여 비교육적인 사태를 초래할 수 있다.

[개념형] #목표 중심 모형
32 프로버스(Provus)의 괴리 모형에서 표준, 수행 측정, 괴리 정보의 개념을 설명하고, 절차를 설명하시오.

> 괴리 모형에서 표준은 특정 대상이 갖추어야 할 자질 혹은 특성을 기술한 것으로, 목표로 이해할 수 있다. 수행 측정은 평가 대상의 실제 특성을 의미하며, 괴리 정보는 표준과 수행의 비교를 통해 도출된 정보를 의미한다. 괴리 모형의 절차는 프로그램 설계, 실행, 과정, 성과, 비용-효과 분석 단계로 이루어진다. 프로그램 설계 단계에서는 교육 프로그램의 투입, 과정, 산출 변인을 기술하고, 각각의 표준을 설정한다. 프로그램 실행 단계에서는 평가 표준(목표)과 준거를 열거하고, 그 적합도를 확인한다. 프로그램 과정 단계에서는 프로그램에서 계획한 변화가 발생하였는지를 확인할 자료를 수집한다. 프로그램 결과 단계에서는 목표 달성 정도를 확인하고, 다음 성취 목표와 비교하여 불일치 정도를 파악한다. 프로그램의 비용-효과 분석 단계에서는 수행 성과와 목표 달성을 위해 투입된 예산, 인력, 시간, 노력 등을 비용-효과 측면에서 대안적 프로그램과 비교·분석한다.

[개념형] #의사결정 모형
33 스터플빔(Stufflebeam)의 CIPP 모형에서 의사결정에 따른 평가 유형 4가지를 설명하시오.

> CIPP 모형에서 의사결정에 따른 평가 유형에는 상황 평가, 투입 평가, 과정 평가, 산출 평가가 있다. 상황 평가는 계획 단계의 의사결정에 도움이 되는 정보를 제공하기 위한 평가로, 구체적 상황이나 환경적 여건을 파악한다. 상황 평가의 결과는 이미 설정·운영되고 있는 목표와 새로 설정된 목표 간의 우선순위를 검토하여 조정하고, 바람직한 변화를 결정하기 위한 기초 자료로 활용한다. 투입 평가는 선정된 목표를 달성하는 데 적합한 전략과 절차를 설계하는 구조화 단계의 의사결정에 도움을 주는 평가로, 목표 달성을 위한 전략, 실행을 위한 설계 등의 활용 방법을 결정하는 데 필요한 정보를 수집하고 제공한다. 과정 평가는 프로그램이 계획대로 실행되고 있는지에 대한 정보를 수집하고 피드백을 제공하며, 수립된 전략이 실행되는 과정에서의 고려 사항과 발생 가능한 사건 등을 파악한다. 산출 평가는 프로그램이 관련 당사자들의 요구를 충족한 정도를 확인하고, 프로그램의 효과를 검토한다.

[개념형] #의사결정 모형
34 CIPP 모형의 개념과 평가 역할과 평가 유형 간의 관계에 따른 평가 방법을 설명하시오.

> CIPP 모형은 평가를 의사결정의 대안을 판단하는 데 유용한 정보를 서술, 획득, 제공하는 과정으로 보고, 목표 설정에서부터 설계, 실행, 결과에 이르기까지 전체 과정의 각 단계에 대한 적절한 평가를 수행한다. 평가 역할과 평가 유형 간의 관계에 따라 전향적 평가와 소급적 평가를 수행할 수 있다. 전향적 평가는 형성적 역할을 수행하는 평가로, 의사결정자를 도와주는 데 목적이 있다. 소급적 평가는 총괄적 역할을 수행하는 평가로, 책무성을 판단하기 위해 필요한 정보를 제공하는 데 목적이 있다.

[개념형] #의사결정 모형
35 CIPP 모형의 장점과 단점 3가지를 각각 설명하시오.

> CIPP 모형의 장점은 다음과 같다. 첫째, 프로그램의 어떤 단계에서도 여러 상황에 대한 평가가 가능하다. 둘째, 의사결정과 평가 간의 체계적인 접근이 가능하다. 셋째, 정보를 근거로 한 합리적인 의사결정이 가능하다. 반면 단점은 다음과 같다. 첫째, 평가 대상에 대한 정보를 제공할 뿐, 가치에 대한 평가는 하지 않는다. 둘째, 평가자와 의사결정자가 분리되어 있으므로, 평가자의 의견이 무시당할 수 있다. 셋째, 의사결정 과정이 불명확하고, 평가 자료를 활용한 의사결정 방법에 대해서도 정의하지 않았다.

[개념형] #의사결정 모형
36 김 교사는 교수 프로그램의 목표를 달성하기 위해 무엇이 요구되는지 살펴보려고 한다. 김 교사가 수행하려는 내용이 CIPP 모형의 평가 유형과 CSE 모형의 절차 중 어느 부분에 해당하는지 명칭과 개념, 특징을 설명하시오.

> 김 교사는 목표 달성을 위해 무엇이 요구되는지를 살펴보고 있으므로 CIPP 모형 중 투입 평가에 해당한다. 투입 평가는 선정된 목표를 달성하는 데 적합한 전략과 절차를 설계하려는 구조화 단계의 의사결정에 도움을 주기 위한 평가이다. 프로그램의 목표 달성을 위해 고려해야 할 요인, 제약 요인, 가용 자원을 탐색하고, 의사결정자가 요구와 환경에 비추어 적절한 대안을 고려하거나 계획을 전개하는 데 도움을 주며, 실패 가능성이 있거나 자원 낭비에 그칠 가능성이 있는 개혁 조치를 회피하도록 돕는다. 이는 CSE 모형의 절차 중 프로그램 계획 평가 단계에 해당한다. 프로그램 계획 평가는 체제 사정 평가에서 확인·선정된 교육적 요구를 충족시킬 수 있는 여러 방안 중 가장 효과적 방안을 선택하는 데 필요한 정보를 수집하는 과정이다. 정보를 수집할 때 내적인 부분과 외적인 부분에 대한 평가를 함께 진행한다.

[개념형] #의사결정 모형
37 앨킨(Alkin)의 CSE 모형의 개념과 특징 3가지를 설명하시오.

> CSE 모형은 의사결정에 필요한 정보를 선택, 수집, 분석하여 제공하는 평가 모형이다. CSE 모형의 특징은 다음과 같다. 첫째, 평가는 정보 수집 과정으로, 주로 대안적 조치에 대한 의사결정을 위해 사용될 수 있다. 둘째, 평가 정보는 의사결정자가 효과적으로 사용할 수 있는 방식으로 표현, 설계된다. 셋째, 다른 종류의 의사결정은 다른 종류의 평가 절차를 요구한다.

[개념형] #판단 중심 모형
38 최 교사는 프로그램이 본래 의도한 목표를 달성했더라도 그 외의 부수적인 효과 때문에 폐기될 수도 있고, 반대로 목표의 달성에는 실패했지만 긍정적인 부수적 효과가 커서 그 프로그램이 채택될 수 있으므로 목표와 관계없이 교육 관계자의 요구를 기준으로 프로그램의 실제 효과나 가치를 판단해야 한다고 생각한다. 최 교사가 적용할 수 있는 평가 모형의 명칭과 평가 방안 5가지를 설명하시오.

> 최 교사가 활용할 수 있는 평가 방안은 스크리븐(Scriven)의 탈목표 평가 모형이다. 탈목표 평가 모형의 평가 방안은 다음과 같다. 첫째, 의도한 효과를 평가하는 목표 중심 평가뿐만 아니라 목표 이외의 부수적인 효과를 평가하는 탈목표 평가를 중시해야 한다. 둘째, 프로그램 자체의 가치나 장단점, 효과 등을 따지는 비비교 평가뿐만 아니라, 다른 프로그램의 가치나 장점, 효과 등을 비교하는 비교 평가를 중시해야 한다. 셋째, 프로그램의 투표, 내용 선정과 조직 등 내재적 준거에 의한 과정 평가뿐만 아니라 프로그램이 발휘하는 실제 운영 상황, 프로그램의 효과 등 외재적 준거에 의해 결과 평가를 실시해야 한다. 넷째, 진행 중인 수업을 개선하기 위해 실시하는 형성평가와 이미 완성된 수업의 가치를 종합적으로 판단하는 총합평가를 구별하여 판단해야 한다. 다섯째, 정해진 목표의 성취 정도뿐만 아니라 목표 그 자체의 가치도 판단해야 한다.

[개념형] #판단 중심 모형
39 스크리븐(Scriven)의 탈목표 평가 모형의 개념을 설명하고, 장점과 단점 2가지를 각각 설명하시오.

> 탈목표 평가 모형은 프로그램이 의도한 효과뿐만 아니라 부수적인 효과까지 포함하여 실제 효과를 판단해야 한다는 것이다. 평가는 프로그램의 목표와 관계없이 교육 관계자의 요구에 따라 가치 판단이 이루어져야 한다. 탈목표 평가 모형의 장점은 다음과 같다. 첫째, 의도한 목표의 달성 정도뿐만 아니라 교육 과정 중에 발생하는 잠재적 결과까지 포함한 실제 효과를 평가할 수 있다. 둘째, 다양한 평가 방법을 활용하여 교육의 결과를 총체적으로 판단하는 전문적인 평가를 중시한다. 반면, 탈목표 모형의 단점은 다음과 같다. 첫째, 각각 다른 판단 준거를 사용하여 내린 성과를 같은 것으로 생각하는 문제를 낳을 수 있다. 둘째, 판단의 타당성을 검증할 수 있는 방법이 없다.

[개념형] #판단 중심 모형

40 스테이크(Stake)의 안면 모형(종합 실상 모형)의 선행 요건, 실행 요인, 성과 요인을 각각 설명하시오.

> 안면 모형(종합 실상 모형)은 평가 대상의 기술과 판단을 바탕으로 선행 요건, 실행 요인, 성과 요인을 수집하고 중점적으로 관찰·분석할 요소를 정한다. 선행 요건은 프로그램 실행 전에 존재하는 요건으로, 학습자의 특성, 교육과정, 교육 시설, 학교 환경 등이 있다. 실행 요인은 프로그램 실행 과정에 작용하는 변인으로, 학생-교사 간 또는 학생 간의 우연적 상호 작용, 질의, 설명, 토론, 숙제, 시험 등이 있다. 성과 요인은 프로그램에 의해 나타난 결과물로, 학습자의 학업 성취도, 흥미, 동기, 태도 등의 변화를 포함하여 교사, 학교, 학부모, 지역 사회에 미친 영향 등이 있다.

[개념형] #판단 중심 모형

41 아이즈너(Eisner)의 예술적 비평 모형 중 교육 비평의 3가지 측면을 설명하시오.

> 교육 비평의 3가지 측면에는 기술, 해석, 평가의 측면이 있다. 기술적 측면은 교육 현상을 사진을 보듯이 사실 그대로 표현하는 것으로, 관찰과 감상을 통해 얻은 교육 현상의 질적 속성을 정확하게 기술하고 묘사하는 데 중점을 둔다. 해석적 측면은 교육 현상에 대한 기술을 바탕으로 사회적 맥락 속에서 수행된 다양한 형태의 행동이 지닌 의미와 중요성을 이해하고 그 가치를 논리적으로 설명하는 것을 의미한다. 평가적 측면은 기술하고 해석한 현상에 대해 교육적 의미와 가치를 발견하고 질적으로 판단하는 것을 의미한다.

[개념형] #판단 중심 모형

42 아이즈너(Eisner)의 예술적 비평 모형의 장점과 단점 3가지를 각각 설명하고, 학생의 학습 기회를 확대시키기 위한 방안을 설명하시오.

> 예술적 비평 모형의 장점은 다음과 같다. 첫째, 전문가의 자질과 통찰력을 충분히 활용한 평가를 할 수 있다. 둘째, 교육과정의 질적 개선이 가능하다. 셋째, 전문가의 능력을 충분히 활용하여 일반인들은 알기 어려운 교육 현상을 인식할 수 있다. 반면 예술적 비평 모형의 단점은 다음과 같다. 첫째, 평가 과정이 전문가에 의해 좌우되므로 주관성을 배제하기 어렵다. 둘째, 편견과 부정이 개입될 소지가 있다. 셋째, 엘리트주의에 빠질 우려가 있다. 예술적 비평 모형을 활용하여 학생의 학습 기회를 확대시키기 위해서는 학생들이 의미 있는 학습을 경험하도록 교사가 교육적 상상력을 사용하여 교육과정을 재구성하고, 다양한 의사소통 양식을 활용하여 학생의 다양한 반응 양식을 개발하고 교육의 기회를 넓혀주어야 한다.

CHAPTER 3 평가 방법 선정과 개발

개념형 #평가 도구의 양호도 #타당도

43 윤 교사는 문항의 내용이 중요한 교과 내용을 보편적으로 포괄하고 있는지에 대한 타당도를 검증하려고 한다. 윤 교사가 고려해야 하는 타당도의 개념과 특징 2가지를 설명하시오.

> 윤 교사가 고려해야 하는 타당도는 내용 타당도이다. 내용 타당도는 평가 도구가 평가하려는 내용을 얼마나 충실히 측정하고 있는가와 관련된 타당도를 의미한다. 내용 타당도의 특징은 다음과 같다. 첫째, 내용의 논리적 분석에 근거하며, 측정하고자 하는 분야의 전문가가 주관적으로 판단한다. 둘째, 이원목적 분류표를 활용하여 타당도를 높일 수 있다.

개념형 #평가 도구의 양호도 #타당도

44 준거 타당도 중 공인 타당도와 예언 타당도에 대해 설명하시오.

> 공인 타당도는 새로운 검사 도구를 제작할 때 기존 검사와의 유사성을 기준으로 타당도를 검증하는 방법이다. 현재의 준거와 공통된 요인에 관심을 가지며, 새로운 연구의 가능성, 이론을 탐색할 때 사용한다. 객관적 정보를 제공한다는 장점이 있지만, 기존에 타당성을 인증받은 검사가 없는 경우 평가가 불가능하다는 단점이 있다. 예언 타당도는 피험자의 미래 행동이나 특성을 얼마나 정확하고 완전하게 예언하는가를 판단하는 타당도이다. 적성 검사와 같이 예언을 주된 기능으로 하는 검사에 사용된다. 객관적 정보를 제공한다는 장점이 있지만, 준거 점수를 수집하는 데 많은 시간이 필요하다는 단점이 있다.

개념형 #평가 도구의 양호도 #타당도

45 결과 타당도의 개념과 특징 2가지를 설명하시오.

> 결과 타당도는 검사 결과에 대한 가치 판단으로, 검사의 교육적·사회적 파급 효과 등을 통해 검사 도구의 타당도를 평가하는 방법이며, 검사 결과가 검사의 목적에 얼마나 부합했는지에 대한 검증을 의미한다. 결과 타당도의 특징은 다음과 같다. 첫째, 타당도의 관심 영역을 확대시켜 검사의 시행이나 파급 효과에 대한 전반적 검토의 필요성을 강조한다. 둘째, 검사가 의도한 결과와 원래 의도하지 않은 결과, 긍정적 결과와 부정적 결과, 실제적 결과와 잠재적 결과에 대한 원인에 초점을 두고 검사의 타당성을 판단한다.

[개념형] #평가 도구의 양호도 #신뢰도

46 신뢰도의 개념과 접근 방법 2가지를 설명하시오

> 신뢰도는 평가 도구가 '얼마나 정확하게', '얼마나 오차 없이' 측정하고 있는가의 정도로, 타당도와 달리 주로 계수로 수량화되며, 높은 신뢰도는 검사 결과가 일관적임을 의미한다. 신뢰도의 접근 방법에는 표준 오차 접근 방법과 상대적 순서 접근 방법이 있다. 표준 오차 접근 방법은 단일한 측정 대상을 동일한 평가 도구로 여러 번 측정한 결과가 어느 정도로 같은가를 알아보는 방법으로, 개인 내 변산 접근 방법 또는 측정 오차 접근이라고도 한다. 표준 오차는 여러 번 측정한 결과들이 추정 점수를 중심으로 변산되어 있는 구간을 의미하므로 신뢰 구간이라고도 하며, 신뢰 구간이 좁을수록 측정 점수가 유사함을 의미한다. 상대적 순서 접근 방법은 한 집단에게 두 번의 측정을 실시하고, 첫 번째 실시했을 때의 측정 점수의 상대적 순서와 두 번째 실시했을 때의 상대적 순서가 어느 정도 일치하는가를 알아보는 방법으로, 개인 간 변산 접근 방법이라고도 한다. 측정 점수의 안정성, 신뢰성, 예언성을 확인한다.

[개념형] #평가 도구의 양호도 #신뢰도

47 정 교사는 반 학생들에게 동일한 인성 검사를 두 번 실시했다. 정 교사가 인성 검사에 대한 신뢰도를 측정할 때, 사용할 신뢰도 추정 방법의 개념과 단점 3가지를 설명하시오.

> 정 교사가 사용할 신뢰도 추정 방법은 재검사 신뢰도이다. 재검사 신뢰도는 한 개의 검사를 같은 집단에 두 번 실시하여 그 전후의 결과에서 얻은 점수를 기초로 신뢰도를 추정하는 방법으로, 전후 검사의 점수 사이에 어느 정도의 안정성이 있는가를 나타낸다. 재검사 신뢰도의 단점은 다음과 같다. 첫째, 검사를 두 번 실시하는 과정에서 동일한 검사 환경을 조성하기 어려운 점 등 여러 가지 조건을 통제하기 어렵다. 둘째, 전후 검사 간의 실시하는 시간 간격이 짧으면 기억 효과나 연습 효과로 인해 신뢰도가 과대 추정될 수 있다. 셋째, 전후 검사 간의 실시하는 시간 간격이 너무 길면 피험자의 능력이나 성숙 효과 등으로 신뢰도가 과소 추정될 수 있다.

[개념형] #평가 도구의 양호도 #신뢰도

48 동형검사 신뢰도의 개념을 설명하고, 장점과 단점 2가지를 각각 설명하시오.

> 동형검사 신뢰도는 미리 두 개의 동형검사를 제작하고 그것을 동일한 피험자에게 실시하여 얻은 점수 사이의 상관을 산출하는 방법으로, 두 개의 동형검사의 동형성 정도를 확인할 때 활용한다. 동형검사 신뢰도의 장점은 다음과 같다. 첫째, 검사의 시간 간격이 문제되지 않는다. 둘째, 기억 효과나 연습 효과를 통제할 수 있다. 반면 단점은 다음과 같다. 첫째, 검사를 두 번 실시하는 과정에서 동일한 검사 환경을 조성하기 어려운 점 등 여러 가지 조건을 통제하기 어렵다. 둘째, 신뢰도가 낮게 나올 경우 원래 그 검사의 신뢰도가 낮은 것인지, 아니면 동형검사 제작에 실패한 것인지 원인을 파악하기 어렵다.

[개념형] #평가 도구의 양호도 #신뢰도

49 문항 내적 합치도의 개념을 설명하고, 장점과 단점 2가지를 각각 설명하시오.

> 문항 내적 합치도는 문항을 각각 독립된 한 개의 검사로 간주하여 그들 사이의 합치성, 동질성, 일치성을 종합하여 신뢰도를 추정하는 방법이다. 검사에 포함된 문항들에 대한 반응의 일관성 정도를 의미하며, 문항의 동질성에 따라 좌우되므로 동질성 계수라고도 한다. 또한 동질적인 학습 성과를 측정하기 위한 검사에 활용한다. 문항 내적 합치도의 장점은 다음과 같다. 첫째, 한 번의 검사로 신뢰도를 추정할 수 있다. 둘째, 단일한 신뢰도 계수를 추정할 수 있다. 반면, 단점은 다음과 같다. 첫째, 속도 검사에 사용하기 어렵다. 둘째, 모든 문제의 특성(난이도, 영역 등)이 같다고 전제할 때에만 유용하다.

[개념형] #평가 도구의 양호도 #신뢰도

50 신뢰도를 향상시키기 위한 방법 5가지를 설명하시오.

> 신뢰도를 향상시키기 위한 방법은 다음과 같다. 첫째, 검사가 너무 어렵거나 쉬우면 검사 불안과 부주의가 발생하여 실제 능력을 발휘하지 못하게 되므로 문항의 난이도가 적절해야 한다. 둘째, 변별도가 높은 문항을 많이 포함하고 있는 검사가 변별도가 낮은 문항을 많이 포함하고 있는 검사보다 신뢰도가 높다. 셋째, 검사 내용의 범위가 좁으면 문항 간의 동질성을 유지할 수 있기 때문에 검사 문항의 측정 범위가 좁을수록 신뢰도가 높아진다. 넷째, 누구나 능력껏 풀어 볼 수 있는 역량 검사가 검사의 속도를 강조하는 속도 검사보다 신뢰도가 높다. 다섯째, 한 검사에 포함되는 문항 표본이 문항 모집단을 잘 대표하는 표본일수록 신뢰도가 높아진다.

개념형 #평가 도구의 양호도 #타당도 #신뢰도

51 타당도와 신뢰도의 관계를 설명하시오.

> 한 검사가 측정한 검사 점수에서 오차 점수를 빼면 나머지는 신뢰도가 되며, 이 신뢰도는 타당도와 비타당도로 구성된다. 따라서 신뢰도가 있어야 타당도가 보장되므로 신뢰도는 타당도의 필요조건이 된다. 그러나 신뢰도가 높다고 해서 반드시 타당도가 높아지는 것은 아니므로 타당도는 신뢰도의 충분조건이 된다.

개념형 #평가 도구의 양호도 #객관도

52 객관도의 개념과 객관도를 향상시키기 위한 방법 5가지를 설명하시오.

> 객관도는 채점자 신뢰도로, 채점자가 주관적 편견 없이 얼마나 공정하게 채점하는가의 정도를 의미한다. 채점자 신뢰도에는 채점자 내 신뢰도와 채점자 간 신뢰도가 있다. 평가 대상에 대한 채점자의 반응과 관련된 개념이라는 점에서 검사 도구에 대한 평가 대상의 반응과 관련된 신뢰도와 구분된다. 객관도를 향상시키기 위한 방법은 다음과 같다. 첫째, 명확한 채점 기준을 미리 정해두어야 한다. 둘째, 채점 기준을 위해 모범 답안지를 만들어 두어야 한다. 셋째, 편견이나 오차가 작용하지 않도록 답안 내용에 충실하여 채점해야 한다. 넷째, 답안지는 학생 단위가 아닌 문항 단위로 채점해야 한다. 다섯째, 가능하면 여러 사람이 채점한 결과 점수를 평균하여 종합해야 한다.

개념형 #평가 도구의 양호도 #실용도

53 실용도의 개념과 실용도를 향상시키기 위한 방법 3가지를 설명하시오.

> 실용도는 검사 도구가 비용, 시간, 노력 등을 적게 들여 목표를 충실하게 달성하는 정도로, 실용도를 지나치게 강조할 경우 타당도가 낮아질 수 있다. 실용도를 향상시키기 위한 방법은 다음과 같다. 첫째, 검사의 실시 방법이 용이해야 한다. 둘째, 검사의 실시 시간이 검사 내용에 적절해야 한다. 셋째, 검사 결과에 대한 채점 방법이 용이해야 한다.

[개념형] #평가 도구의 제작
54 평가 문항의 제작 절차를 설명하시오.

> 평가 문항의 제작 절차는 다음과 같다. 첫째, 평가 목적을 확인하고 구체화한다. 둘째, 이원목적 분류표를 비롯하여 검사 소요 시간, 문항 수, 문항 유형, 문항 난이도 수준, 지시 사항, 시행 절차, 채점 방법 등이 포함된 출제 계획서를 작성한다. 셋째, 문항 제작의 기본 원리, 좋은 문항의 조건 등을 숙지하여 평가 목적에 적합한 문항을 제작한다. 넷째, 시험의 목적, 시험 기간, 답안지 작성 방법 등을 포함한 지시문을 작성한다. 다섯째, 같은 결과를 측정하는 문항끼리 배열하고, 난이도가 낮은 문제에서 높은 문제의 순서로 배열한다. 여섯째, 개발된 문항은 평가 대상의 집단에 대하여 소규모 예비 검사를 실시하여 문제점을 수정하고 이를 보완한다. 마지막으로 문항의 개발이 완료된 검사 문항들은 합리적인 배열과 편집의 과정을 거쳐 최종 인쇄한다.

[개념형] #평가 도구의 제작 #평가 문항의 제작
55 문항 제작의 기본 원리 3가지를 설명하시오.

> 문항 제작의 기본 원리에는 적절성, 복합성, 참신성이 있다. 적절성은 문항 내용과 측정 목적의 일치성 여부를 확인하고 타당도를 고려해야 한다는 것이다. 즉, 타당도에 따라 문항 내용이 교수 목표를 성취할 수 있는 기회를 담고 있어야 한다. 복합성은 질문의 내용이 단순 기억에 의한 사실보다는 고등 정신 기능인 분석, 종합, 평가 등의 능력을 측정할 수 있는 문항이어야 한다는 것이다. 참신성은 내용 측면이나 형식 측면에서 기존에 존재하는 진부한 형태의 문항이 아니라 새로운 문항이어야 한다는 것을 의미한다. 즉, 문항의 질문이 학생에게 새로운 경험을 제공할 수 있어야 한다.

[개념형] #평가 도구의 제작 #평가 문항 유형
56 선택형 평가 문항을 제작할 때의 유의 사항 5가지를 설명하시오.

> 선택형 평가 문항을 제작할 때의 유의 사항은 다음과 같다. 첫째, 출제자의 출제 의도가 학생에게 정확하게 전달되어야 한다. 문항을 쉬운 용어로 간결하고 분명하게 서술하고, 복잡한 어구나 배열을 피해야 한다. 둘째, 평가 목표와 각 문항 내용은 일치되어야 한다. 셋째, 평가가 주요한 학습 방법임을 분명히 하고 문항을 제작해야 한다. 넷째, 문항은 쉬운 것에서부터 어려운 것으로 제시되어야 하고, 문항이나 문항 안의 내용이 논리적인 순서를 가지고 있다면 그러한 순서대로 제시되어야 한다. 다섯째, 조건이나 예외 없이 절대적으로 맞거나 틀리는 사실에 근거하여 문항이 작성되어야 한다.

[개념형] #평가 도구의 제작 #평가 문항 유형

57 선택형 문항의 종류 3가지를 설명하고, 각각의 장점과 단점을 설명하시오.

> 선택형 문항에는 진위형, 배합형, 선다형이 있다. 진위형은 어떤 진술에 대하여 진이면 O를, 위면 ×를 표시하도록 하는 문항이다. 문항이 단순하여 기본 지식을 측정하는 데 적합하고 주어진 시간 안에 많은 문항을 다룰 수 있으며, 문항을 쉽게 제작할 수 있다는 장점이 있다. 반면, 추측 요인이 크게 작용하여 신뢰도가 낮으며, 단순히 기억에만 의존하는 단편적인 지식에 치중하기 쉽다. 배합형은 용어, 명칭, 구, 개념, 또는 불완전 문장으로 구성된 전제와 항목으로 이루어진 반응군의 답지에서 서로 관계되는 것을 찾아 연결하도록 하는 문항 형식이다. 고등 정신 능력에 관련된 분석·판단·비교·해석 능력 등을 측정할 수 있고, 객관적 채점을 통해 검사의 객관도 및 신뢰도를 높일 수 있으며, 검사 목적에 따라 다양하게 변형할 수 있다는 장점이 있다. 반면, 사실의 기억만을 평가할 가능성이 높으며, 동질적인 전제와 답지를 만들기 어렵다는 단점이 있다. 선다형은 한 문제에 대하여 세 개 이상의 항목 중 정답 또는 가장 적절한 답을 고르게 하는 문항이다. 문항 형식이 갖는 융통성·신축성이 크고, 채점이 쉽고, 객관적·기계적 채점으로 객관성·신뢰성이 높다는 장점이 있지만, 다른 선택형에 비해 좋은 문장을 만들기가 어렵다는 단점이 있다.

[개념형] #평가 도구의 제작 #평가 문항 유형

58 논문형 문제의 종류 2가지와 채점 기준 작성 방법 2가지를 설명하시오.

> 논문형 문제의 종류에는 응답 제한 논문형과 응답 자유 논문형이 있다. 응답 제한 논문형은 학생의 성취도를 측정하고, 이해 수준 이상의 행동을 측정하는 데 사용한다. 응답 자유 논문형은 답안의 최대 길이가 수험생 개인의 능력 수준과 시험 시간에 의해 간접적으로 제한을 받는 문항 형식이다. 논문형 문항의 채점 기준 작성 방법으로는 분석적 배점법과 총괄적 평정법이 있다. 분석적 배점법은 모범답안의 내용을 몇 개의 요소로 나누어 요소별 배점을 정하고 합산하는 방식으로, 객관성과 폭넓은 점수 분포가 요구되는 선발 시험의 채점 방식으로 적합하다. 총괄적 평정법은 전체를 하나의 채점 단위로 보아 질적으로 채점하는 경우에 활용하는 방식으로, 응시자 수가 적고 반응의 자유가 커서 분석적 배점법을 사용할 수 없을 때 적합하다.

[개념형] #평가 도구의 제작 #평가 문항 유형

59 선다형 문항 제작 시 유의 사항 3가지를 설명하시오.

> 선다형 문항 제작 시 유의 사항은 다음과 같다. 첫째, 선다형 문항에서 답지에 반복되는 말은 문항에 포함시켜 표현해야 한다. 둘째, 선다형 문항의 답지 작성에 있어서 그 의미나 내용이 중복되지 않도록 해야 한다. 셋째, 선다형 문항에서 술어의 정의를 다룰 때는 문제에 술어를, 답지에 정의를 두도록 해야 한다.

[개념형] #평가 도구의 제작 #평가 문항 유형

60 서답형 문항의 종류 3가지를 설명하고, 장점과 단점을 각각 설명하시오.

> 서답형 문항의 종류에는 단답형, 완성형, 논문형이 있다. 단답형은 간단한 어구나 문장, 숫자나 기호 등을 사용하여 비교적 간단한 형태로 반응하기를 요구하는 문항이다. 추측 요인의 영향을 배제할 수 있고, 문항 제작이 용이하며, 여러 가지 지식을 측정하는 데 적합하다는 장점이 있지만, 단편적이고 사실적인 지식 수준 이상의 지적 능력을 측정하는 데 부적합하며, 채점의 주관성을 완전히 배제하기 어렵다는 단점이 있다. 완성형은 진술문의 일부를 빼놓고 학생에게 적합한 단어, 어구, 기호 등을 삽입하여 완전한 문장을 만들도록 하는 문항이다. 문항 형식이 간단히 대답할 수 있도록 구성되어 있으면서도 선택형처럼 구조화되어 있지 않기 때문에 추측의 요인을 최대한 배제할 수 있다는 장점이 있지만, 추리, 해석, 비판, 비교, 분석 등의 고등 정신 기능을 측정하기 어렵고, 유사한 정답 가능성으로 채점이 쉽지 않다는 단점이 있다. 논문형은 단답형 및 완성형과 달리 문항의 답을 서술 또는 논술하는 형태의 문항이다. 반응의 자유도가 크고 고등 정신 기능을 측정하는 데 효과적이며 문항 제작이 쉽다는 장점이 있지만, 채점의 객관성과 신뢰성에 대한 문제가 발생할 수 있으며, 출제할 수 있는 문항 수가 많지 않아 검사의 타당도와 신뢰도를 낮출 가능성이 높고, 채점에 많은 시간과 노력이 들어간다는 단점이 있다.

[사고형] #평가 도구의 양호도

61 서·논술형 평가 채점이 공정하고 신뢰로운 채점이 되도록 교사가 할 수 있는 노력 5가지를 쓰시오.

> 첫 번째, 서·논술형 문항 채점 시 학생의 정보를 가리고 채점한다. 두 번째, 서·논술형 평가 문항의 채점과 재검은 담당 교과 교사가 1명인 경우를 제외하고는 동료 교사와 공동으로 실시한다. 세 번째, 채점자는 채점 기준을 숙지하고 동료 교사와 충분한 공유를 통해 채점자 내 신뢰도와 채점자 간 신뢰도를 확보한다. 네 번째, 채점 기준표에 따라 채점하며, 채점 근거를 명시해 놓아야 한다. 다섯 번째, 점수를 답안지에 분명하게 작성하며, 전산 처리 시 기입 오류가 없는지 재차 확인한다.

CHAPTER 4 평가 결과의 활용

개념형 #평가의 오류

62 김 교사는 입시 면접에서 인상이 좋은 지원자 A에게 높은 점수를 주었다. 김 교사가 저지른 평가 오류의 개념과 특징 2가지를 설명하시오.

> 김 교사가 저지른 평가 오류는 인상의 오류이다. 인상의 오류는 평가 대상의 인상이 평정에 영향을 주는 오류를 의미한다. 인상의 오류의 특징은 다음과 같다. 첫째, 평가 대상자의 선입견에 따라 오차가 발생하므로 주관적이다. 둘째, 객관적인 평가보다 수행평가와 같은 질적 평가에서 주로 발생한다.

개념형 #평가의 오류

63 평가 오류를 최소화할 수 있는 방안 3가지를 설명하시오.

> 평가 오류를 최소화할 수 있는 방안은 다음과 같다. 첫째, 평가 대상의 행동 특성을 명확하게 정의하고, 관찰 가능한 구체적 평가 기준을 명시해야 한다. 둘째, 평가 시 발생할 수 있는 오류에 관한 정보를 제공하여 평가자를 훈련시켜야 한다. 이때, 평가자는 평가의 오류를 정확하게 숙지하고 오류에 빠지지 않도록 객관적으로 평가해야 한다. 셋째, 평가자 내 신뢰도, 평가자 간 신뢰도 등을 산출하여 평가 결과의 신뢰도와 객관도를 확인해야 한다.

개념형 #문항 분석 #고전 검사 이론

64 고전 검사 이론의 문항 난이도의 개념과 규준 지향 평가와 목표 지향 평가의 관점에서 문항 난이도를 설명하시오.

> 문항 난이도는 한 문항의 쉽고 어려운 정도를 의미하며, 전체 학생 중 정답자의 비율로 나타낸다. 규준 지향 평가(상대평가)에서는 난이도가 낮은 문항부터 높은 문항까지 골고루 포함되는 것이 바람직하며, 문항 난이도(P)가 20 ~ 80% 사이의 문항을 배열하여 평균 난이도가 50%일 때 바람직하다고 본다. 목표 지향 평가(절대평가)에서는 문항 난이도(P)가 100%일 경우 교수·학습이 성공한 증거로 보고, 0%이면 교수·학습의 실패에 따라 이를 개선해야 할 증거로 본다.

개념형 #문항 분석 #고전 검사 이론

65 고전 검사 이론의 문항 변별도의 개념과 해석 방법을 설명하시오.

> 문항 변별도는 한 문항이 상위 집단과 하위 집단의 학생을 변별하는 정도로, 총점을 성적순으로 배열했을 때의 중앙치를 중심으로 상위 집단과 하위 집단으로 나누어 계산한다. 측정하고자 하는 능력의 상하를 정확히 변별한다는 것은 측정하고자 하는 능력을 충실히 재는 것이므로 문항 변별도는 문항 타당도에 해당한다. 문항 변별도는 $-1.0 \sim +1.0$ 사이에 분포하는데, 변별도가 $-$인 경우 하위 집단 정답자 수가 상위 집단 정답자 수보다 많은 것을 의미하고, 변별도가 $+$이면서 값이 크게 나올수록 변별력이 높은 바람직한 문항에 해당한다.

개념형 #문항 분석 #문항 반응 이론

66 문항 반응 이론의 개념과 해석 방법을 설명하시오.

> 문항 반응 이론은 문항 하나하나를 바탕으로 문항의 특성을 분석하는 방법이다. 비평가자 집단의 특성과 관계없이 문항마다 고유한 문항 특성 곡선을 가지며, 문항 난이도와 문항 변별도는 문항 특성 곡선에 의해 규정된다. 학생의 능력은 $-3 \sim +3$ 사이에 위치하며, 정답을 맞힐 확률은 $0 \sim 1$ 사이에 위치한다. 이를 통해 검사 난이도와 관계없이 비평가자의 능력을 일관성 있게 추정할 수 있다.

MEMO

메가쌤
교육학
개념 인출서
인출 연습문제 & 모범답안

PART 05

교육심리

CHAPTER 1 | 학습자의 인지적 특성
CHAPTER 2 | 학습자의 정의적 특성
CHAPTER 3 | 학습자의 발달
CHAPTER 4 | 학습 이론
CHAPTER 5 | 적응과 부적응

CHAPTER 1 학습자의 인지적 특성

개념형 #지능 #지능의 측정 #지능 지수 해석의 유의점

01 지능 지수를 해석할 때의 유의점 5가지를 설명하시오.

> 지능 지수를 해석할 때의 유의점은 다음과 같다. 첫째, IQ는 개인 지적 기능의 한 가지 지표일 뿐 이므로 과잉 해석을 피해야 한다. 둘째, IQ에는 오차가 존재할 수 있으므로 하위 요인에 더 주목해 야 한다. 그러나 그 하위 요인 마저도 오차가 클 수 있으므로 유의해야 한다. 셋째, IQ 검사를 맹신 하지 말고, 부정확할 수 있다는 합리적이고 융통성 있는 생각을 가져야 한다. 넷째, IQ 외 과거의 성적, 정서적 성숙도, 적응도, 흥미, 건강 등과 같은 다른 요소를 함께 고려해야 한다. 다섯째, IQ 점수를 근거로 학습자에 대해 저능아, 천재와 같이 섣부른 판단을 하는 것은 위험하다.

개념형 #지능 #지능 이론

02 스피어만(Spearman)의 일반 요인설의 개념을 설명하고, 일반 요인(g요인)과 특수 요인(s요인)을 각각 설명하시오.

> 일반 요인설은 인간의 지능이 일반 요인(g요인)과 특수 요인(s요인)으로 구성되며, 두 요인이 함께 정신 과제에 대한 수행을 결정한다는 것이다. 일반 요인(g요인)은 내용을 초월하여 공통적으로 작 용하는 능력으로, 이해력이나 아이디어를 관계 짓는 능력, 즉 지능의 본질(언어, 수, 정신 속도, 주 의, 상상의 5가지 요인)을 의미한다. 특수 요인(s요인)은 특정 영역의 문제를 해결하는 데 사용되 는 능력으로, 구체적인 과제에만 관여하는 능력(예술과 신체 능력 요인)을 의미한다.

개념형 #지능 #지능 이론

03 카텔(Cattell)의 지능 이론에서 주장한 지능의 일반 요인을 설명하시오.

> 카텔(Cattell)의 지능 이론에서는 지능을 유동성 지능과 결정적 지능으로 구분하였다. 유동성 지능 은 선천적으로 타고나는 지적 능력으로, 암기, 지각, 추리 등 정보의 관계를 파악하는 능력이나 기 억력과 관계된 능력이다. 유동성 지능은 인생 초기에 급격히 발달하고, 청년기 이후 연령의 증가 에 따라 감소한다. 결정적 지능은 후천적 경험에 의해 발달한 지적 능력으로, 언어 능력, 문제 해 결 능력 등 경험의 영향을 받는 능력이다. 결정적 지능은 연령에 따라 서서히 증가한다.

[개념형] #지능 #지능 이론
04 스턴버그(Sternberg)의 삼원 지능 이론에서 지능의 3가지 요소와 성공 지능에 대해 설명하시오.

> 삼원 지능 이론에서는 지능을 성분적 요소, 경험적 요소, 맥락적 요소로 분류한다. 성분적 요소는 정보를 분석·평가·비교하는 데 필요한 지능으로, 개인의 정신 작용을 상위 성분, 수행 성분, 지식 습득 성분으로 설명한다. 경험적 요소는 경험과 관계된 창조적인 지능으로, 신기성과 자동화 능력으로 구성된다. 맥락적 요소는 실제 상황에 대한 문제 해결 능력으로, 실제적 적응 능력과 사회적 유능성으로 구분된다. 삼원 지능 이론은 성공 지능 이론이라고도 불리는데, 성공 지능은 분석적·창의적·실제적 지능이 균형을 이룰 때의 지능을 의미한다. 성공 지능이 높은 사람은 가지고 있는 능력의 사용 시기와 방법을 인지하여 적절하게 활용할 수 있는 특징이 있다.

[개념형] #지능 #지능 이론
05 가드너(Gardner)의 다중 지능 이론의 의의와 다중 지능 이론을 적용한 교육 프로젝트 접근법 2가지를 설명하시오.

> 다중 지능 이론의 의의는 지능 지수(IQ) 외에 감성 지능(EQ)과 운동 지능, 음악 지능 등 새로운 지능의 종류를 제시하여 지능의 다양성을 제시했다는 것이다. 또한 사람마다 개별적으로 발달된 지능이 다르다고 보고 개별 학습과 재능 교육의 이론적 기반을 마련했다. 다중 지능 이론을 적용한 교육 프로젝트 접근법에는 PIFS(Practical Intelligences For School)와 Art PROPEL이 있다. PIFS는 학교 학생들을 위한 인지 개발 수업 모형으로서 초인지 기술과 학교의 다양한 교육 활동에 대한 학생들의 이해 능력을 증진시키려는 목적으로 개발된 프로그램이다. 학문적인 지능이 자신을 파악하는 개인 이해 지능이나 학교라는 사회적 환경에 적응하는 대인 관계 지능과 결합하여 성공적인 학교 생활을 어떻게 가능하게 하는지 보고자 하는 목적이 있다. Art PROPEL은 고등학교 예술 교육과정 및 평가 프로그램으로, 평가 결과를 계량적으로 제시하지는 못하지만, 학생들의 적극적인 참여를 유도하고 자신의 작품을 돌아보게 한다는 점에서 학습자의 강점을 살리는 데 기여할 수 있다.

[개념형] #지능 #지능 이론
06 가드너(Gardner)의 다중 지능 이론의 개념을 설명하고, 장점과 단점 2가지를 설명하시오.

> 다중 지능 이론은 지능의 속성이 처음부터 서로 별개의 것이며, 각각의 지능은 상호 독립 또는 상호 작용적으로 작동된다는 것으로, 사회·문화적 맥락의 영향을 받는 9개의 다중 지능을 제시했다. 다중 지능 이론의 장점은 다음과 같다. 첫째, 선천적 요인인 지능을 제시하고, 후천적 발달을 돕는 교육의 중요성을 제시했다. 둘째, 다양한 지능 요인의 상호 작용과 개별적 지능의 다양성을 제시했다. 반면, 다중 지능 이론의 단점은 다음과 같다. 첫째, 지능 발달의 인지적 요인이나 내재적 동기화가 미치는 영향에 대한 설명이 부족하다. 둘째, 지능과 학업 성취도의 밀접한 관계 외에 영향을 미치는 다른 요인의 규명이 부족하다.

[개념형] #지능 #지능 이론
07 가드너(Gardner)의 다중 지능 이론에서 제시한 지능 9가지를 설명하시오.

> 다중 지능 이론에서의 지능의 종류에는 언어적 지능, 논리 수학적 지능, 공간적 지능, 자연 관찰 지능, 신체 운동적 지능, 음악적 지능, 대인 관계적 지능, 개인 내적 지능, 실존 지능이 있다. 언어적 지능은 언어 분석력, 복잡한 어문 자료와 은유를 이해하는 능력이다. 논리 수학적 지능은 수학적 상징 체계를 숙달하고, 관련된 문제를 해결하는 능력이다. 공간적 지능은 시공간 세계를 정확하게 지각할 수 있는 능력이다. 자연 관찰 지능은 주변의 사물을 자세히 관찰하여 공통점이나 차이점을 찾고 분석하는 능력이다. 신체 운동적 지능은 자신의 신체를 완벽하게 이해하고 조절할 수 있는 능력이다. 음악적 지능은 음악적 상징 체계에 민감하게 반응하고, 이를 바탕으로 음악을 창조하는 능력이다. 대인 관계적 지능은 사회 환경 속 미묘한 단서를 활용하고, 적절히 반응할 수 있는 능력이다. 개인 내적 지능은 자신의 감정을 인식할 수 있고, 감정을 구별하여 행동의 방향을 결정하는 데 사용하는 능력이다. 실존 지능은 철학적이고 종교적인 사고를 할 수 있는 능력으로, 아동에게는 나타나지 않는다.

개념형 #지능 #지능의 측정 #지능 검사

08 비네(Binet)와 터만(Terman)의 지능 측정 검사를 설명하시오.

> 비네(Binet)의 지능 검사는 과제 해결 과정에서 기억력, 상상력, 주의 집중력, 이해력 등의 정신 능력을 측정하는 검사로, 지적 능력을 비교하는 데 도움을 준다. 스탠포드 – 비네 지능 검사는 보편적으로 사용되고 있는 검사법으로, 학업 성취도와 관계되는 언어적인 측면을 주로 검사한다. 터만(Terman)의 지능 검사는 지능 지수(IQ)를 학생의 정신 연령(MA)과 생활 연령(CA)을 대비시킨 비율로 제안했다. 그러나 정신 연령은 생활 연령만큼 증가하지 않기 때문에 나이가 많을수록 IQ가 점차 낮아지는 결과가 발생하고, 연령이 다른 사람끼리는 비교가 불가능하다는 단점이 있다.

개념형 #지능 #지능 이론

09 감성 지능의 개념과 이를 길러 줄 수 있는 수업 방법 2가지를 설명하시오.

> 감성 지능은 자신과 타인들의 감정을 이해하고 적절하게 표현하며 이를 조정할 수 있는 능력이다. 감성 지능을 길러줄 수 있는 수업 방법에는 토의·토론 수업과 자기 평가를 활용한 수업이 있다. 토의·토론 수업을 통해 하나의 주제에 대해 다양한 의견을 가지고 합의점을 찾아가는 과정에서 자신의 감정을 표현하고 타인이 느끼는 감정을 이해하는 능력을 기를 수 있다. 자기 평가 활용 수업은 토론 과정에서 자신이 느낀 감정을 어떻게 표현했는지, 다른 학생의 감정은 어떠했는지 평가하여 공감 능력을 확대하는 수업 방법이다.

개념형 #창의력 #인지적 요소

10 길포드(Guilford)가 주장한 창의력의 개념과 인지적 요소 4가지를 설명하시오.

> 길포드(Guilford)는 조작 차원 지능의 하위 요소인 확산(발산)적 사고가 창의성과 관련이 있다고 주장하며, 창의력은 새롭고 신기한 것을 낳는 힘을 의미한다고 보았다. 창의력의 인지적 요소에는 문제 사태에 대한 감수성, 사고 활동의 유창성, 사고의 융통성, 사고와 행동의 참신성이 있다. 문제 사태에 대한 감수성은 문제 사태에 대한 인식 능력과 그것에 대한 진술 능력이다. 사고 활동의 유창성은 짧은 시간에 많은 아이디어를 폭넓게 생성하는 능력이다. 사고의 융통성은 자신의 창의 과정을 성찰하는 능력이다. 사고와 행동의 참신성은 희소 가치와 새로운 것을 만드는 능력이다.

개념형 #창의력

11 창의력 이론의 장점과 단점 2가지를 각각 설명하시오.

> 창의력 이론의 장점은 다음과 같다. 첫째, 학습자의 높은 자기 확신과 기대감을 조장할 수 있다. 둘째, 지능에 의한 학교 학습과 함께 창의성에 의한 학교 학습의 효과가 입증된다. 반면, 단점은 다음과 같다. 첫째, 창의성 개념이 인지에 대한 것인지 정의에 대한 것인지 모호하다. 둘째, 창의성 신장의 다양한 방안을 실제 학교 현장에서 활용하기 어렵다.

개념형 #창의력 #창의력 계발 기법

12 박 교사는 학생들에게 창의성을 발휘하여 해결할 수 있는 학습 과제를 제시하고, 비판 없이 자유롭게 생각을 교환할 수 있도록 하였다. 박 교사가 사용한 창의력 계발 기법의 개념과 기본 원리 4가지를 설명하시오.

> 박 교사가 사용한 창의력 계발 기법은 브레인스토밍이다. 브레인스토밍은 오스본(Osborn)이 제안한 기법으로, 창의적 아이디어를 산출하기 위해 자유롭게 아이디어를 제안하고 토의하는 기법이다. 브레인스토밍의 4가지 원리는 다음과 같다. 첫째, 상대방의 아이디어를 비판해서는 안 되며, 판단이나 평가는 유보해야 한다. 둘째, 다양한 아이디어를 자유롭게 이야기해야 한다. 셋째, 가능한 많은 아이디어를 제시해야 한다. 넷째, 다른 아이디어와 결합하여 새로운 아이디어를 제시해야 한다.

개념형 #창의력 #창의력 계발 기법

13 시네스틱 기법의 개념과 유추 기법 4가지를 설명하시오.

> 시네스틱 기법은 유추를 통해 친숙한 것을 생소한 것으로, 생소한 것을 친숙한 것으로 보이도록 만드는 과정을 통해 창의성을 증진시키는 기법이다. 시네스틱 기법의 유추 기법에는 직접 유추, 의인 유추, 상징적 유추, 환상적 유추가 있다. 직접 유추는 두 가지를 직접적으로 연관시키는 것이다. 의인 유추는 대상에 심리적인 감정 이입을 경험하도록 하는 것이다. 상징적 유추는 두 개의 서로 모순된 단어를 가지고 어떤 현상을 기술하도록 하는 것이다. 환상적 유추는 비현실적인 유추를 사용하는 유추 방법이다.

[개념형] #창의력 #창의력 계발 기법
14 창의력 신장을 위한 수업 방법과 교사의 태도 3가지를 각각 설명하시오.

> 창의력 신장을 위한 수업 방법은 다음과 같다. 첫째, 창의적 아이디어나 행동에 대한 적절한 보상을 제공하여 창의력에 가치를 부여한다. 둘째, 실수나 오류에 대해 허용적인 분위기를 조성한다. 셋째, 교과의 완전 학습을 바탕으로 창의력이 나타나므로 완전 학습을 제공한다. 이때 교사의 태도는 다음과 같아야 한다. 첫째, 학생들이 독립적으로 학습할 수 있도록 격려해야 한다. 둘째, 협동적·사회적·통합적인 수업을 진행해야 한다. 셋째, 학생들이 유연한 사고를 할 수 있도록 격려하고, 자기 평가를 하도록 장려해야 한다.

[개념형] #인지 양식
15 장 의존형의 개념과 특징 3가지를 설명하시오.

> 장 의존형은 외부 영향에 따라 사회적으로 정해진 규칙이나 원리를 잘 수용하고 따르는 학습 유형이다. 장 의존형의 특징은 다음과 같다. 첫째, 직관적인 경험에 근거하여 학습 내용을 수용하려는 경향이 있다. 둘째, 전체적으로 사물을 보기 때문에 구체적으로 분리하여 보는 것을 어려워하는 경향이 있다. 셋째, 주어진 환경에서 자연스럽게 이루어지는 학습을 선호하고, 인간관계를 중시하여 친사회적 관계 속에서 이루어지는 만남을 선호한다.

[개념형] #인지 양식
16 장 의존형의 학습 특성과 교수 전략 3가지를 각각 설명하시오.

> 장 의존형의 학습 특성은 다음과 같다. 첫째, 사회적인 정보를 더 잘 기억하고 학습한다. 둘째, 외부에서 설정한 구조나 목표 및 강화를 필요로 하고, 외부 비판에 많은 영향을 받는다. 셋째, 주어진 조직을 그대로 받아들이고 재조직하지 못하는 경향이 있으므로 명료한 지시를 필요로 한다. 장 의존형을 위한 교수 전략은 다음과 같다. 첫째, 사회적 상호 작용이 강조되는 상황에서 쉽게 동기화되므로 협동과 토론을 활용하여 교수한다. 둘째, 다른 사람에게 과제의 가치를 보여줌으로써 동기화되므로 언어적 칭찬, 외적 보상이 중요하다. 셋째, 학습 과제의 윤곽과 구조를 제시함으로써 동기화될 수 있도록 지도한다.

[개념형] #인지 양식
17 장 독립형의 특징과 교수 전략 3가지를 각각 설명하시오.

> 장 독립형의 특징은 다음과 같다. 첫째, 분석을 통해 개념과 원리를 이해하려는 경향이 있으므로 수학이나 물리와 같이 추상적인 과목을 선호한다. 둘째, 학습 내용에 대해 스스로 구조화하는 것을 선호한다. 셋째, 상호 작용하는 인간적인 활동보다 독립적으로 학습하고 행동하는 것을 선호한다. 장 독립형을 위한 교수 전략은 다음과 같다. 첫째, 점수를 받을 수 있는 학습 과제를 제시한다. 둘째, 학습자 스스로 구조를 디자인할 수 있는 자유를 준다. 셋째, 개인적 목표를 통해 동기화되므로 과제가 학습자에게 얼마나 유용한지 보여준다.

[개념형] #인지 양식
18 정 교사는 A학생이 반응 속도는 느리지만 사려가 깊어서 정확한 반응을 한다고 생각하였다. A학생의 학습 유형과 이와 반대되는 학습 유형을 설명하시오.

> A학생의 학습 유형은 반성형이고, 이와 반대되는 학습 유형은 충동형이다. 반성형은 문제 해결 과정에서 심사숙고하여 결정하는 유형으로, 빠른 훑어 읽기를 통해서 핵심을 찾아내는 학습 과제가 적절하다. 따라서 문제 해결에 제한 시간을 두고 빠른 정답을 제시하게 하는 교수 방법이 적절하다. 충동형은 문제 해결 과정에서 충동적으로 결정하는 유형으로, 쉽게 정답을 제시하기 힘든 학습 과제가 적절하다. 따라서 정답에 대한 이유를 제시하게 하는 교수 방법을 선택해야 한다.

[개념형] #인지 양식
19 학습자가 시각적 과제를 지각하는 방법에 기초하여 구분한 학습 유형에 대해 설명하시오.

> 학습자가 시각적 과제를 지각하는 방법에 기초하여 구분한 학습 유형에는 평준자형과 첨예자형이 있다. 평준자형은 시각적인 과제를 단순하게 지각하는 경향을 가진 학습 유형이다. 평준자형의 학습자에게는 핵심 아이디어 요약, 문단 나누기 등의 학습 과제를 제시해야 하며, 교사는 세부적인 내용보다 중심적인 내용과 일반적인 예시를 제공해야 한다. 첨예자형은 시각적인 과제를 복잡하고 분화된 방식으로 지각하는 경향을 가진 학습 유형이다. 첨예자형 학습자에게는 개념 분류 및 비교 과제, 시각 자료의 특징을 발견하도록 하는 학습 과제를 제공해야 하며, 교사는 요소 분류하기나 흐름도를 활용한 수업을 제공해야 한다.

개념형 #인지 양식

20 문제 해결을 위해 어떤 사고와 연합 전략을 활용하는가에 기초하여 구분한 학습 유형에 대해 설명하시오.

> 문제 해결을 위해 어떤 사고와 연합 전략을 활용하는가에 기초하여 구분한 학습 유형에는 수렴자형과 발산자형이 있다. 수렴자형은 정형화되고 구조화된 논리적 능력을 요구하는 과제를 선호하는 학습 유형이다. 수렴자형의 학습자에게는 형식적·객관적·구조적·논리적인 학습 과제를 제공해야 하며, 교사는 형태적·언어적·수적인 정보를 제시해야 한다. 발산자형은 형식에 고정되기보다 자유 분방을 추구하며, 단서에 의한 추리를 선호하는 학습 유형이다. 발산자형의 학습자에게는 정답이 없는 자유 판단 과제, 형식에서 벗어난 추리 과제를 제공해야 하며, 교사는 답을 찾아가는 과정이 있고 판단과 추리를 통해 종합하는 수업을 진행해야 한다.

개념형 #인지 양식

21 콜브(Kolb)의 학습 양식의 개념과 4가지 학습 단계를 설명하시오.

> 콜브의 학습 양식은 능동적인 경험 학습에서 주어지는 정보를 처리하고 수용하는 방식에 따라 구분한 학습 양식으로, 유전적·경험적·개인적 요인에 의해서 결정된다. 콜브는 정보를 처리하고 수용하는 방식에 따라 4가지 학습 단계와 그에 따른 학습 유형을 제시했다. 4가지 학습 단계는 구체적 경험, 반성적 성찰, 추상적 개념화, 능동적 실험으로 이루어진다. 첫째, 구체적 경험은 매 순간의 운동 기능인인 특징을 우선적으로 반영하는 단계이다. 둘째, 반성적 성찰은 외부 세계를 내적인 사고로 학습하는 단계이다. 셋째, 추상적 개념화는 정보를 상징적으로 이해하는 단계이다. 넷째, 능동적 실험은 환경을 조작하면서 학습하는 단계이다.

개념형 #인지 양식

22 문 교사는 B학생이 논리성과 치밀성이 뛰어나고 귀납적 추리에 익숙하여 이론화를 잘한다고 생각했다. 콜브(Kolb)의 학습 유형에 비추어 볼 때, B학생의 학습 유형을 설명하시오.

> B학생의 학습 유형은 동화자형이다. 동화자형은 행동보다 사고와 이해에 초점을 두며 귀납적인 추론이 가능한 유형이다. 동화자형은 반성적 성찰과 추상적 개념화를 수행하고, 논리적이고 정확한 이론적 모델을 제작한다. 또한, 광범위한 정보를 이해하고 이를 논리적인 형태로 만드는 데 뛰어나다. 따라서 개념적 모델 세우기, 핵심 아이디어 분석하기, 확실한 원인이나 사실 분석하기 등의 학습 과제를 제시해야 한다.

개념형 #인지 양식

23 최 교사는 A학생이 상상력이 뛰어나고 상황을 여러 관점에서 조망하여 다양한 분야에서 많은 아이디어를 낸다는 것을 발견하였다. 콜브(Kolb)의 학습 유형에 비추어 볼 때, A학생의 학습 유형을 설명하시오.

> A학생의 학습 유형은 발산자형이다. 발산자형은 감정에 기반하여 개방적이고 통합적으로 설명하는 유형이다. 발산자형은 구체적인 상황에서 여러 관점을 파악하는 데 강점이 있으며, 상상력이 풍부하여 다양한 아이디어를 제공할 수 있다. 또한, 직관적으로 현상을 파악하고 여러 생각을 일반화하며, 폭넓은 문화에 대해 관심을 갖는 특징이 있다. 발산자형 학습자에게는 사례를 통한 교수 방법이 효과적이므로 사례를 활용하여 유추하기, 정교화하기 등의 교수 방법을 활용해야 한다.

개념형 #인지 양식

24 이 교사는 D학생이 아이디어를 실제적으로 잘 응용할 뿐만 아니라 가설 설정과 연역적 추리에 익숙하며 기술적 과제와 문제를 잘 다룬다고 생각했다. 콜브(Kolb)의 학습 유형에 비추어 볼 때, D학생의 학습 유형을 설명하시오.

> D학생은 사고의 실제적 적용이 가능한 수렴자형이다. 수렴자형은 추상적 개념화와 능동적 실험을 수행하며, 문제 해결 능력과 의사결정 능력을 지니고 있다. 또한 감정보다 이성을 중시한다. 그러므로 새로운 방식을 창조해 보는 과제, 최선의 해결책을 선택하는 학습 과제를 제공해야 하며, 마인드맵을 활용하는 수업을 해야 한다.

개념형 #인지 양식

25 변화에 대한 개인적인 반응과 선호하는 학습 전략에 따라 구분한 학습 유형을 설명하시오.

> 변화에 대한 개인적인 반응과 선호하는 학습 전략에 따라 구분한 학습 유형에는 적응자형과 혁신자형이 있다. 적응자형은 자신의 역량을 더 발전시키는 것을 선호하는 유형으로, 정교하고 반복적인 훈련을 통한 암기와 숙달이 필요한 학습 과제를 학습자에게 제시해야 한다. 따라서 교사는 강의와 설명식 수업, 즉, 교사의 권위가 있는 수업을 진행해야 한다. 혁신자형은 새롭게 문제를 해결하는 활동을 선호하는 유형이다. 인지적 갈등을 유발하거나 복잡하고 어려운 과제를 학습자에게 제공해야 하며, 교사는 토의식 수업, 내적 동기를 유발하는 수업을 진행해야 한다.

개념형 #인지 양식

26 학습자 인지 양식의 장점과 단점 2가지를 각각 설명하시오.

> 학습자 인지 양식의 장점은 다음과 같다. 첫째, 학생마다 상이한 사고 방식과 문제 해결력을 갖고 있다는 사실을 알려준다. 둘째, 학생마다 학습 과제에 대한 선호도와 접근 방식이 상이하다는 것을 알려준다. 반면, 단점은 다음과 같다. 첫째, 학습자에게 특정 학습 양식을 최고의 학습 양식으로 단정지을 수 있다. 둘째, 학습 양식의 유형이 파악되었다고 해서 학습자가 고정된 학습 양식을 소유한 것으로 볼 수는 없다.

사고형 #창의력 #창의력 계발 기법

27 창의성 함양을 위한 수업에서 유의해야 할 점 3가지를 쓰시오.

> 창의성 함양을 위한 수업에서 유의해야 할 점은 다음과 같다. 첫째, 학생이 자신의 결과물에 대해 부담 없이 표현할 수 있는 허용적인 분위기를 조성해야 한다. 자기 표현의 기회뿐만 아니라, 학생 자신이 최선을 다하여 생각하고 표현한 결과물을 편안하게 드러낼 수 있는 허용적인 분위기를 조성해야 한다. 둘째, 학생 스스로 해결이 필요한 문제를 선정하여 해결해 볼 수 있는 기회를 주어야 한다. 학생의 창의성 함양을 위해서는 학생이 내적 동기를 가져야 한다. 내적 동기를 갖기 위해서는 수업에서 다루는 소재나 문제가 학생 자신의 삶과 유리되지 않고, 각자의 삶의 모습을 반영하고 있어야 한다. 셋째, 집단 창의성을 기를 수 있는 교실 문화를 조성해야 한다. 미래 사회를 살아갈 학생들은 복잡한 사회에서 주어진 모든 문제를 혼자만의 힘으로 해결하는 것은 불가능하다. 따라서 학생들이 경쟁보다는 협력을 통한 집단 창의성을 기를 수 있도록 격려하는 분위기를 조성해 주는 것이 중요하다.

CHAPTER 2 학습자의 정의적 특성

개념형 #동기의 이해

28 동기의 개념과 동기와 학습의 관계 3가지를 설명하시오.

> 동기는 학습자가 가진 목표 지향적인 활동이 유발되고 지속되는 과정으로, 학습과 바람직한 행동을 하기 위한 힘을 내적인 심리에서 찾으며, 내적인 심리에는 외적인 영향과 내적인 영향을 모두 포함한다. 동기와 학습의 관계는 다음과 같다. 첫째, 동기는 학습 목표를 지향하여 행동하도록 도우며, 학습하려는 노력과 힘을 증가시킨다. 둘째, 동기는 학습 활동과 학습의 지속을 가능하게 하며, 인지적 과정을 촉진시킨다. 셋째, 동기와 학습은 서로 영향을 주는 상호 관계로, 동기는 학습과 수행에 영향을 주고, 학습과 수행은 다시 동기에 영향을 준다.

개념형 #동기의 이해 #동기의 종류

29 동기의 종류 2가지를 설명하시오.

> 동기는 외재적 동기와 내재적 동기로 구분된다. 외재적 동기는 최종적인 목표를 성취하기 위한 수단으로, 활동에 참여하는 동기를 의미한다. 과제 수행에 따른 결과(보상)에 초점을 두는 동기로, 외적 요인이 가져다주는 결과인 성적이나 인정으로 인해서 동기화된다. 내재적 동기는 과제를 수행하는 과정 자체에 초점을 두는 동기를 의미한다. 활동 자체가 즐거움과 기술 습득에 도움을 주며, 활동 자체를 윤리·도덕적으로 옳다고 생각하기 때문에 동기화된다.

개념형 #동기의 이해 #동기의 종류

30 외재적 동기와 내재적 동기를 유발할 수 있는 방법 3가지를 각각 설명하시오.

> 외재적 동기의 유발 방법은 다음과 같다. 첫째, 경쟁심을 자극하고, 상벌 제도를 적당히 활용한다. 둘째, 학습자 개인의 장점을 찾아 칭찬한다. 셋째, 학습 목표와 과정을 충분히 알려 주어 흥미를 가진 채 학습 활동에 적극적으로 참여하도록 한다. 내재적 동기의 유발 방법은 다음과 같다. 첫째, 학습 문제에 대해 호기심을 갖게 한다. 둘째, 실패의 경험을 줄이고, 성취감을 갖게 한다. 셋째, 지식, 기능, 인격 등에 감명을 줄 수 있는 모델을 상정하고, 이에 동일시하도록 한다.

[개념형] #동기 이론

31 매슬로우(Maslow)의 욕구 위계 이론의 성장 욕구와 결핍 욕구를 설명하고, 욕구 위계 이론의 교육 방법 2가지를 설명하시오.

> 욕구 위계 이론에서 성장 욕구는 더 나은 상태로의 성장과 잠재력 발휘에 의해 동기화되는 욕구로, 지적 욕구와 미적 욕구를 포함한 자아실현의 욕구가 해당되며, 결핍된 것이 충족되면 발현되는 욕구이다. 결핍 욕구는 결핍된 것을 충족하려는 것에서 동기화되는 욕구로, 생리적 욕구, 안전에 대한 욕구, 사랑과 소속에 대한 욕구, 존경에 대한 욕구가 해당한다. 욕구 위계 이론을 활용한 교육 방법은 다음과 같다. 첫째, 교사는 학습자 개개인이 가진 욕구 수준 단계를 파악하고 충족시켜 줄 수 있어야 한다. 둘째, 교사는 강화물이나 칭찬에 대한 격려 수준과 시기를 고려하여 학습자 개개인의 욕구 충족 방안을 계획해야 한다.

[개념형] #동기 이론

32 데시와 라이언(Deci & Ryan)의 자기결정성 이론의 개념과 내재적 동기에 영향을 미치는 3가지 욕구를 설명하시오.

> 자기결정성 이론은 주어진 환경에 대해 학습자가 어떤 행동을 할 것인지를 스스로의 욕구에 따라 결정할 때 동기화된다고 보는 이론이다. 자기결정성 이론은 내재적 동기에 영향을 미치는 3가지 욕구가 충족되면 내재적 동기가 높아진다고 보았는데, 이 욕구는 유능성 욕구, 자율성 욕구, 관계성 욕구이다. 첫째, 유능성 욕구는 자신이 능력 있는 사람이라고 믿고 싶은 욕구이다. 둘째, 자율성 욕구는 자기 스스로 결정하려는 욕구이다. 셋째, 관계성 욕구는 타인과 원만한 관계를 맺고 싶어 하는 욕구이다.

[개념형] #동기 이론

33 데시와 라이언(Deci & Ryan)의 자기결정성 이론에서 지각적 통제의 개념과 자기결정성을 높이기 위한 교육 방법 2가지를 설명하시오

> 지각적 통제는 외재적 동기가 자기결정성과 함께 내재적 동기로 발달할 때의 중요한 결정 요인으로, 능동적인 학습을 증가시키거나 감소시킴으로써 학업 성취에 영향을 미친다. 지각적 통제에는 능력 신념, 전략 신념, 통제 신념이 있다. 능력 신념은 자신의 역량에 대한 자기효능감, 주체 신념을 의미한다. 전략 신념은 특정 전략에 대한 특정 목표 달성, 결과 기대, 수단 – 목적 신념을 의미한다. 통제 신념은 통제에 대한 기대를 의미한다. 자기결정성을 높이기 위한 교육 방법은 다음과 같다. 첫째, 스스로 결정할 수 있는 학습 환경이나 기회를 제공한다. 둘째, 성공적인 과제 수행의 경험을 제공한다.

[개념형] #동기 이론

34 자기결정성 이론에서의 외재적 동기에 대한 입장 2가지를 설명하시오.

> 자기결정성 이론에서의 외재적 동기는 내재적 동기와 분리된 것이 아니라, 무동기 – 외재적 – 내재적인 연속선상에 있다. 외재적 동기에 대한 자기결정성 이론의 입장은 다음과 같다. 첫째, 외재적 동기는 외적 조절, 투사, 동일시, 통합의 단계를 거친다. 외적 조절은 외재적 보상 또는 벌에 의해 동기가 유발된다. 투사는 자기 비난이나 죄책감을 피하기 위해 자기 자신 또는 타인으로부터의 인정에 초점을 둔다. 동일시는 스스로 실행하는 활동이 중요하다고 의식적으로 인식하고 스스로 목표를 선택한다. 통합은 자신의 삶의 목표와 관련하여 위계적인 통합과의 일치가 발생한다. 둘째, 외재적 동기라고 해서 무조건 나쁜 것은 아니다. 학생들은 과제 자체에 대한 흥미 때문에 특정한 과제를 수행하는 경우도 있지만, 외재적 보상 때문에 시작한 행동이 점차 내면화되어 결국 외재적 보상 없이도 행동을 지속하는 경우가 많다.

[개념형] #동기 이론

35 코빙톤(Covington)의 자기 가치 이론에서 자기 가치에 대한 개념과 자기 장애 전략 2가지를 설명하시오.

> 자기 가치는 자신에 대한 감정이나 정서적인 반응으로, 자신을 유능한 존재로 인식할 경우 자아존중감이 향상되지만, 무능한 존재로 인식할 경우 수치심을 느낀다. 자기 장애 전략은 자기 가치를 위한 자기 보호 전략이다. 첫째, 과제나 시험에 대해 노력하지 않음으로써 자신의 노력 부족으로 귀인한다. 둘째, 과제나 시험에 대비하지 않고 성취한다면, 자신의 높은 능력으로 귀인한다.

[개념형] #동기 이론

36 앳킨슨(Atkinson)의 기대×가치 이론에서의 가치의 개념과 종류 3가지를 설명하고, 장점과 단점 2가지를 각각 설명하시오.

> 기대×가치 이론에서 가치는 과제 가치에 대한 신념으로, 과제를 수행하는 이유에 해당한다. 가치의 종류에는 달성 가치, 효용 가치, 비용 가치 3가지가 있다. 달성 가치는 과제 수행에 대해 개인이 부여하는 가치로, 과제가 삶에 중요한 가치가 있다고 생각될 때 동기가 촉진된다. 효용 가치는 자신의 활동이나 전공이 미래의 목표 도달에 유용할 것이라는 믿음으로, 과제가 효율성을 가질 때 동기가 촉진된다. 비용 가치는 개인이 과제에 참여하기 위해 포기해야 하는 것에 대한 고려로, 가치가 비용보다 높을 때 동기가 촉진된다. 기대×가치 이론의 장점은 다음과 같다. 첫째, 동기화의 원인이 되는 과제 수행 성공 능력과 과제에 부여하는 학습자 개인의 신념과 판단을 알려준다. 둘째, 학생들의 행동과 실제 성취 요인들을 알려준다. 반면, 단점은 다음과 같다. 첫째, 학습자 개인의 기대와 가치는 인지적 과정의 영향을 받기 때문에 학습자에게 나타나는 행동이 서로 다를 수 있다. 둘째, 학습자들의 서로 다른 기대와 가치, 인지적 절차, 동기적 신념으로 인해 교사의 지도가 어렵다.

[개념형] #동기 이론

37 반두라(Bandura)의 자기효능감 이론에서의 자기효능감의 개념과 높은 자기효능감을 가진 학습자의 특징 3가지를 설명하시오.

> 자기효능감은 목표를 성취하기 위해 요구되는 일련의 행위들을 조직하고 수행하는 자신의 능력에 대한 개인적 신념으로, 단순히 자신에 대해 지각된 유능감과 다르다. 높은 자기효능감을 가진 경우, 주어진 과제를 해결할 수 있는 기술을 자신이 소유하고 있는지에 대해 명확하게 인지할 수 있다. 높은 자기효능감을 가진 학습자의 특징은 다음과 같다. 첫째, 어려운 과제에 적극적으로 참여하고, 지속적으로 수행한다. 둘째, 보다 효과적인 인지적 학습 전략과 자기 조절 학습을 사용한다. 셋째, 다양한 학습 과제를 부여할 경우, 높은 성취를 나타낸다.

[개념형] #동기 이론

38 와이너(Weiner)의 귀인 이론의 개념과 학습 동기를 증진시키기 위한 방안 3가지를 설명하시오.

> 귀인 이론은 성공과 실패의 원인, 통제 가능성, 안정성 등에 대한 학습자의 믿음이 학습 동기화에 영향을 준다고 보는 이론이다. 귀인 이론을 활용하여 학습 동기를 증진시키기 위한 방안은 다음과 같다. 첫째, 교사는 학생들에게 학습의 성공과 실패를 외적 요인보다 내적 요인으로 귀인하도록 한다. 둘째, 교사는 학생들에게 불안정적 요인보다 안정적 요인에 귀인하도록 한다. 셋째, 교사는 학생들에게 통제 불가능한 요인보다 통제 가능한 요인으로 귀인하도록 한다.

[개념형] #동기 이론

39 E학생은 시험 당일 아파서 시험을 망치게 되었다. 귀인 이론에 근거할 때 학업 성취 귀인의 3가지 차원을 설명하고, E학생에게 해당되는 차원과 귀인을 활용한 교육 방법 3가지를 설명하시오.

> 귀인 이론에서 학업 성취 귀인에는 소재 차원, 안정성 차원, 통제 차원이 있다. 소재 차원은 성공과 실패의 원인이 어디에 있는지의 차원이다. 안정성 차원은 성공과 실패의 원인이 지속되거나 변하는가의 차원이다. 통제 차원은 성공과 실패의 원인을 자신이 통제 가능한가의 차원이다. E학생은 시험 당일 아파서 시험을 망치게 되었으므로 내적 – 불안정 – 통제 불가능 차원에 해당한다. 귀인을 활용한 교육 방법에는 노력 귀인, 전략 귀인, 포기 귀인이 있다. 노력 귀인은 성공과 실패의 원인이 노력에 있다고 귀인시켜 주는 방법이다. 전략 귀인은 성공과 실패의 원인이 학습 전략에 있다고 귀인시켜 주는 방법이다. 포기 귀인은 노력과 학습 전략 모두 시도했지만 실패한 경우, 포기를 유도해 새로운 길을 모색해 보게 하는 방법이다.

[개념형] #동기 이론

40 드웩(Dweck)의 목표 지향 이론의 개념을 설명하고, 이를 활용한 교육 방법과 한계점 2가지를 각각 설명하시오.

> 목표 지향 이론은 학습자가 가진 목표 지향점(목표의 내용과 강도)이 행동에 영향을 미친다고 보는 동기화 이론이다. 목표 지향 이론을 활용한 교육 방법은 다음과 같다. 첫째, 숙달 목표의 경우, 쉬운 과제보다 도전적인 과제를 제공하고 연구 보고서를 작성하게 하거나 스스로 숙달을 시도하게 하여 격려해야 한다. 둘째, 수행 회피 목표의 경우, 지속적인 강화를 제공하고 보다 나은 과제를 성취했을 시 칭찬해야 한다. 목표 지향 이론의 한계점은 다음과 같다. 첫째, 학습자가 동기화되는 이유를 목표 이외의 욕구나 자기 결정, 귀인 등의 복합적인 요인에서 제시하지 못한다. 둘째, 모든 학습자의 목표를 수행 목표에서 숙달 목표로 전환하는 데 많은 시간과 노력이 뒤따른다.

[개념형] #동기 이론

41 드웩(Dweck)의 목표 지향 이론의 숙달 목표의 개념과 숙달 접근 목표, 숙달 회피 목표를 설명하시오.

> 숙달 목표는 자신이 설정한 계획 기준과 자기계발에 초점을 두어 주어진 내용을 학습하고 숙달하는데 초점을 두는 목표이다. 그중 숙달 접근 목표는 높은 관심과 인지, 적응적이고 긍정적인 감정, 도전적 과제 선호, 많은 노력 등을 지속하는 데 접근하려는 목표로, 자기효능감을 가진 학습자에게서 볼 수 있다. 숙달 회피 목표는 자신이 설정한 높은 기준에서 벗어나는 과제, 학습에서 발생하는 오류나 잘못을 회피하려고 할 때 나타나는 목표이다.

[개념형] #동기 이론

42 드웩(Dweck)의 목표 지향 이론의 수행 목표의 개념과 수행 접근 목표, 수행 회피 목표를 설명하시오.

> 수행 목표는 본인의 능력을 과시하고 타인에게 보여주기 위한 점수 중심의 목표이다. 타인과의 비교에서 우위를 차지하기 위해 노력하며, 학습 과제를 실패하면 자기 가치에 손상을 입는다. 수행 접근 목표는 타인을 이기고 자신의 능력과 우월감을 과시하고자 하는 성향에서 나타나는 목표이다. 수행 회피 목표는 자신의 능력이 부족해 보이는 것을 회피하려는 성향에서 나타나는 목표로, 수행 접근 목표의 반복적인 실패가 결과로 나타나며, 자신감이 없는 학습자일수록 동기와 성취가 낮아진다.

개념형 #동기 이론

43 성취 동기 이론의 개념과 특징 2가지를 설명하시오.

> 성취 동기란 도전적이고 어려운 과제를 성취하려는 것으로, 성취 동기 이론은 학업 성취에 대한 동기가 동기화를 결정한다는 이론이다. 성취 동기 이론의 특징은 다음과 같다. 첫째, 개인의 성취 동기에 초점을 맞춘다. 높은 성취 동기를 가진 학습자는 도전적 과제를 성취할 수 있다는 사실에 의해 동기화되고, 낮은 성취 동기를 가진 학습자는 현재의 기준에서 성취할 수 있는 것에 의해 동기화된다. 둘째, 성취 행동은 성공 추구 동기와 실패 회피 동기의 상대적 강도에 의해 결정된다. 성공 추구 동기가 높은 학생은 성공 가능성이 높은 중간 정도 난이도의 과제를 선택하는 경향이 높고, 실패 회피 동기가 높은 학생은 실패할 위험이 적은 쉬운 난의도의 과제를 선택하는 경향이 높다.

개념형 #동기 이론

44 높은 교사 효능감을 가진 교사와 낮은 교사 효능감을 가진 교사의 특징 2가지를 각각 설명하고, 학업 성취와 교사 효능감의 관계를 설명하시오.

> 교사 효능감은 교사 자신의 능력에 대한 개인적 신념으로, 높은 교사 효능감을 가진 교사의 특징은 다음과 같다. 첫째, 학생들이 학업을 성공할 수 있도록 돕고, 학습 문제를 가진 학생들에 대해서도 지속적으로 교육한다. 둘째, 학생들과의 상호 작용을 통한 칭찬이나 격려를 제공한다. 반면, 낮은 교사 효능감을 가진 교사의 특징은 다음과 같다. 첫째, 학습자의 학습 능력 이상의 수업은 하지 않고, 학습 문제를 가진 학생들을 지속적으로 교육하지 않는다. 둘째, 학생들에게 필요한 자료 수집과 효과적인 수업 방식을 적용하지 않는다. 학업 성취와 교사 효능감의 관계는 다음과 같다. 첫째, 높은 교사 효능감을 가진 교사에게 배운 학생들의 학업 성취도가 높고, 학생의 학습 성장은 교사의 효능감을 증가시킨다. 둘째, 개인 또는 집단에 따라 학생의 실패가 교사의 효능감에 상대적인 영향을 미친다.

CHAPTER 3 학습자의 발달

개념형 #발달의 이해

45 발달의 원리 4가지를 설명하시오.

> 발달의 4가지 원리 중 첫 번째는 발달에는 유전적 요인과 환경적 요인의 영향이 모두 미친다는 원리이다. 유전적 요인은 발달에 많은 영향을 미치지만 환경적 요인 역시 발달에 중요한 요인으로 작용한다. 두 번째는 발달의 방향이 순차적이고 예측 가능하다는 것이다. 발달은 비교적 구체적인 개념에서부터 추상적인 개념의 순서대로 이루어지며, 예측 가능한 방향으로 이루어진다. 세 번째는 발달 속도에 개인차가 있다는 것이다. 발달은 일반적인 순서대로 이루어지지만 발달 속도는 개인마다 다양하다. 네 번째는 발달 정도에도 개인차가 있다는 것이다. 개인 내 영역별 발달 정도의 개인차가 있으며, 개인 간의 발달에도 발달 정도의 차이가 있다.

개념형 #인지적 발달

46 피아제(Piaget)의 인지 발달 이론의 도식, 적응, 동화, 조절, 불평형, 평형화, 조직화에 대한 개념을 설명하시오.

> 도식은 특정한 인지구조를 통해 경험을 이해하는 내적인 형식으로, 외부 환경에 대한 이해의 틀이며, 학습자는 경험을 통해 도식을 구성하고 변경시킨다. 적응은 환경과의 상호 작용으로 동화와 조절을 통해 도식을 형성하는 과정이다. 동화는 기존의 도식을 통해 새로운 대상을 이해하는 것이고, 조절은 현재의 도식과 새로운 대상과의 불평형이 발생할 때 새로운 도식을 형성하는 인지 과정이다. 불평형은 새로운 정보와 기존의 인지 도식 간의 불균형 상태이다. 평형화는 동화와 조절 간의 적절한 인지적 균형을 이룬 상태이며, 조직화는 새로운 도식이 기존 도식과의 조정을 통해 인지구조의 일부가 되는 과정이다.

개념형 #인지적 발달

47 피아제(Piaget)의 인지 발달 4단계에 대해 설명하시오.

> 피아제는 논리적인 정신 작용을 나타내는 조작에 주목하여 인지 발달 단계를 감각 동작기(출생 ~ 2세), 전조작기(2 ~ 7세), 구체적 조작기(7 ~ 8세), 형식적 조작기(11세 이후)의 4단계로 구분했다. 감각 동작기는 자극에 의한 신체적 반응으로써 동작을 수행하는 감각 운동을 통해 세상을 지각·이해하는 시기로, 사물을 머릿속에 표상하는 감각 표상 운동을 할 수 있다. 전조작기는 지각이 아동의 사고를 지배하는 시기로, 영상이나 언어 등의 상징을 통해 세계를 표상하는 능력을 획득한다. 자기 중심적 사고가 발달하며 직관적 사고와 자기 중심적 언어를 사용한다. 구체적 조작기는 구체적인 사물에 대한 논리적·조작적 사고가 가능한 시기로, 탈중심화와 사회 지향성을 지향하며 물체의 보존 개념이 발달한다. 형식적 조작기는 구체적인 사물 없이도 추상적이고 개념적인 사고가 가능한 시기로, 추상적 사고와 가설 연역적 사고가 가능해진다.

개념형 #인지적 발달

48 구체적 조작기(7 ~ 8세)의 아동을 가르치기 위한 교수 방법 4가지를 설명하시오.

> 구체적 조작기의 아동을 가르치기 위한 교수 방법은 다음과 같다. 첫째, 구체적인 사물에 대한 논리적·조작적 사고가 가능한 시기이므로, 구체적 준비물과 시각적 보조물을 지속적으로 활용한다. 둘째, 학생들이 물체를 조작하고 검증할 수 있는 기회를 계속해서 제공한다. 셋째, 친숙한 예를 사용해서 복잡한 개념을 설명한다. 넷째, 물체와 개념들을 점점 더 복잡한 수준에서 분류하고 군집화할 기회를 제공한다.

개념형 #인지적 발달

49 형식적 조작기의 가설 연역적 사고와 반성적 추상화의 개념을 설명하고, 특징 2가지를 각각 설명하시오.

> 가설 연역적 사고는 문제를 해결하기 위해 가설을 설정·검증함으로써 결론을 도출하는 사고이다. 가설 연역적 사고의 특징은 다음과 같다. 첫째, 가능한 사태에 대한 이론을 설정하고 가능한 것으로부터 경험적으로 실재하는 것으로 사고한다. 둘째, 학습자가 현재 주어진 사실에서 벗어날 수 있는 능력이 있다는 것을 가정한다. 반성적 추상화는 구체적인 경험과 관찰의 한계에서 벗어나 제시된 정보에 근거해서 내적으로 추리하는 과정이다. 반성적 사고의 특징은 다음과 같다. 첫째, 메타인지의 과정을 통해 자신의 사고 내용에 대해 숙고한다. 둘째, 문제를 해결하는 과정에서 기존의 지식을 새로운 장면에 쉽게 적용하거나 새로운 지식을 창조하는 일에 관여한다.

[개념형] #인지적 발달

50 피아제(Piaget)의 인지적 구성주의와 비고츠키(Vygotsky)의 사회적 구성주의의 차이점 3가지를 설명하시오.

> 피아제의 인지적 구성주의와 비고츠키의 사회적 구성주의의 차이점은 다음과 같다. 첫째, 인지적 구성주의는 지식의 내적 구성에 근거하여 설명하는 반면, 사회적 구성주의는 사회적 맥락 안에서 구성된 지식을 학습자의 내면화에 근거하여 설명한다. 둘째, 인지적 구성주의는 자기중심적 언어를 강조하지만, 사회적 구성주의는 사적 언어를 강조한다. 셋째, 인지적 구성주의는 아동의 평형화를 깨뜨리는 교수 방법을 제공할 것을 강조하지만, 사회적 구성주의는 학습의 발판(비계 설정)을 제공하고 상호 작용을 강조한다.

[개념형] #인지적 발달

51 비고츠키(Vygotsky)의 인지 발달 이론에서 언어와 인지 발달 관계 5가지를 설명하시오.

> 인지 발달 이론에서 언어와 인지 발달 관계는 다음과 같다. 첫째, 언어를 통한 타인과의 상호 작용에서 사고가 발달한다고 본다. 둘째, 언어는 인식의 도구를 제공하고, 사고를 조절하며 반영하는 수단이 된다. 셋째, 아동은 언어에 포함되어 있는 사회적·역사적 의미를 내면화한다. 넷째, 사회·문화 속에서의 언어가 사고 발달의 근원이 된다. 다섯째, 사적 언어가 내적 언어로 발달하는데, 사적 언어는 자신의 행동과 사고를 안내하고 문제 해결을 위하여 자기 자신과 의사소통하는 혼잣말을 의미하고, 내적 언어는 자기중심적 언어가 내면화되어 마음속에서 사용되는 언어를 의미한다.

[개념형] #인지적 발달

52 근접 발달 영역(ZPD)의 개념과 교사의 역할을 설명하시오.

> 근접 발달 영역은 실제적 발달 수준과 잠재적 발달 수준 사이의 영역을 나타내는 개념으로, 아동이 혼자서는 해결할 수 없지만, 성인이나 유능한 또래의 도움으로 성공할 수 있는 영역을 의미한다. 근접 발달 영역은 교사나 다른 학생들과의 상호 작용을 통해 발달이 가능함을 나타낸다. 교사는 학생의 성공적인 과제 수행을 위해 잠재적 발달 수준과 실제적 발달 수준을 모두 고려하고, 실제 수업에서 현재 학생의 실제적 발달 수준보다 앞서 있는 잠재적 발달 수준으로 제공해야 한다.

개념형 #인지적 발달

53 비고츠키(Vygotsky)의 인지 발달 이론의 비계 설정에 대해 설명하고, 인지 발달 이론을 교육에 적용할 수 있는 방안 5가지를 설명하시오.

> 비계 설정은 새로운 능력의 구성을 위해 요구되는 지원 체계로, 한시적으로 제공되는 조력을 의미한다. 학습자를 단순히 도와주는 것이 아니라 학습자 스스로 과제를 수행할 수 있도록 도와주는 것이다. 인지 발달 이론을 교육에 적용할 수 있는 방안은 다음과 같다. 첫째, 교사는 학생의 잠재적 발달 수준을 파악하여 알맞은 학습 조건을 제공해야 한다. 둘째, 학생과 교사 간의 교육적 대화를 강조한다. 셋째, 학생 간 협동 학습의 중요성을 강조한다. 넷째, 학생이 적극적으로 참여할 수 있는 학습 환경을 제공해야 한다. 다섯째, 현재의 발달 수준보다 조금 앞서는 내용을 가르쳐야 한다.

개념형 #정의적 발달

54 프로이트(Freud)의 성격 발달 이론에서 성격의 구조, 의식의 구조 3단계를 각각 설명하시오.

> 성격 발달 이론에서 성격의 구조는 원초아(Id), 자아(Ego), 초자아(Super-ego)로 구분된다. 원초아는 성격의 본능, 열정, 충동적인 부분으로, 인간의 정의적 특성을 포함한 인간 행동의 근원이고 쾌락 원리의 지배를 받는다. 자아는 성격의 현실적인 부분으로, 원초아의 현실적 욕구를 만족시키기 위한 방법과 계획을 세우며, 현실 원리의 지배를 받는다. 초자아는 성격의 이상적인 부분으로, 원초아의 욕구를 억압하고 도덕 원리의 지배를 받는다. 성격 발달 이론에서 의식의 구조는 의식, 전의식, 무의식으로 구분된다. 의식은 현재 각성하고 있는 행위와 감정을 의미한다. 전의식은 의식과 무의식을 연결하는 것으로, 의식적으로 떠올릴 수 있는 감정을 의미한다. 무의식은 억압된 원초아의 욕구가 누적되는 곳으로 내적 갈등을 겪는다.

개념형 #정의적 발달

55 에릭슨(Erikson)의 성격 발달 이론의 청년기 전까지의 발달 단계를 설명하시오.

> 성격 발달 이론에서 청년기 전까지의 성격 발달 단계는 기본적 신뢰감 대 불신감(출생 이후 1년), 자율성 대 의심(2~3세), 주도성 대 죄책감(4~6세), 근면성 대 열등감(6~12세), 자아정체감 대 역할 혼미(12~18세)의 단계로 발달한다. 기본적 신뢰감 대 불신감 단계에서 부모에 의한 유아의 기본적인 욕구 충족과 애정은 신뢰감을 형성하고, 아닐 경우 불신감을 형성한다. 이 경우, 어머니의 역할과 유아와의 관계가 중요하며 신뢰감과 불신감을 적절하게 경험할 수 있도록 해야 한다. 자율성 대 의심 단계에서 아동은 부모의 분별 있는 감독과 격려에 의해 자율성을 발달시킬 수 있으며, 과잉 보호할 경우 의심이 발달한다. 이 경우, 아버지의 역할과 아동과의 관계가 중요하며 아동의 자발적 행동을 칭찬해야 한다. 주도성 대 죄책감 단계에서 아동에게 탐구와 실험을 할 수 있는 자유를 부여해 준다면 아동은 주도성을 형성하게 되며, 아동의 활동을 제한하고 반응에 일관성이 없다면 죄책감을 형성한다. 근면성 대 열등감 단계에서 아동의 활동을 칭찬하고 격려하면 근면성이 발달하고, 아동의 활동에 대해 평가를 하지 않거나 비웃으면 열등감을 갖는다. 자아정체감 대 역할 혼미 단계에서는 정해진 기준 내에서 독립성을 높이는 시도를 허용함으로써 자아정체감이 발달하고, 현실에 직면한 결과, 다양한 직업으로 인해 자신의 역할을 선택하지 못하면 역할 혼미가 나타나게 된다.

개념형 #정의적 발달

56 마샤(Marcia)의 정체성 발달 이론의 수행과 위기의 개념을 각각 설명하고, 정체감의 유형 4가지를 설명하시오.

> 정체성 발달 이론은 수행과 위기의 2가지 차원에 따라 청소년기 학생들의 정체감 유형을 4가지로 구분했다. 수행은 직업과 가치관을 명확하게 설정하고 성취를 위한 적절한 수단이 되는 활동에 참여하는 것이고, 위기는 직업과 가치관의 문제로 인한 고민과 갈등을 겪는 것이다. 정체감의 4가지 유형에는 정체감 혼미, 정체감 유실, 정체감 유예, 정체감 성취가 있다. 정체감 혼미는 위기를 경험하지 않은 상태, 즉, 직업이나 가치관에 대한 학습자의 선택이 불명확한 상태로, 직업이나 가치관의 선택에 대한 문제에 관심이 없다. 정체감 유실은 다른 사람의 정체감에 근거하여 그들과 비슷한 선택을 하는 상태로 위기를 경험하지 않고 수행만 하는 경우에 해당한다. 정체감 유예는 정체감 위기의 상태에서 진로 선택을 유보함으로써 아직 의사결정을 하지 못한 상태로, 의사결정 과정에서 위기 상태에 있다. 정체감 문제를 의식하고 해결을 위해 탐색하지만 만족할 만한 대답을 얻지 못한 상태이다. 정체감 성취는 직업이나 가치관의 문제에 대해서 스스로 선택함으로써 확신을 이룬 상태이다. 개인의 위기 경험과 의사결정이 수반됨으로써 정체감이 형성되고 이는 목표나 방향, 노력에 영향을 준다.

[개념형] #정의적 발달
57 피아제(Piaget)의 타율적 도덕성 단계와 자율적 도덕성 단계를 설명하시오.

> 타율적 도덕성 단계는 권위 있는 타인이 설정한 규칙에 무조건적으로 복종하는 단계로, 의도보다 결과를 중시하며 결과에 의해 판단하고 규칙의 근본적인 이유는 이해하지 못하는 단계이다. 자율적 도덕성 단계는 행동 이면에 있는 행위자의 의도를 고려하는 단계로, 규칙은 타인과의 상호 작용에 의해 설정되는 것으로 이해하는 단계이다. 도덕성에 의한 판단이 이루어지는 단계로, 규칙은 상호 간의 동의하에 만들어지며 수정이 가능하다.

[개념형] #정의적 발달
58 콜버그(Kohlberg)의 도덕성 발달 단계의 개념과 교육적 적용 방법 3가지를 설명하시오.

> 콜버그는 도덕적 갈등 상황을 제시하고 문제에 대한 반응을 바탕으로 도덕적 판단 능력을 측정했다. 문화와 상관없이 도덕성의 발달 단계는 동일하며 인지구조의 변화에 따라 도덕성이 발달한다고 주장했고, 도덕성 발달 단계를 인습 이전 수준, 인습 수준, 인습 이후 단계로 구분했다. 콜버그의 도덕성 발달 단계의 교육적 적용 방법은 다음과 같다. 첫째, 가상적 딜레마를 활용하여 학생 스스로 도덕 문제를 해결할 수 있는 추론 능력을 향상시킨다. 둘째, +1 전략을 활용하여 한 단계 높은 도덕적 판단을 하는 인접 단계의 학생들과 도덕적 추론(논쟁)을 하도록 한다. 셋째, 정의 공동체로서의 학교 도덕 토론 참여 방법을 활용하여 집단 결속과 민주적 규칙을 제정하게 한다.

[개념형] #정의적 발달
59 셀만(Selman)의 사회적 조망 수용 이론에서 사회적 조망 수용 능력에 대해 설명하고, 이론의 공헌점과 한계점 2가지를 각각 설명하시오.

> 사회적 조망 수용 능력은 사회적 관계를 인지함으로써 타인의 의도, 태도, 감정 등을 추론할 수 있는 능력이다. 이론의 공헌점은 다음과 같다. 첫째, 반사회적 행동의 감소로 친사회적 행동을 증가시킬 수 있다. 둘째, 높은 단계의 조망 수용 능력에 대한 교육적 필요성을 제시해 준다. 반면, 한계점은 다음과 같다. 첫째, 다른 사람을 이해하는 관점이 인지에 지나치게 초점이 맞추어져 있다. 둘째, 모든 학생들이 해당하는 연령기에 동일한 발달 과정을 보이지는 않는다.

개념형 #정의적 발달

60 브론펜브레너(Bronfenbrenner)의 생태학적 발달 이론의 5가지 체계를 설명하시오.

생태학적 발달 이론의 다섯 가지 체계에는 미시 체계, 중간 체계, 외 체계, 거시 체계, 시간 체계가 있다. 미시 체계는 가족, 또래 등 아동 가까이에 있는 사람과의 활동 및 상호 작용으로, 발달에 가장 큰 영향을 미치고 부모, 또래 관계, 학교가 해당된다. 중간 체계는 미시 체계 사이의 연결이나 상호 관계로 가정, 학교, 또래 집단 내의 상호 작용을 의미하며, 미시 체계 간의 강한 연결에 의해 발달이 이루어진다. 외 체계는 미시 체계와 중간 체계 모두에 영향을 주는 상황으로, 청소년 발달에 영향을 주는 부모의 직업, 기타 사회적 서비스 상황 등이 해당된다. 거시 체계는 미시 체계, 중간 체계, 외 체계가 포함된 모든 문화적 영향으로, 학생에게 필요한 교육과 목표를 포함하며 법, 관습, 정신적인 이념이 해당된다. 시간 체계는 전 생애에 발생하는 인간의 변화와 사회·문화·역사적 환경의 변화를 포함하며, 초기 이론에는 없던 개념이나 다른 연구에서 추가된 개념으로, 직업 변화, 노화, 기술 변화 등이 해당된다.

CHAPTER 4　학습 이론

개념형　#행동주의 학습 이론

61 B학생은 국어 수업 시간에 발표를 했는데 다른 학생이 이를 큰 소리로 비웃은 이후에 절망스럽고 창피한 기분이 들었다. 이후 다른 수업에서도 불안함을 느껴 배가 아프고, 학교나 교사만 생각해도 식은땀이 나고 무섭다고 말한다. B학생에게 적용할 수 있는 행동주의 학습 이론의 명칭과 개념을 설명하고, 장점과 단점 2가지를 각각 설명하시오.

> B학생에게 적용할 수 있는 행동주의 학습 이론은 고전적 조건화이다. 고전적 조건화는 중성 자극의 조건화 과정을 통해 조건 반응을 유발하는 수동적 조건 형성 이론이다. 고전적 조건화의 장점은 다음과 같다. 첫째, 정서적 반응이 일어나는 원인을 설명해 준다. 둘째, 공포증·불안증을 일으키는 정서적 반응에 대해 교사의 존중과 격려라는 자극이 필요함을 알려준다. 반면, 고전적 조건화의 단점은 다음과 같다. 첫째, 반응 이후 교사의 역할이 학습자의 행동에 미치는 영향에 대한 설명이 부족하다. 둘째, 교사에 의해 강화되거나 관찰에 의해 일어나는 행동을 설명하지 못한다.

개념형　#행동주의 학습 이론

62 고전적 조건화의 일반화, 변별, 고차적 조건 형성, 소거의 개념을 각각 설명하고, 고전적 조건화를 적용한 교육 방법 2가지를 설명하시오.

> 일반화는 특정 조건 자극에 대한 반응이 유사한 다른 자극에 의해서도 유발되는 현상이다. 변별은 유사한 자극을 구분하여 자극의 차이에 따라 각기 다른 반응을 보이는 현상이다. 고차적 조건 형성은 형성된 조건 자극과 다른 조건 자극 사이의 연합으로 새로운 조건 반응을 만들어 내는 현상이다. 소거는 무조건 자극이 주어지지 않고 조건 자극만 반복적으로 제공할 경우, 조건 자극이 주어져도 조건 반응이 유발되지 않는 현상이다. 고전적 조건화를 적용한 교육 방법으로는 체계적 둔감법과 역조건화가 있다. 체계적 둔감법은 학습자가 느끼는 불안감에 대해 교사가 이완 훈련과 불안 위계를 사용하여 학습자의 불안을 줄여주는 방법으로, 학습에 대해 부정적 정서를 경험한 학습자의 불안을 감소시키는 전략이다. 역조건화는 부정적 반응의 원인이 되는 조건 자극에 긍정적인 반응을 일으킬 수 있는 무조건 반응을 결합시키는 방법이다.

[개념형] #행동주의 학습 이론

63 스키너(Skinner)의 조작적 조건화의 강화와 벌을 설명하시오.

> 강화는 어떤 행동의 발생 빈도를 증가시키는 것으로, 제시 방법에 따라 정적 강화와 부적 강화로 분류된다. 정적 강화는 학생들이 좋아하는 강화물을 제공함으로써 바람직한 행동의 발생 빈도를 증가시키는 것이다. 부적 강화는 학생들이 싫어하는 것(혐오 자극)을 제거함으로써 바람직한 행동의 발생 빈도를 증가시키는 것이다. 벌은 어떤 행동의 발생 빈도를 감소시키는 것으로, 수여성 벌과 제거성 벌로 분류된다. 수여성 벌은 학생들이 싫어하는 것(혐오 자극)을 제공함으로써 바람직하지 않은 행동의 발생 빈도를 감소시키는 것이다. 제거성 벌은 학생들이 좋아하는 강화물을 제거함으로써 바람직하지 않은 행동의 발생 빈도를 감소시키는 것이다. 벌은 의도하지 않은 부작용을 초래할 가능성이 높으므로 다른 교육적 방법이 통하지 않을 때 사용해야 한다.

[개념형] #행동주의 학습 이론

64 스키너(Skinner)의 조작적 조건화의 계속적 강화와 간헐적 강화의 개념과 효과를 각각 설명하시오.

> 계속적 강화는 바람직한 행동마다 강화를 제공하는 것이고, 간헐적 강화는 일부 행동에만 가끔씩 강화를 제공하는 것이다. 간헐적 강화에는 횟수의 고정·유동에 따른 고정 비율 강화, 변동 비율 강화, 시간의 고정·유동에 따른 고정 간격 강화, 변동 간격 강화가 있다. 계속적 강화에는 학습자가 새로운 과제를 학습하는 학습의 초기 단계에 효과적이고, 간헐적 강화는 이미 학습된 행동을 유지하는 데 효과적이다.

[개념형] #사회인지 학습 이론

65 반두라(Bandura)의 사회 인지 학습 이론에서 관찰 학습의 개념과 과정을 설명하시오.

> 관찰 학습은 모델을 관찰함으로써 나타나는 행동, 인지, 정서의 변화를 의미한다. 모델링의 종류에는 직접 모델링, 상징적 모델링, 종합적 모델링이 있다. 관찰 학습의 과정은 주의 집중 단계, 파지 단계, 재생 단계, 동기화 단계로 이루어진다. 주의 집중 단계는 모방하고자 하는 모델의 행동에 주의를 기울이는 단계로, 전문성 또는 권위를 가진 사람, 유능한 사람, 매력적인 모델에 더욱 주의를 기울인다. 교사 역시 학생의 모델이 될 수 있다. 파지 단계는 관찰한 행동을 상징적 표상으로 기억하는 단계이다. 모델화된 행동은 학습자의 기억에 저장되고 모델의 행동을 기억함으로써 나중에 재생산할 수 있다. 재생 단계는 기억한 행동을 머릿속으로 연습해 보거나 실제 행동으로 나타내 보는 단계로, 행동의 인지적 지도를 직접 실행한다. 학습자는 기억에 저장된 행동을 재생산하며, 이때 교사의 즉각적인 피드백이 효과적이다. 동기화 단계는 강화에 의해 동기화되는 단계로, 학습된 행동을 실제 행동으로 보이기 위한 단계이다. 모델화된 행동을 재생산한 것에 대해 강화를 기대하게 되며, 학습된 행동은 강화가 제공될 때 비로소 실제 행동으로 나타날 수 있다.

CHAPTER 4 학습 이론

[개념형] #인지주의 학습 이론
66 관찰 학습에 영향을 미치는 요인과 효과 2가지를 각각 설명하시오.

> 관찰 학습에 영향을 미치는 요인은 다음과 같다. 첫째, 결과가 일관적일수록 학습의 효과가 크다. 둘째, 모델이 유능하거나 매력이 있거나 학습자와 또래인 경우, 주의 집중의 효과가 크다. 관찰 학습의 효과는 다음과 같다. 첫째, 모방을 통해 새로운 행동을 학습할 수 있다. 둘째, 모델의 정서 표출을 관찰함으로써 정서적 반응이 변화될 수 있다.

[개념형] #인지주의 학습 이론
67 정보 처리 이론의 감각 기억과 작업 기억, 장기 기억을 설명하시오.

> 감각 기억은 외부에서 들어온 자극의 처리를 위해 잠시 정보를 저장하는 저장고로, 용량의 제한이 없다. 주의 집중에 의해 정보가 처리되지 않으면 소멸된다. 작업 기억은 단기 기억으로, 감각 기억을 통해 들어온 정보를 약 20초 동안 저장하고 장기 기억에 저장된 정보를 꺼내와 작업을 진행하는 저장고이다. 용량과 유지가 제한적이며 한 번에 5~9개 정도의 정보만 유지할 수 있다. 장기 기억은 무한한 정보를 영구적으로 보관하는 저장고로 용량의 제한이 없다.

[개념형] #인지주의 학습 이론
68 메타인지의 개념과 특징 3가지를 설명하시오.

> 메타인지는 자신의 인지 과정에 대한 자각과 통제를 의미하는데, 메타인지를 활용하는 학습자는 더 많이 학습하고 높은 성취 결과를 보인다. 메타인지의 특징은 다음과 같다. 첫째, 주의의 중요성에 대한 자각으로 스스로 효과적인 학습 환경을 창조하려는 경향이 있다. 둘째, 정확한 정보를 찾으려 노력하고 자신의 이해가 정확한지 확인한다. 셋째, 작업 기억을 통해 정보의 흐름을 조절하는 것을 돕고 주제 간의 관계에 대한 의식 과정에서 비롯되는 유의미한 부호화에 영향을 준다.

[개념형] #전이 #전이 이론

69 전이의 개념과 형식도야설을 설명하시오.

> 전이는 하나의 맥락에서 이해한 학습 결과를 다른 맥락에 적용하거나 응용할 수 있는 능력으로, 선행 학습이 새로운 학습 혹은 문제 해결에 영향을 미치는 것을 의미한다. 전이는 장기 기억과 관련이 있으며, 전이가 잘 되면 장기 기억의 저장을 돕고 정보를 새로운 상황에 적용할 수 있도록 함으로써 효과적인 학습이 가능하다. 형식도야설은 대표적인 전이 이론으로, 인간 마음의 부소 능력들을 근육의 단련과 같이 연습을 통해 강화시키면 학습에 도움이 된다고 본다. 인간의 지적 능력은 의지, 기억, 주의, 판단, 추리력으로 구성되고, 특별한 교과의 학습을 통해 형성되며, 특정 교과를 통해 형성한 능력은 다른 교과에 영향을 미치고, 나아가 일상생활로 전이될 것이라고 본다.

CHAPTER 5 적응과 부적응

개념형 #적응 #방어 기제

70 방어 기제의 개념과 보상, 승화, 합리화, 투사, 반동 형성의 개념을 설명하시오.

> 방어 기제는 극복하기 어려운 현실에 당면했을 때, 현실을 왜곡시켜 자기를 보존하려는 무의식적 책략을 의미한다. 보상은 자신의 단점을 감추기 위해 장점을 개발하는 기제이다. 승화는 억압당한 욕구를 사회적으로 가치 있는 목적을 향해 노력함으로써 충족하는 경우로, 반드시 사회적으로 바람직한 결과가 나오는 것이다. 합리화는 그럴듯한 이유를 들어서 자신의 행동이나 일의 결과가 타당하고 정당함을 내세움으로써 곤란한 상황이나 실망스러운 결과에서 벗어나고자 하는 기제로, 신 포도형과 달콤한 레몬형이 있다. 투사는 자신의 잘못을 감추고 문제의 원인을 외부의 잘못으로 규정하거나, 자신의 불만이나 불안을 해소하기 위해 남에게 뒤집어 씌우고 그것이 사실이라고 믿는 기제이다. 반동 형성은 자신의 내면적 생각과 다르게 행동을 하는 기제로, 자신의 욕구가 받아들일 수 없는 것일 때, 그와 정반대의 행동으로 나타나는 기제이다.

개념형 #적응 #도피 기제

71 도피 기제의 개념과 고립, 퇴행, 백일몽, 억압, 고착, 거부의 개념을 설명하시오.

> 도피 기제는 정서적 긴장이나 불안감을 해소하기 위하여 현실을 벗어나 정서적 안정을 추구하려는 것을 의미한다. 고립은 문제가 발생했을 경우, 숨어버리는 기제이다. 퇴행은 문제가 발생했을 경우, 이전 발달 단계의 행동으로 돌아가서 자기 욕구를 충족시키려는 기제이다. 백일몽은 문제가 발생했을 경우 공상의 세계로 도피하여 욕구 불만을 발산하고 일시적으로 안정을 얻는 기제이다. 억압은 문제가 발생했을 경우, 내면의 세계에 문제를 은폐시킴으로써 적응하는 기제이다. 고착은 문제 상황에서 벗어나지 못하는 기제로 새로운 행동이 획득되지 못하고 선행 행동에만 고정된다. 거부는 불안정하고 위협이 되는 현실에 대한 지각을 인정하기를 거부함으로써 안정을 유지하려는 기제이다.

MEMO

개념 인출서
인출 연습문제 & 모범답안

PART 06

생활지도 및 상담

CHAPTER 1 | 생활지도와 상담의 이해
CHAPTER 2 | 상담 이론
CHAPTER 3 | 진로 이론

CHAPTER 1 생활지도와 상담의 이해

[개념형] #생활지도의 기초
01 생활지도의 대상과 목표 5가지를 설명하시오.

> 생활지도는 문제 학생이나 일부 특수 학생만을 대상으로 하지 않고, 모든 학생의 건전한 심신 발달과 개개인의 특성 발견 및 신장을 돕는 활동이다. 생활지도의 목표에는 능력과 흥미의 발견 및 이해, 능력과 흥미의 계발, 현명한 선택과 적응을 통한 문제 해결력 증진, 전인적 인성으로의 발달, 유능한 민주 시민으로서의 육성이 있다. 첫째, 능력과 흥미의 발견 및 이해는 각자의 타고난 자질과 능력을 이해시키고자 하는 것이다. 둘째, 능력과 흥미의 계발은 개인이 가진 발전 가능한 잠재 능력의 계발을 목표로 두는 것이다. 셋째, 현명한 선택과 적응을 통한 문제 해결력 증진은 상황에 맞는 직업을 선택하도록 지도하여 일상생활에서 일어나는 문제를 자신의 힘으로 해결할 수 있도록 돕는 것이다. 넷째, 전인적 인성으로의 발달은 학생의 감정과 의지, 개성과 사회성의 고른 발달을 추구하는 것이다. 다섯째, 유능한 민주 시민으로의 육성은 개인이 건전한 민주 시민으로 성장·발달할 수 있도록 모든 경험을 마련하는 데 목표를 두는 것이다.

[개념형] #생활지도의 기본 원리
02 생활지도의 기본 원리 중 적응의 원리와 자아실현의 원리를 설명하시오.

> 적응의 원리는 학생들로 하여금 전반적인 생활에 잘 적응하도록 도와주는 것으로, 현실에 순응하는 소극적 적응보다 개인의 능력과 인격 형성에 있어 자신을 이끌어 가는 능동적 적응을 강조한다. 적응의 결여는 자신에 대한 현실적 이해와 통찰의 부족에서 오는 것으로, 자신을 이해할 수 있도록 지도하고, 건전한 자아 개념을 가지도록 도와야 한다. 자아실현의 원리는 생활지도의 궁극적 목적이 모든 개인으로 하여금 자아실현을 하도록 하는 데 있는 것이다. 개인의 문제 해결, 새로운 장래의 설계, 학교생활의 건전한 적응 등을 통하여 모든 학생이 자기 나름의 완성을 할 수 있도록 조력해야 한다.

[개념형] #생활지도의 실천 원리

03 생활지도의 실천 원리 7가지를 설명하시오.

생활지도의 실천 원리에는 계속성의 원리, 전인적 원리, 구체적 조직의 원리, 균등의 원리, 협동성의 원리, 적극성의 원리, 과학적 기초의 원리가 있다. 계속성의 원리는 생활지도를 진학, 진급, 취직 등 졸업 후에도 계속적인 관심이 필요한 연속적 과정으로 보는 것이다. 전인적 원리는 생활지도가 개인의 특수한 생활 영역이나 기능 등 일부만을 다루는 것이 아니라, 전체적인 면을 다룸으로써 지덕체의 조화로운 발달을 위한 지도를 해야 한다는 것이다. 구체적 조직의 원리는 학교에서 상담 교사를 중심으로 생활지도를 위한 구체적인 조직을 설치하여 효율적인 운영을 해야 한다는 것이다. 균등의 원리는 개인의 가능성 계발에 목표를 두고, 문제 학생이나 부적응 학생뿐만 아니라 모든 학생을 대상으로 지도해야 한다는 것이다. 협동성의 원리는 담임 교사나 상담 교사뿐만 아니라 학교의 모든 구성원이 협력해야 한다는 것으로, 생활지도에는 학교, 가정, 지역 사회의 상호 유기적 관계를 바탕으로 한 협력이 필요하다. 적극성의 원리는 치료적 기능인 소극적 지도도 중요하지만, 예방적 기능인 적극적 지도에 중점을 두어야 한다는 것이다. 과학적 기초의 원리는 구체적이고 객관적인 자료를 근거로 진행해야 한다는 것으로, 생활지도에는 과학적 원리와 방법을 통한 접근이 필요하다.

[개념형] #생활지도의 주요 활동

04 생활지도의 주요 활동 5가지를 설명하시오.

생활지도의 주요 활동에는 학생 조사 활동, 정보 활동, 상담 활동, 정치 활동, 추수 활동이 있다. 학생 조사 활동은 학생을 이해하기 위해 필요한 모든 자료를 수집하는 활동으로, 자료 수집 방법에는 가정 환경 조사서, 생활 기록부, 심리 검사, 관찰, 학생·부모·친구와의 면담, 교우 관계, 일기 등을 활용할 수 있다. 정보 활동은 학생, 교사, 학부모가 원하거나 필요로 하는 정보 및 자료를 제공하는 활동으로, 정보 수집 방법에는 인터넷, TV, 신문, 잡지, 전문가, 각종 간행물 및 논문, 전문 서적 등을 활용할 수 있다. 상담 활동은 학생이 당면한 문제의 해결을 위해 상담의 기술을 이용하여 학생 또는 부모를 돕는 활동으로, 학교 상담의 방법에는 개인 상담, 집단 상담, 전화 상담, 또래 상담 등이 있다. 정치 활동은 취업, 진학 등에 있어 학생이 자신의 흥미나 관심 또는 진로 등을 알 수 있도록 돕거나, 학생에게 적합하다고 생각되는 위치에 배정하는 활동을 의미한다. 추수 활동은 이미 지도를 받은 학생에 대해 계속적으로 지도하는 것을 의미한다. 이전에 지도를 받았던 학생이 잘 적응하고 있는지 계속 살펴보고, 잘 적응하고 있지 못하다면 그 원인이 무엇인지, 바람직한 대안은 없는지 등을 찾아내어 적응할 수 있도록 도와주어야 한다.

[개념형] #상담의 기초
05 상담의 정의와 목표 3가지를 설명하시오.

> 상담은 상담자가 전문적인 지식과 기능을 바탕으로 도움을 필요로 하는 사람(내담자)의 자신과 환경에 대한 이해와 합리적·현실적 행동 양식을 증진시킴으로써 내담자가 합리적인 의사결정을 내릴 수 있도록 돕는 활동이다. 이는 정신 건강, 성격, 정서, 교육, 진로, 가족, 부부, 또래 관계, 개인적 성장 등 일상생활의 문제를 다룬다는 점에서 정신 질환을 다루는 임상 치료와 구분된다. 상담의 목표는 다음과 같다. 첫째, 행동 변화의 촉진이다. 내담자의 사고, 감정, 행동 변화를 통해 내담자가 생산적이고 만족스러운 삶을 살 수 있도록 해야 한다. 둘째, 적응 기술의 증진이다. 학생들은 성장 과정을 거치면서 신체·정서·인지 능력의 변화를 경험하므로 적응에 어려움을 겪는다. 이를 돕기 위해 변화에 적응할 수 있는 다양한 기술을 증진시켜야 한다. 셋째, 잠재 능력의 개발이다. 내담자가 자신의 능력을 발견하고 왜곡했던 자신의 특성을 바르게 지각하도록 함으로써 내담자의 자아실현을 도와야 한다.

[개념형] #상담의 원리
06 상담의 원리 7가지를 설명하시오.

> 상담의 원리에는 개별화의 원리, 수용의 원리, 비심판적 태도의 원리, 자기 결정의 원리, 비밀 보장의 원리, 감정 표현의 원리, 정서 관여의 원리가 있다. 개별화의 원리는 내담자의 개별적인 특성을 참고해야 한다는 원리이다. 수용의 원리는 내담자를 있는 그대로 수용해야 한다는 원리이다. 비심판적 태도의 원리는 상담자가 중립을 유지하고 심판하려는 태도를 보이지 않아야 한다는 원리이다. 자기 결정의 원리는 내담자 스스로 선택과 의사결정을 해야 한다는 원리이다. 비밀 보장의 원리는 내담자와의 상담 내용을 발설하지 않아야 한다는 원리이다. 감정 표현의 원리는 내담자가 감정 표현을 자유롭게 할 수 있는 허용적인 상담 분위기를 조성해야 한다는 원리이다. 마지막으로 정서 관여의 원리는 상담자가 내담자의 정서와 내적인 감정 상태, 반응을 참고해야 한다는 원리이다.

[개념형] #상담의 기본 조건
07 상담의 기본 조건 4가지를 설명하시오.

> 상담의 기본 조건으로는 신뢰(래포 형성), 존중(수용), 공감적 이해, 일치가 있다. 신뢰(래포 형성)는 상담자와 내담자가 서로 마음을 열고 있는 상태로, 신뢰가 형성되기 위해서는 상담자와 내담자 간의 래포가 형성되어야 한다. 존중(수용)은 내담자를 그대로 받아들이는 무조건적이고 긍정적인 존중으로, 내담자를 그 자체로 수용하여 사실적이고 구체적인 행동까지 수용해야 한다. 공감적 이해는 지금 – 여기에서 나타나는 내담자의 감정과 경험을 상담자가 정확하게 이해하는 것으로, 언어 이면에 있는 감정적 의미를 내담자의 입장에서 듣고 이해해야 한다. 일치는 내담자의 상담 목표와 동기가 상담자와 일치될 수 있도록 진실하게 대화하는 것으로, 상담자는 내담자를 정직하게 대해야 하며 내담자에게 자신의 경험과 감정을 솔직하게 표현해야 한다.

[개념형] #상담 기법
08 상담 기법 중 경청, 재진술, 직면에 대해 설명하시오.

> 경청은 내담자의 말이나 감정뿐만 아니라 말 속에 담겨 있는 의미와 내면의 감정·입장에도 귀를 기울이는 기법이다. 주의 집중은 경청의 필수 조건으로, 내담자에게 주의 집중하여 상담을 진행해야 한다. 재진술은 상담자가 내담자의 진술 내용을 동일한 의미의 다른 말로 바꾸어 간략하게 정리하는 기법이다. 상담자는 내담자로 하여금 자신이 한 말에 주의를 기울이도록 하며, 생각을 구체화시킴으로써 이를 잘 이해하고 있는지를 확인해야 한다. 직면은 내담자의 말이나 행동에 있어서 모순이나 불일치되는 부분을 지적해 주는 기법이다. 내담자로 하여금 자신의 행동의 의미나 모순을 깨닫게 하며, 내담자가 미처 깨닫지 못하고 있거나 인정하기를 거부하는 생각과 느낌에 주목하여 언어적인 행동과 비언어적인 행동이 불일치되는 지점을 깨닫게 한다.

CHAPTER 2 상담 이론

[개념형] #정신 분석 상담 이론

09 프로이트(Freud)의 정신 분석 상담 이론의 상담 목표와 상담자와 내담자의 관계 3가지를 각각 설명하시오.

> 정신 분석 상담 이론의 상담 목표는 다음과 같다. 첫째, 내담자의 무의식에서 문제를 일으키는 심리적 갈등을 의식화시켜 의식 수준에서 행동할 수 있도록 돕는다. 둘째, 내담자가 본능적인 욕구보다 합리적이고 현실에 근거한 행동을 할 수 있도록 돕는다. 셋째, 상담자는 내담자의 문제 행동에 대한 각성과 통찰을 도움으로써 현실에 잘 적응할 수 있도록 돕는다. 상담자와 내담자의 관계는 다음과 같다. 첫째, 상담자는 중립성과 객관성을 유지해야 한다. 둘째, 내담자는 상담자와 투사를 통한 전이 관계를 형성해야 하며, 상담자는 내담자에게 영향을 받지 않아야 한다. 셋째, 상담자는 내담자의 현재 문제에 영향을 미치고 있는 무의식적 요인을 해석하고 저항을 파악해야 한다.

[개념형] #정신 분석 상담 이론

10 프로이트(Freud)의 정신 분석 상담 이론의 상담 방법과 시사점 3가지를 각각 설명하시오.

> 정신 분석 상담 이론의 상담 방법에는 해석, 자유 연상, 꿈 분석이 있다. 해석은 내담자의 무의식에 억압되었던 분노, 상처, 갈등을 의식화하기 위한 방법으로, 내용에 대한 설명보다 전이·저항·자유 연상 등이 무엇을 의미하는지 이해할 수 있도록 설명하는 것이 더욱 중요하다. 자유 연상은 내담자가 떠오르는 것을 그대로 이야기할 수 있도록 돕는 방법이다. 자유 연상 과정에서 내담자가 저항을 경험할 경우, 상담자는 저항의 의미를 적절하게 해석함으로써 저항을 해결하고 무의식을 통찰할 수 있도록 도와야 한다. 꿈 분석은 꿈을 분석하여 무의식의 내용을 밝히고 내면을 통찰하여 문제의 원인이 무엇인지를 밝히는 방법으로, 수면 중 방어 기제가 약화되어 억압된 욕구와 충동이 의식 표면으로 표출되면 상담자는 이를 분석하여 내담자가 무의식에 접근할 수 있도록 돕는다. 정신 분석 상담 이론의 시사점은 다음과 같다. 첫째, 유아기의 경험이 성격 발달에 지대한 영향을 끼친다는 것을 강조하여 자녀 양육에 대한 연구를 중시했다. 둘째, 인간은 이성적으로 자신을 통제하기보다 무의식과 본능에 의해 행동한다는 사실을 밝혔다. 셋째, 인간의 표면적 문제가 아닌 근본적 원인을 찾아서 제거하는 데 초점을 두었다.

개념형 #정신 분석 상담 이론

11 아들러(Adler)의 개인 심리학 상담 이론에서의 상담자의 역할과 열등감과 우월성의 관계를 설명하시오.

> 개인 심리학 상담 이론은 내담자의 행동 수정보다 동기 수정에 관심을 갖는다. 상담자는 내담자가 사회적 관심을 갖도록 하여 내담자의 잘못된 가치와 목표를 수정하도록 돕는다. 또한 상담자는 내담자가 열등감을 극복할 수 있도록 내담자의 잘못된 목표나 가정을 규명 및 탐색하기 위한 계약을 체결하고, 건설적인 목표를 세울 수 있도록 재교육한다. 개인 심리학 상담 이론에서 열등감은 개인이 잘 적응하지 못하거나 해결할 수 없는 문제에 직면했을 때 발생하는 것으로, 열등감은 누구에게나 있으며 이를 극복하는 과정에서 자신의 능력을 개발하고 성장한다. 우월성은 자아실현, 자기완성의 의미를 갖는 것으로, 열등감 극복을 넘어 보다 적극적으로 향상과 완성으로 나아가는 것이다.

개념형 #정신 분석 상담 이론

12 아들러(Adler)의 개인 심리학 상담 이론의 생활 양식 4가지와 상담 과정을 설명하시오.

> 아들러의 개인 심리학 상담 이론에서 생활 양식이란 삶에 대한 개인의 기본적 지향이나 성격으로 지배형, 기생형, 회피형, 사회형의 4가지 유형으로 구분한다. 지배형은 독단적이고 공격적이며 활동적이지만 사회적 인식에 관심이 거의 없는 유형이고, 기생형은 자신의 욕구 충족을 위해 타인에게 의존하는 유형이다. 회피형은 사회적 관심이 부족하고 일상에 참여하는 활동을 하지 않는 유형이다. 마지막으로 사회형은 심리적으로 건강한 사람의 표본으로 사회적 관심이 많아 자신과 타인의 욕구를 동시에 충족시키는 유형이다. 개인 심리학 상담 이론의 상담 과정은 관계 형성, 생활 양식 탐색 및 이해, 통찰, 방향 재조정 단계로 이루어진다. 관계 형성 단계에서는 내담자와 동등하고 협조적인 관계를 형성하고, 내담자를 격려한다. 생활 양식 탐색 및 이해 단계에서는 내담자의 생활 양식을 탐색하여 현재 생활에서 생활 양식이 어떻게 기능하는지 이해하도록 한다. 통찰 단계에서는 생활 양식과 기본적 오류에 대한 이해와 통찰을 통해 숨겨진 목표를 발견하도록 한다. 마지막으로 방향 재조정 단계에서는 통찰 단계 이후 수정된 목표를 달성할 수 있도록 새로운 행동을 유도한다.

개념형 #행동주의 상담 이론

13 행동주의 상담 이론에서 상담자의 역할과 상담 기법 3가지를 각각 설명하시오.

> 행동주의 상담 이론의 상담자 역할은 다음과 같다. 첫째, 내담자의 바람직하지 못한 행동은 소거하고, 바람직한 새로운 행동을 학습할 수 있도록 도와야 한다. 둘째, 상담 목표는 분명한 말로 서술하여 내담자가 성취하고자 하는 것이 무엇인지 명확히 인식할 수 있도록 해야 한다. 셋째, 상담의 목표는 내담자가 기대하는 목표로 정해야 하고, 상담자는 이를 돕는 조력자 역할을 수행해야 한다. 행동주의 상담 이론에서 활용할 수 있는 상담 기법에는 체계적 둔감화, 혐오적 조건 형성, 토큰 강화가 있다. 체계적 둔감화는 불안 위계표에 따라 불안이 낮은 장면부터 이완 훈련을 시작하여 높은 장면까지 단계적으로 올라가면서 불안을 감소시키는 방법으로, 이를 통해 부정적인 반응을 점진적으로 해소한다. 혐오적 조건 형성은 제거하려는 문제 행동과 불쾌 경험을 짝지어 문제 행동에 대한 매력을 반감시키는 방법으로, 역조건을 형성하여 행동을 수정한다. 토큰 강화는 내담자가 목표 행동을 달성했을 때 토큰을 주어 바람직한 행동을 유도하는 방법으로, 심리적 포화 현상을 제거하고 강화의 지연을 예방한다.

개념형 #행동주의 상담 이론

14 행동주의 상담 이론의 장점과 단점 3가지를 각각 설명하시오.

> 행동주의 상담 이론의 장점은 다음과 같다. 첫째, 구체적인 행동과 체계적인 방법을 통해 모호했던 상담 이론의 구체적인 목표 달성 여부를 알 수 있다. 둘째, 비교적 짧은 시간 내에 효과를 기대할 수 있다. 셋째, 개개인에 맞는 구체적이고 다양한 상담 기법 적용이 가능하다. 반면, 단점은 다음과 같다. 첫째, 내담자의 감정과 정서의 역할을 경시한다. 둘째, 현재 문제에 초점을 두므로 사소한 현재의 행동을 중요한 원인으로 착각할 수 있다. 셋째, 문제 행동의 제거에만 집중하므로 근원적 원인 해결에 한계가 있다.

[개념형] #인지적 상담 이론

15 윌리엄슨(Williamson)의 지시적 상담 이론의 개념과 상담 과정을 설명하시오.

> 지시적 상담 이론은 상담자가 교사 혹은 조언자의 역할을 하면서 내담자에게 객관적이고 정확한 정보를 제공하여 내담자가 합리적이고 효과적인 선택과 결정을 할 수 있도록 돕는 상담 이론이다. 지시적 상담 이론의 상담 과정은 분석, 종합, 진단, 예진, 상담, 추수 지도의 단계로 이루어진다. 분석은 내담자에 대한 정보와 자료를 수집하는 단계이다. 종합은 분석 단계에서 얻은 자료를 정리하고 배열하여 활용 가능하도록 정리하는 단계이다. 진단은 정리한 자료를 통해서 내담자의 문제를 확인하고 원인을 발견하는 단계이다. 예진은 문제 해결을 예측하는 단계이다. 상담은 상담자와 내담자가 만나서 문제 해결의 탐색이 이루어지는 단계로, 상담자는 내담자가 문제를 해결할 수 있도록 조력자 역할을 한다. 마지막으로 추수 지도는 상담의 결과를 평가하고, 문제가 발생하는 경우 다시 돕는 단계이다.

[개념형] #인지적 상담 이론

16 엘리스(Ellis)의 합리적·정서적 행동 치료(REBT)의 상담 기법 3가지와 상담 모형을 설명하시오.

> 합리적·정서적 행동 치료의 상담 기법에는 인지적 기법, 정서적 기법, 행동적 기법이 있다. 인지적 기법에는 비합리적 신념 논박하기, 독서 치료, 정확한 언어 사용하기 등이 있다. 정서적 기법에는 수치심 공격 연습, 불안 감소를 위한 유머 사용하기, 합리적 정서 상상하기 등이 있다. 행동적 기법에는 체계적 둔감화, 모델링, 강화 기법 등이 있다. 합리적·정서적 행동 치료의 상담 모형은 선행 사건, 신념 체계, 결과, 논박, 효과로 구성된다. 선행 사건은 개인의 정서적 문제를 야기한 사건이나 현상을 의미한다. 신념 체계는 환경적 자극이나 선행 사건에 의해 내담자에게 형성된 신념을 의미한다. 결과는 선행 사건과 신념에 의해 나타난 정서적·인지적·행동적 결과를 의미한다. 논박은 내담자의 비합리적인 신념에 대한 논박으로, 효과는 합리적 신념으로 바뀐 후 내담자에게 나타나는 상담의 결과를 의미한다.

[개념형] #인지적 상담 이론

17 김 교사는 상담 과정에서 철수가 가지고 있는 신념이 현실성이 없음을 깨우치게 하고, 생산적인 방향의 노력을 할 수 있도록 유도하고 있다. 이때 김 교사가 활용할 수 있는 상담 이론의 명칭과 상담 목표를 설명하고, 시사점 2가지를 설명하시오.

> 김 교사가 활용할 수 있는 상담 이론은 합리적·정서적 행동 치료(REBT)이다. REBT의 상담 목표는 내담자의 비합리적 사고를 합리적 사고로 변화시킴으로써 자기 파괴적인 신념들을 없앤 후, 합리적이고 현실적인 인생관을 갖게 하여 융통성 있고 생산적인 삶을 살도록 돕는 것이다. REBT의 시사점은 다음과 같다. 첫째, 인간의 부적응을 인지적 부분에 초점을 두어 설명한다. 둘째, 상담 결과의 실천을 강조하여 치료 과정의 한 부분으로 활용한다.

[개념형] #인지적 상담 이론

18 벡(Beck)의 인지 치료의 개념과 인지적 오류 유형 2가지를 설명하시오.

> 벡의 인지 치료는 부적절한 사고 패턴을 변화시켜 긍정적인 사고를 갖도록 하는 상담 이론으로, 역기능적 인지 도식을 가진 사람이 인지적 오류를 일으켜 부정적인 내용으로 자동적 사고를 하면서 부적응 행동이 발생한다고 보았다. 이때 인지적 오류란 현실을 제대로 지각하지 못하거나 의미를 왜곡하여 받아들이는 것으로 임의적 추론, 선택적 추상화 등이 있다. 임의적 추론은 충분한 근거 없이 성급하게 결론을 내리는 것이고, 선택적 추상화는 중요한 요소들을 무시한 채 사소한 부분에만 초점을 맞추어 전체의 의미를 해석하는 것이다.

[개념형] #인본주의 상담 이론

19 실존주의 상담 이론의 개념과 실존적 조건 4가지를 설명하시오.

> 실존주의에서 인간은 스스로 선택하고 자신의 선택에 책임질 수 있는 존재이며 실존적 불안을 안고 살아가는 존재라고 보았다. 인간은 실존적 조건에 대해 근본적인 불안을 느끼게 되는데 이러한 실존적 불안을 인정하고 실존적 조건을 직면하게 하여 삶을 주체적으로 선택하고 스스로 책임지는 인간으로 성장시키는 것이 실존주의 상담의 목표이다. 실존적 조건 4가지는 다음과 같다. 첫째, 죽음은 실존적 불안의 원인이 되고 죽음에 대한 태도에 따라 인간의 실존에 영향을 미치므로 죽음을 직면하도록 하여 본질적인 삶의 의미를 찾도록 유도해야 한다. 둘째, 인간에게는 자신의 삶에 대한 선택의 자유가 있으므로 그에 대한 책임을 져야 한다. 셋째, 실존적 소외는 인간의 근원적 고독으로, 인간관계에서의 소외나 개인의 내적 소외와는 다른 실존적 소외가 존재한다. 인간은 타인과 분리된 개체로서 근본적으로 고독한 존재이므로 죽음 앞에서는 누구나 단독으로 존재한다. 넷째, 세상에 절대적인 것은 없으며 의미 또한 존재하지 않는다. 의미는 추구하는 것이 아니라 발생하는 것이다.

개념형 #인본주의 상담 이론
20 실존주의 상담 이론 중 사회적 차원의 인간 세계와 심리적 차원의 자기 세계에 대해 설명하시오.

> 사회적 차원의 인간 세계는 인간이 타인과 상호 작용하여 관계를 맺으며 타인, 사회, 문화 등에 대한 태도를 형성한다는 것이다. 인간 세계는 사랑과 증오, 수용과 거부, 소속과 소외, 협동과 경쟁이라는 양극의 차원으로 구성될 수 있으며, 실존적 소외에 대한 직면과 수용을 통해 진정한 인간관계를 맺을 수 있다. 반면, 심리적 차원의 자기 세계는 인간이 외부 대상뿐만 아니라 자신과도 관계를 맺는다는 것이다. 자기 세계는 강함과 약함, 적극성과 소극성, 자기 수용과 자기 혐오와 같은 양극의 차원으로 구성될 수 있으며, 과도한 자기 중심성을 극복하지 못하면 개인적 상실과 죽음에 직면하게 되었을 때 심한 불안과 혼란을 경험하게 된다.

개념형 #인본주의 상담 이론
21 로저스(Rogers)의 인간 중심 상담 이론의 상담 목표와 상담 원리 3가지를 설명하시오.

> 인간 중심 상담 이론의 상담 목표는 다음과 같다. 내담자가 자기 존중을 회복하고 왜곡된 자아개념과 현실을 수정하여 자기실현을 할 수 있도록 도우며, 내담자의 자기실현 경향성에서 장애물을 제거하고 성장 잠재력을 발휘하도록 돕는 것이다. 인간 중심 상담 원리는 다음과 같다. 첫째, 상담자는 내담자의 잘못된 행동을 지적하거나 문제 해결 방법을 지원하는 지시적인 태도를 갖지 않는다. 둘째, 내담자가 자신의 잠재력을 발견하고 자신과 현실에 대해 긍정적으로 경험하도록 지지한다. 셋째, 내담자를 돕고 치료하는 것은 상담자가 아닌 내담자 자신이므로, 상담자는 조력자·촉진자로서의 역할에 충실해야 한다.

개념형 #인본주의 상담 이론
22 충분히 기능하는 사람의 개념과 특징 5가지를 설명하시오.

> 충분히 기능하는 사람은 진정한 자신의 모습을 발견하고 끊임없이 성장하며 자기실현을 하는 사람을 의미한다. 충분히 기능하는 사람의 특징은 다음과 같다. 첫째, 경험에 대해 개방적이다. 충분히 기능하는 사람은 자신의 경험이 부정적이어도 왜곡하거나 부정하지 않고, 정확하게 인식하고 수용하는 자세를 갖는다. 둘째, 실존적인 삶을 산다. 충분히 기능하는 사람은 과거나 미래를 외면하지 않고, 과거로부터 현재의 자신이 되었음을 깨닫고 현재에 충실하면 미래가 보장될 수 있다고 생각한다. 셋째, 자신에 대한 신뢰가 있다. 충분히 기능하는 사람은 항상 자신의 선택과 결정을 신뢰하며 자신에게 의존한다. 넷째, 자유 의지를 갖는다. 충분히 기능하는 사람은 자유 의지를 가지고 살아가며, 자신의 선택과 결과에 대해 책임을 진다. 다섯째, 창의성이 풍부하다. 충분히 기능하는 사람은 자신의 결정과 행동에 대해 융통성을 갖고 있으므로 스스로 새로운 삶을 창조하고 사회나 문화에 무조건 동화되지 않는다.

[개념형] #인본주의 상담 이론

23 로저스(Rogers)의 인간 중심 상담 이론의 상담 과정과 상담 기법 3가지를 설명하시오.

> 인간 중심 상담 이론의 상담 과정은 다음과 같다. 첫째, 상담자가 내담자의 경험을 파악한다. 둘째, 상담자는 내담자의 불안한 감정을 그대로 반영하여 내담자에게 보여준다. 셋째, 내담자는 자신이 부정했던 내면의 불안한 감정을 수용한다. 넷째, 상담자는 내담자의 입장에서 무조건적으로 수용하고 공감한다. 다섯째, 내담자는 타인의 조건적 가치에 의해 왜곡되었던 자신의 경험을 통찰한다. 인간 중심 상담 이론의 상담 기법에는 진실성, 무조건적인 존중과 수용, 공감이 있다. 진실성은 상담 전문가로서의 권위주의적인 태도를 버리고 있는 그대로의 모습을 드러내는 것이다. 상담자의 진실성을 통해 내담자는 상담자를 더욱 신뢰하며, 상담자처럼 자신의 약점을 숨기지 않고 수용할 수 있게 된다. 무조건적인 존중과 수용은 상담자가 내담자의 긍정적 존중에 대한 욕구를 충족시켜 줌으로써 내담자가 자기 존중과 긍정적인 자아 개념을 형성하도록 돕는 것이다. 공감은 상담자가 내담자의 감정이나 생각 등을 최대한 이해하는 태도를 의미한다.

[개념형] #인본주의 상담 이론

24 형태주의(게슈탈트) 상담 이론의 상담 목표와 게슈탈트, 미해결 과제의 개념을 설명하시오.

> 형태주의(게슈탈트) 상담 이론의 상담 목표는 내담자의 욕구와 감정을 알아차리고, 이를 환경과의 접촉을 통해 해소할 수 있도록 돕는 것이다. 게슈탈트는 전체, 형태, 모습 등의 뜻을 지닌 독일어로, 인간은 외부의 자극을 각각의 부분으로 보지 않고 하나의 의미 있는 형태, 즉, 게슈탈트로 지각하는 것이다. 인간은 자신이 처한 상황과 환경을 고려하여 자신의 욕구나 감정을 실현 가능한 행동 동기로 인식한다. 미해결 과제는 인간이 게슈탈트를 형성하지 못했거나 형성된 게슈탈트를 적절히 해소하지 못하여 배경으로 물러나지 못하고, 전경으로 떠오르려는 상태이다. 효과적인 욕구 해소에 실패하여 주로 감정으로 표출되며, 신체적 장애로 나타나기도 한다.

[개념형] #인본주의 상담 이론

25 형태주의(게슈탈트) 상담 이론의 상담 원리와 상담 기법 2가지를 각각 설명하시오.

> 형태주의(게슈탈트) 상담 이론의 상담 원리는 다음과 같다. 첫째, 지금-여기에서 드러나는 내담자의 표정이나 말투 등 비언어적 측면에 초점을 맞춘다. 둘째, 상담자는 내담자가 과거의 미해결 과제에 머물러 있지 않고 그것을 지금-여기로 가져와서 표현하도록 한다. 형태주의 상담 이론의 상담 기법에는 빈 의자 기법과 감정에 머무르기가 있다. 빈 의자 기법은 빈 의자를 두고 상대방이 마치 그곳에 앉아 있는 것처럼 가정하여 내담자가 다루고자 하는 문제를 독백, 방백, 역할 바꾸기 등을 통해 이야기하는 방식으로, 내담자가 자신의 감정과 문제를 빠르게 파악하는 데 도움을 준다. 감정에 머무르기는 내담자가 불쾌한 감정이나 기분을 이야기하며 도망치고 싶은 욕구를 느끼는 순간 내담자로 하여금 그 감정에 그대로 머무르며 직면하도록 하는 방법으로, 회피하고자 했던 감정을 확실하게 지각하게 함으로써 문제를 해결할 수 있도록 도움을 준다.

[개념형] #인본주의 상담 이론

26 상호 교류 분석 이론의 욕구 유형 3가지와 상담 원리 4가지를 설명하시오.

> 상호 교류 분석 이론의 욕구 유형에는 자극의 욕구, 구조의 욕구, 자세의 욕구가 있다. 자극의 욕구는 신체적 접촉과 심리적인 인정을 받고자 하는 욕구로, 사회적 상호 작용의 기본 동기가 된다. 구조의 욕구는 인정 자극을 극대화할 수 있는 방향으로 시간을 구조화하는 것으로 철수, 의식, 소일, 활동, 게임, 친밀성 등의 방법을 사용한다. 자세의 욕구는 5세 이전의 부모 행동에 반응하는 태도에 따라 달라지며, 개인의 생활 자세에 따라 형성된다. 상호 교류 분석 이론의 상담 원리는 다음과 같다. 첫째, 상담자는 내담자의 인지적 문제에 관심을 가져야 한다. 둘째, 상담자는 내담자에게 정보를 제공하고 교육과 훈련을 시켜야 한다. 셋째, 상담자는 내담자 스스로 자신의 어른 자아에 의지할 수 있도록 격려해야 한다. 넷째, 상담자는 내담자가 변화에 필요한 도구를 스스로 얻을 수 있도록 도와야 한다.

[개념형] #인본주의 상담 이론

27 구조 분석 이론의 개념과 부모 자아, 어른 자아, 아동 자아의 개념을 설명하시오.

> 구조 분석 이론은 교류를 통한 성격 형성 과정을 자아 상태 구조의 관점에서 분석하는 것으로, 내담자는 자신의 자아 상태를 확인하고 자아 상태 구조를 분석함으로써 자신의 의사소통 방식과 행동 유형을 파악할 수 있다. 부모 자아는 프로이트 이론의 초자아(Super-ego)에 해당하는 개념으로, 주로 부모나 의미 있는 주요 인물들의 행동과 태도에 영향을 받아 형성되며, 도덕적 태도를 보인다. 어른 자아는 프로이트 이론의 자아(Ego)에 해당하는 개념으로, 자신에 대한 자각과 독창적 사고가 가능해지면서 점진적으로 나타나고, 정서적 안정, 행동의 자율성, 개인적 만족, 사회적 문제에 관심을 갖는다. 아동 자아는 프로이트 이론의 원초아(Id)에 해당하는 개념으로, 생득적으로 일어나는 모든 충동과 감정, 5세 이전의 경험, 부모와의 관계에서 경험한 감정 등이 내면화된 자아를 의미한다.

[개념형] #인본주의 상담 이론

28 상호 교류 분석 이론의 생활 자세 4가지를 설명하시오.

> 상호 교류 분석 이론의 생활 자세에는 자기 긍정-타인 긍정, 자기 긍정-타인 부정, 자기 부정-타인 긍정, 자기 부정-타인 부정이 있다. 자기 긍정-타인 긍정은 정서적·신체적 욕구가 애정적이고 수용적인 방식으로 충족되면, 성장한 아동이 자신과 타인을 긍정하는 자세를 유지하고 승리자의 각본을 갖게 한다. 자기 긍정-타인 부정은 어린 시절 부모로부터 폭력이나 학대를 당한 경험이 있는 경우 부모에 대한 반항심에 의해 형성되는 자세로, 자신의 실수를 다른 사람에게 전가하고 자신을 희생양으로 여긴다. 자기 부정-타인 긍정은 어릴 때 부모의 무조건적인 인정 자극 또는 자신은 무능하여 다른 사람의 도움 없이는 살아갈 수 없다는 좌절감을 경험함으로써 형성되는 자세로, 자신에 대한 무력감을 느낀다. 자기 부정-타인 부정은 성장하면서 인정 욕구가 결핍되었거나 부정적인 자극을 강하게 경험함으로써 형성되는 자세로, 정신적 문제를 갖게 될 가능성이 높다.

[개념형] #기타 상담 이론
29 해결 중심 상담 이론의 상담 목표와 상담자와 내담자의 관계 3가지를 설명하시오.

> 해결 중심 상담 이론의 상담 목표는 다음과 같다. 단기간에 내담자의 문제를 해결하기 위해 내담자에게 적합한 문제 해결 방법을 찾아 문제 해결을 유도한다. 해결 중심 상담에서 상담자와 내담자의 관계는 방문형, 불평형, 고객형이 있다. 방문형은 내담자가 자신의 문제를 인식하지 못하거나 타인에게 문제가 있다고 생각하므로, 상담자는 내담자가 상담을 시작한 것을 칭찬하고, 상담에 대해 호감을 가질 수 있도록 노력해야 한다. 불평형은 내담자가 문제를 인식하고 있으나, 책임 의식이나 해결 방안을 찾으려는 의지가 없으므로 내담자가 타인에게 문제의 원인을 돌리는 경우, 상담자는 내담자 자신이 문제의 원인임을 깨닫도록 도와야 한다. 고객형은 내담자가 문제를 인식하고 스스로 해결할 의지가 있으므로, 상담자는 문제 해결을 위한 구체적인 과제를 부여하고 이를 달성할 수 있도록 격려해야 한다.

[개념형] #기타 상담 이론
30 내담자의 준거 틀의 개념과 역할을 설명하시오.

> 내담자의 준거 틀은 내담자가 자신이 경험하고 지각한 것에 의미를 부여하고 체계화하기 위해 활용하는 범주의 집합으로, 선택과 의미 부여, 관계 맺음을 결정하는 데 도움을 준다. 내담자의 준거 틀은 상담자가 내담자에게 전문적인 도움을 제공하는 과정에서 길잡이 역할을 한다.

[개념형] #기타 상담 이론
31 글래써(Glasser)의 현실주의 상담의 목표와 상담 원리 3가지를 각각 설명하시오.

> 현실주의 상담의 목표는 다음과 같다. 첫째, 내담자가 자율적이고 효율적인 욕구 충족 방법을 선택하여 실행하도록 돕고, 이를 통해 책임 있는 행동을 선택하게 함으로써 성공적인 정체감을 갖도록 돕는다. 둘째, 내담자가 타인에게 해를 끼치지 않는 선에서 자신의 욕구를 만족시키는 적절한 행동을 선택하고 평가하도록 하며 본인의 행동에 책임지도록 한다. 셋째, 내담자가 원하는 것이 현실적으로 실현 가능한지, 선택한 행동이 자신의 욕구 충족에 있어 유용한지의 여부를 평가하도록 돕는다. 현실주의 상담 원리는 다음과 같다. 첫째, 상담자는 따뜻하고 인간적인 위치에서 내담자와 친밀한 관계를 유지한다. 둘째, 상담자는 내담자가 자신의 현재 욕구를 탐색하는 데 집중하게 하여 내담자의 현재 욕구를 충족시킨다. 셋째, 내담자가 선택한 행동에 스스로 책임을 갖도록 하여 도덕성과 책임감을 강조한다.

개념형 #기타 상담 이론

32 현실주의 상담의 통제 이론과 전행동 이론을 설명하시오.

> 통제 이론은 인간이 5가지 기본 욕구인 생존, 소속, 힘, 즐거움, 자유를 추구하는 과정에서 자신의 행동을 통제할 수 있다는 것이다. 전행동(전체 행동) 이론은 인간의 전행동이 활동, 생각, 느낌, 신체 반응의 4가지로 구성되며 서로 유기적으로 관련된다는 것으로, 활동이나 생각은 인간이 통제할 수 있으나 느낌이나 신체 반응은 통제가 어렵다.

사고형 #상담 활동

33 A교사가 담임을 맡고 있는 B학생은 평소에 올바른 학습 습관을 형성하기 위하여 최선을 다하고 있다. A교사는 B학생과 상담을 하는 도중 학생이 "저는 열심히는 하는데 잘하지 못해요. 아마 제가 원하는 결과를 내지 못할 거예요."라고 반복하며 말하는 것을 들었다. B학생이 겪고 있을 정서적 문제 상황과 이를 해결하기 위한 방안 2가지를 설명하시오.

> B학생은 정서적으로 자신감이 많이 상실된 상태이다. 자신감이란 어떤 과제를 수행하고 특정한 상황을 해결하거나 헤쳐나갈 수 있다는 느낌이다. B학생의 자신감을 키우기 위해 2가지 해결 방법을 제시할 수 있다. 첫째, 달성하기 너무 어려운 과제보다 조금 어려운 도전적인 과제를 선택하여 풀어보는 방법이다. 당장 해결할 수는 없을 것 같지만 조금만 노력하면 할 수 있을 것 같은 난이도의 과제를 해결하면서 자신이 얼마나 공부를 잘하고 있는지 깨달을 수 있다. 둘째, 스스로를 위한 칭찬 일기를 작성하는 방법이다. 칭찬 일기란 하루에 있었던 일 중에서 스스로를 칭찬하거나 격려하고 싶은 모든 내용을 쓰는 일기를 말한다. 칭찬 일기를 쓰면 자신이 얼마나 칭찬할 점이 많고 능력이 있는 사람인지 깨달을 수 있다.

CHAPTER 3 진로 이론

개념형 #진로 선택 이론
34 파슨스(Parsons)의 특성 – 요인 이론의 특성 요인과 상담 과정을 설명하시오.

> 특성 요인은 개인의 지능, 적성, 작업 능력, 학업 성취도, 관심, 태도 등으로 개인의 특성은 심리 검사 등의 방법을 통해 객관적인 지표로 측정이 가능하다. 개인은 각자 독특한 특성에 맞는 직업 유형에 적응한다. 특성 요인 이론의 상담 과정은 분석, 종합, 진단, 예측, 상담, 추수 지도의 단계로 이루어진다. 분석은 다양한 자료를 통해 지능, 태도, 흥미 등에 대한 세부 자료를 수집하는 단계이다. 종합은 내담자의 특성을 파악하기 위해 사례 연구나 검사 결과를 바탕으로 자료를 수집하고 요약하는 단계이다. 진단은 내담자의 특성과 문제를 분류하고 교육적·직업적 능력과 특성을 비교하여 문제 원인을 찾아내는 단계이다. 예측은 문제의 해결 가능성을 예측하고 내담자가 고려해야 할 조치와 조정 사항들을 발견하는 단계이다. 상담은 내담자가 현재 또는 미래의 바람직한 적응을 위해 해야 할 일을 함께 상의하는 단계이다. 추수 지도는 추후 문제가 발생할 경우에도 내담자가 바람직한 행동 계획을 수행할 수 있도록 계속적으로 지도하는 단계이다.

개념형 #진로 선택 이론
35 로우(Roe)의 욕구 이론의 직업 지향성을 설명하시오.

> 직업 지향성은 부모의 양육 방식에 따라 2가지로 나뉜다. 따뜻하고 수용적인 부모 밑에서 자란 사람은 자신의 욕구를 대인 관계에서 만족하는 방식을 배우게 되어 인간 지향적 직업을 선택한다. 반면, 자녀를 회피하거나 무관심한 부모 밑에서 자란 사람은 자신의 욕구를 사람이 아닌 다른 수단을 통하여 충족하게 되어 비인간 지향적 직업을 선택한다.

개념형 #진로 선택 이론

36 홀랜드(Holland)의 인성 이론의 6가지 성격 유형과 각각의 특징을 설명하시오.

> 인성 이론의 성격 유형에는 실재적 유형, 탐구적 유형, 예술적 유형, 사회적 유형, 설득적 유형, 관습적 유형이 있다. 실재적 유형은 기계, 도구, 동물에 관한 체계적인 조작 활동을 좋아하지만, 사회적 기술이 부족하다. 탐구적 유형은 분석적이고 호기심이 많고 조직적이며 정확하지만, 리더십 기술이 부족하다. 예술적 유형은 표현이 풍부하고 독창적이지만, 반순응적이고 규범적인 기술이 부족하다. 사회적 유형은 다른 사람들과 함께 일하거나 다른 사람을 돕는 것을 즐기지만, 도구와 기계를 포함하는 질서정연하고 조직적인 활동을 싫어한다. 설득적 유형은 조직 목표나 경제적 목표를 달성하기 위해 타인을 설득하는 활동을 즐기지만, 상징적이고 체계적인 활동을 싫어하며 과학적인 능력이 부족하다. 관습적 유형은 자료를 체계적으로 잘 처리하고 기록을 정리하거나 자료를 재생산하는 것을 좋아하지만, 심미적인 활동을 회피한다.

개념형 #진로 선택 이론

37 블라우(Blau)의 사회학적 이론 중 진로 선택에 영향을 주는 사회적 요인 3가지와 사회 계층을 설명하시오.

> 진로 선택에 영향을 주는 사회적 요인 3가지는 가정, 학교, 지역 사회이다. 가정은 부모의 사회적 지위, 수입, 교육 정도, 주거 지역과 양식, 종교적 배경 등을 포함한다. 학교는 동료와의 관계, 교사와의 관계, 속해 있는 학교의 가치관 등을 포함한다. 지역 사회는 지역 사회의 환경 변화, 가치, 특수한 경험 등을 포함한다. 사회 계층은 사회·문화적 환경 중 가장 큰 영향을 미치는 것으로, 사회 계층에 따라 교육 수준, 직업 포부 수준, 일반 지능 수준, 사회적 반응 등이 달라지고 독특한 심리적 환경을 조성하여 직업 선택 및 발달에 영향을 미친다.

개념형 #진로 발달 이론

38 슈퍼(Super)의 진로 발달 이론의 진로 발달 과정을 설명하시오.

> 진로 발달은 전 생애에 걸쳐 이루어지며, 진로 발달 과정은 자아개념의 발달 및 실현과 일치한다. 진로 발달 과정은 개인적 변인과 사회적 환경 요인의 상호 작용과 종합의 연속적인 과정으로, 개인의 직업 선호, 생활 장면, 자아개념 등에 의해 변화한다. 개인의 능력, 흥미, 인성 등 특성의 차이에 따라 적합한 진로 환경이 다르며, 개인의 특성은 시간의 경과와 경험에 따라 변화한다.

[개념형] #진로 발달 이론
39 타이드만과 오하라(Tiedeman&O'Hara)의 의사결정 이론의 진로 선택의 개념과 과정을 설명하시오.

> 진로 선택은 삶에서의 의식적인 선택으로, 선택의 개념이 자율성, 목적 행동, 분화와 통합 사이에서 점진적으로 발달한다. 진로 선택의 과정은 예상기, 실천기로 나누어진다. 예상기(전 직업기)는 탐색, 구체화, 선택, 명료화를 통해 의사결정의 절차와 내용을 사전에 인식하는 과정이다. 실천기는 순응, 개혁, 통합을 통해 자신과 외부 현실 사이에서 현실적인 적응과 선택을 수행하는 과정이다.

[개념형] #진로 발달 이론
40 고트프레드슨(Gottfredson)의 진로 발달 이론 중 진로 결정에 영향을 주는 심리적 요인의 개념과 하위 요인 2가지를 설명하시오.

> 진로 발달 이론 중 진로 결정에 영향을 주는 심리적 요인은 개인의 생각·감정·행동을 결정하는 요인으로, 진로 상담을 통해 내담자가 이해하고 변화할 수 있도록 도와줄 수 있다. 심리적 요인의 하위로는 학습 경험과 과제 접근 기술이 있다. 학습 경험은 개인이 과거에 학습한 경험으로, 현재 또는 미래의 교육과 직업에서의 의사 결정에 영향을 미친다. 과제 접근 기술은 개인이 환경에 대처하며 미래를 예견하는 능력이나 경험으로, 문제 해결 기술, 목표 설정, 가치 명료화, 대안의 일반화, 진로 정보 획득 등이 포함된다.

메가쌤
교육학
개념 인출서
인출 연습문제 & 모범답안

PART 07

교육사회학

CHAPTER 1 | 교육사회학 이론
CHAPTER 2 | 교육과 사회
CHAPTER 3 | 평생 교육과 다문화 교육

CHAPTER 1　교육사회학 이론

개념형　#기능 이론　#기능 이론의 이해
01 기능 이론의 개념과 사회에 대한 관점 4가지를 설명하시오.

> 기능 이론은 사회를 유기체에 비유하여 사회가 어떻게 유지·존속되는지를 설명하는 이론이다. 기능 이론의 사회에 대한 관점은 다음과 같다. 첫째, 사회는 유기체와 마찬가지로 여러 부분으로 구성되어 있으며, 각 부분은 사회 전체의 유지와 존속을 위해 각각의 기능을 수행한다. 둘째, 사회의 각 부분은 유기적으로 통합되어 있으며, 한 부분의 변화가 다른 부분에 영향을 미치는 상호 의존적 관계를 맺는다. 셋째, 사회는 균형과 안정을 유지하려는 힘을 지니고 있으며, 사회의 각 구성 요소는 자신의 기능을 수행함으로써 전체의 안정과 통합, 균형과 질서를 유지한다. 넷째, 사회의 중요한 가치나 신념은 사회 구성원 간의 합의를 통해 이루어지며, 사회적 연대를 중시한다.

개념형　#기능 이론　#기능 이론의 이해
02 기능 이론의 관점에서 학교 교육의 역할 3가지를 설명하시오.

> 기능 이론의 관점에서 학교 교육의 역할은 다음과 같다. 첫째, 사회화의 기능을 수행한다. 학교 지식은 사회 구성원의 보편적 합의에 의해 만들어진 것으로, 사회적 역할 수행에 필요한 지식, 기술, 가치 등을 포함한다. 학교 교육은 학생에게 기존 사회의 생활 양식과 사회적으로 합의된 가치와 규범을 전수함으로써 학생이 기존 사회에의 적응과 사회의 유지·발전을 위한 소양을 함양하도록 한다. 둘째, 능력이나 소질에 따라 학생을 분류하고 선발하여 교육하는 선발과 배치의 역할을 수행한다. 학교는 분류된 학생들에게 서로 다른 경험을 제공하고, 학생들을 사회의 적재적소에 배치한다. 셋째, 사회 평등의 기능을 수행한다. 학교는 학생의 능력에 따른 차등적 보상을 통해 계층 간의 이동을 보장하므로 학교 교육은 사회 계층의 이동 수단으로써 사회적 평등 실현에 기여한다.

개념형　#기능 이론　#학교 사회화
03 뒤르켐(Durkheim)이 주장한 보편적 사회화와 특수적 사회화를 설명하시오.

> 보편적 사회화는 전체 사회 집단의 보편적 가치와 규범을 습득하는 것을 의미한다. 즉, 한 사회의 공통된 감성과 신념을 내면화하는 것으로, 사회의 특성을 유지하고 구성원 간의 동질성을 확보할 수 있다. 특수적 사회화는 특정 직업 집단의 가치, 규범, 능력 등을 습득하는 것을 의미한다. 즉, 직업 세계가 요구하는 신체적·도덕적·지적 특성을 내면화하는 것이다. 산업화의 영향으로 사회가 점차 분화·발전함에 따라 다양한 직업 교육이 요구되고 있다.

개념형 #기능 이론 #학교 사회화
04 파슨스(Parsons)가 주장한 학교의 기능 중 역할 사회화와 사회적 선발을 설명하시오.

> 파슨스에 따르면 학교는 사회의 도덕과 규범이 반영된 사회 체제의 하나로, 역할 사회화와 사회적 선발 기능을 수행한다. 역할 사회화는 아동이 성인이 되어 담당하게 될 역할을 수행하기 위해 필요한 능력과 태도를 내면화하는 것으로, 뒤르켐의 특수적 사회화에 해당한다. 사회적 선발 기능은 학생들의 인지적·인성적 차원의 학업 성취 수준에 따라 사회적으로 역할을 배분하는 것으로, 학교는 선발과 배치를 통해 능력주의를 실현한다.

개념형 #기능 이론 #학교 사회화
05 드리븐(Dreeben)이 주장한 학교의 기능과 산업 사회가 요구하는 규범 4가지를 설명하시오.

> 드리븐은 학교가 학생들을 산업 사회에서 요구하는 사회인으로 만드는 역할을 해야 한다고 보았다. 산업 사회가 요구하는 4가지 규범에는 보편성, 특수성, 독립성, 성취성이 있다. 보편성은 모두에게 적용되는 보편적인 규범으로, 동일 연령의 학생들은 동일한 내용·과제 학습과 동일한 규칙의 적용을 통해 학습한다. 특수성은 예외적 상황에 따라 규칙을 적용하는 규범으로, 학생들은 학년이 높아질수록 흥미와 적성에 따라 학습을 선택·집중하는 교육과정과 개인의 상황에 따른 예외적 규칙의 적용을 통해 학습한다. 독립성은 스스로 과제를 수행하고 결과에 대해 책임지는 규범으로, 학생들은 공식적 시험이나 부정행위에 대한 처벌 등을 통해 학습한다. 성취성은 개인의 성취에 따라 대우를 받는다는 규범으로, 학생들은 과제의 성과에 따라 다르게 제공되는 보상을 통해 학습한다.

개념형 #기능 이론
06 근대화 이론에서 주장하는 사회와 학교를 통해 근대화되는 과정을 설명하시오.

> 근대화 이론의 관점에서 사회는 개인의 내적 요인과 사회의 외적 요인이 함께 작용하여 발전하므로 사회의 근대화는 사회 구성원들의 내적 요인인 근대적 가치관에서 비롯된 것이다. 근대화 이론의 입장에서 학교를 통한 근대화 과정은 다음과 같다. 학교는 대표적인 근대화 기관으로, 사회 구성원들은 학교 교육을 통해 근대적 가치관을 함양하고, 사회 구성원들이 근대화 기관(학교)에서 근대적 가치를 함양함으로써 사회의 근대화가 이루어진다.

[개념형] #기능 이론

07 A씨는 학교 교육이 학생의 바람직한 성장을 이끌어내 국가 경쟁력을 강화하는 데 이바지하고, 국가 발전의 토대가 되므로 국가 차원에서 교육의 양과 질을 계획적으로 조절해야 한다고 주장한다. A씨의 입장과 관련된 기능 이론의 명칭과 특징 2가지를 설명하시오.

> A씨가 취하고 있는 입장의 명칭은 발전 교육론이다. 발전 교육론의 특징은 다음과 같다. 첫째, 교육을 국가 발전의 원동력이라고 믿고, 국가의 경제·정치·사회 각 부분의 발전을 자극하고 촉진하기 위해 교육의 양과 질을 계획적으로 조절한다. 둘째, 교육의 외재적 기능을 강조함에 따라 국가 발전을 위해 국가가 교육을 계획적으로 시행한다.

[개념형] #갈등 이론 #갈등 이론의 이해

08 갈등 이론의 개념과 사회에 대한 관점 3가지를 설명하시오.

> 갈등 이론은 사회를 개인 간 또는 집단 간의 경쟁과 갈등의 연속으로 설명하는 이론이다. 갈등 이론의 사회에 대한 관점은 다음과 같다. 첫째, 사회는 활발한 긴장과 갈등이 일어나는 곳으로, 무한한 인간의 욕망에 비해 한정된 사회 자원(희소성)과 사회 계급 간의 권력 차이 등으로 인해 갈등이 일어난다. 둘째, 갈등은 사회 진보의 원동력으로, 사회는 항상 집단 간의 계속적 투쟁과 갈등으로 인한 변화의 과정에 있다. 셋째, 사회 유지는 권력 집단의 강제에서 비롯된 것으로, 지배 집단은 피지배 집단을 억압함으로써 사회를 유지한다.

[개념형] #갈등 이론 #갈등 이론의 이해

09 갈등 이론의 관점에서 학교 교육의 역할 3가지를 설명하시오.

> 갈등 이론의 관점에서 학교 교육의 역할은 다음과 같다. 첫째, 학교 교육은 지배 집단의 문화를 정당화하고 기존의 불평등한 사회 구조를 재생산함으로써 계급 구조와 불평등을 정당화한다. 둘째, 학교 지식은 지배 집단의 이익을 반영하여 기존 질서의 정당성을 강조하며, 학교 교육을 통해 지배 집단의 문화 자본을 전수한다. 셋째, 학교 교육은 피지배 집단의 학생들에게 기존의 사회 구조에 순응하는 태도를 학습시킨다.

개념형 #갈등 이론
10 경제적 재생산 이론의 개념과 대응 이론의 개념 2가지를 설명하시오.

> 경제적 재생산 이론은 학교 교육이 대응 원리에 따라 자본주의 사회의 불평등한 계급 구조를 재생산한다는 것이다. 대응 이론의 개념은 다음과 같다. 첫째, 학교 교육의 구조는 자본주의 경제 체제의 생산 구조와 서로 대응한다. 노동과 교육은 각각 임금과 성적의 외적 보상을 얻기 위해 이루어지고, 직업 구조와 교육은 다양한 수준으로 구분된다. 둘째, 노동 현장에서의 사회적 관계와 학교에서의 사회적 관계가 서로 대응한다. 노동자와 학생은 각각 작업 내용과 교육과정에 대해 결정권이 없으며, 분업화된 노동 현장과 같이 학교도 계열을 구분하고, 지식을 과목별로 나눈다.

개념형 #갈등 이론
11 경제적 재생산 이론에서 주장하는 학교 계급을 설명하시오.

> 경제적 재생산 이론에서 학교는 학생 개인이 속한 계급에 따라 차별적으로 사회화시킨다. 상위 계급에게는 경영자에게 필요한 독립심, 창조력, 리더십 등의 내면화된 통제 규범을 강조하며, 하위 계급에게는 노동자에게 필요한 복종, 순응, 시간 엄수 등의 통제된 행동과 규칙 준수를 강조한다.

개념형 #갈등 이론
12 이데올로기론의 관점에서 이념적 국가 기구를 설명하시오.

> 이데올로기론에서는 전통적 마르크스 이론에서 상부 구조의 하나였던 국가를 국가 기구 개념으로 확대하고, 억압적(강제적) 국가 기구와 이념적(이데올로기적) 국가 기구로 구분했다. 이념적 국가 기구는 종교(교회), 교육(학교), 가족, 정치, 언론 매체 등으로, 상대적 자율성을 지닌 자본주의 국가는 이념적 국가 기구를 통해 자본주의적 생산력과 생산 관계를 재생산한다. 학교 교육은 이념적 국가 기구로서 체제 재생산의 핵심적인 역할을 수행하며, 의무 교육은 가장 강력한 재생산 장치로 볼 수 있다.

[개념형] #갈등 이론 #급진적 저항 이론

13 급진적 저항 이론 중 프레이리(Freire)의 주장과 의식화와 인간 해방을 설명하시오.

> 프레이리는 기존의 전통적 학교 교육에서의 은행 저축식 교육을 비판하고, 이에 대한 대안으로 문제 제기식 교육을 주장했다. 프레이리는 비판적 문해 교육을 통한 의식화와 속박으로부터의 인간 해방을 강조한다. 의식화는 사회·문화적 현실을 비판적으로 인식하고, 보다 나은 사회로의 발전에 적극적으로 참여할 수 있도록 개인의 의식을 자극하고 일깨워준다. 인간 해방은 인간 존재가 주체가 되는 인간성의 회복을 의미한다.

[개념형] #갈등 이론 #급진적 저항 이론

14 프레이리(Freire)가 주장한 은행저축식 교육과 문제 제기식 교육을 설명하시오.

> 은행저축식 교육은 교사와 학생 사이를 지배와 복종의 관계로 보는 것이다. 교사는 마치 빈 계좌에 돈을 저축하듯이 학생을 빈 계좌로 취급하고 지식을 주입하는데, 이는 인간을 주체로 만드는 것이 아니라 주어진 현실에 적응만 하는 객체적 존재로 만든다고 보았다. 이를 해결하기 위해 제안한 것이 문제 제기식 교육이다. 문제 제기식 교육은 비인간화 현상의 원인인 억압을 극복하는 교육 방식으로, 학생들이 스스로 주제를 선정하고 교사와의 대화를 통해 사회를 비판적으로 바라볼 수 있게 하는 교수·학습 방법이다.

[개념형] #갈등 이론 #급진적 저항 이론

15 일리치(Illich)가 주장한 학교 교육의 문제점 3가지를 설명하고, 네트워크 학습망의 종류 4가지를 설명하시오.

> 일리치가 주장한 학교 교육의 문제점은 다음과 같다. 첫째, 입시·지식 위주의 학교 교육은 인간의 자유로운 성장과 자아실현을 저해한다. 둘째, 의무 교육은 학교 교육을 통해서만 올바른 지식을 획득할 수 있다고 믿게 함으로써 학습 형태를 왜곡한다. 셋째, 동일한 연령의 아동들을 집단화함으로써 비인간적 아동기를 강요한다. 네트워크 학습망의 종류 4가지는 다음과 같다. 첫째, 교육 자료에 대한 참고 자료망은 학습자가 학습에 필요한 자료에 접근할 수 있게 한다. 둘째, 교육자에 대한 참고 자료망은 학습자가 원하는 전문 교육자의 인명록을 확인할 수 있게 한다. 셋째, 동료 연결망은 함께 학습하기를 원하는 학습 동료를 쉽게 찾을 수 있게 한다. 넷째, 기술 교환망은 기능을 소유한 사람들의 인명록을 통해 기능 교환이 이루어질 수 있게 한다.

개념형 #신교육사회학 #신교육사회학의 이해

16 신교육사회학의 개념과 특징 3가지를 설명하시오.

> 신교육사회학은 교육과정, 교사와 학생의 상호 작용 등 교육의 내적 요소에 관해 사회학적으로 접근·분석하는 관점이다. 신교육사회학의 특징은 다음과 같다. 첫째, 학교 지식(교육과정)이 구성되는 사회적·역사적 조건에 관심을 갖는다. 둘째, 교육 내용(교육과정)의 객관성·중립성에 의문을 제기한다. 셋째, 교육 내용으로서의 지식을 사회학적으로 접근하고, 지식을 사회의 지배 구조·세력 관계 등이 반영되어 선별적으로 조직된 것이라고 본다.

개념형 #신교육사회학

17 부르디외(Bourdieu)의 문화 재생산 이론의 문화 자본과 상징적 폭력을 설명하고, 한계점 2가지를 설명하시오.

> 문화 자본은 가정의 계급적 배경에 의해 상속받는 문화적 가치 체계이다. 문화 자본에는 객관화된 문화 자본, 제도화된 문화 자본, 아비투스 문화 자본이 있다. 상징적 폭력은 특정 계급의 문화만을 보편적 문화로 규정하고 피지배 계급에게 습득하도록 강요하며, 불평등한 사회 질서를 유지하고, 자본주의 사회 구조를 합법화한다. 문화 재생산 이론의 한계점은 다음과 같다. 첫째, 사회 구조적 특징을 강조하여 사회 구성원의 주체적 역할을 약화시킨다. 둘째, 국가마다 다른 문화가 존재하므로 문화적 자본의 유무와 측정 기준을 제시하기 어렵다.

개념형 #신교육사회학

18 애플(Apple)의 문화적 헤게모니론의 사회적 관점과 헤게모니를 설명하시오.

> 애플의 문화적 헤게모니론은 지배 집단이 이념 교육을 통해 사람들의 의식 구조에 작용함으로써 기존의 질서를 유지한다고 보았으며, 학교는 문화적·이념적 헤게모니의 매개자로서 표면적·잠재적 교육과정을 통해 지배 집단의 헤게모니를 전수하여 불평등 구조를 재생산한다고 보았다. 헤게모니는 한 계급이 다른 계급을 이념적·문화적으로 지배하며 사회 질서나 체제를 유지하기 위한 문화적 도구로, 사회 통제의 한 형태에 해당한다. 또한 헤게모니는 지배 집단이 지닌 의미와 가치 체계로, 학교 교육과정에 잠재되어 있다.

[개념형] #신교육사회학
19 윌리스(Willis)의 저항 이론의 개념과 한계점 2가지를 설명하시오.

> 윌리스의 저항 이론은 인간을 지배 이데올로기를 단순하게 수용하는 존재가 아닌 능동적으로 해석하고 저항하는 존재로 보고, 노동 계급의 학생들이 기존의 학교 문화에 저항하기 위해 간파와 제약을 활용하여 반학교 문화를 형성한다고 보았다. 저항 이론의 한계점은 다음과 같다. 첫째, 노동 계급 학생들의 모든 반대적 행동이 지배에 대한 저항을 표현하고 있는 것은 아니다. 둘째, 모든 저항이 진보적 성격을 갖는 것은 아니다.

[개념형] #신교육사회학
20 번스타인(Bernstein)의 사회 언어학적 연구에서 계층별 언어 사용과 학업 성취 관계를 설명하시오.

> 중류 계층 이상은 논리적·추상적 단어를 사용하고, 문법과 문장 규칙을 정확하게 구사하는 정교한 어법을 사용한다. 반면 하류 계층은 의미가 분명하지 않은 단어를 사용하고, 문법과 문장을 부정확하게 구사하는 제한된 어법을 사용한다. 학교에서 사용하는 언어는 정교한 어법으로, 노동 계급의 학생보다 중류 계층 이상의 학생에게 더 익숙하여 중류 계층 이상의 학생의 학업 성취가 더 높다.

[개념형] #신교육사회학
21 번스타인(Bernstein)의 자율 이론의 학교에 대한 입장과 교육과정 유형 2가지를 설명하시오.

> 자율 이론은 학교가 상대적 자율성을 지닌 기관으로, 지배 계급의 문화를 그대로 재생산하는 것이 아니라 나름의 독특한 문화를 재생산한다고 보았다. 또한 교육과정의 조직 원리에는 사회 질서의 기본 원리가 반영됨에 따라 학생들에게 해당 원리를 내면화시킨다고 보았다. 자율 이론에서 교육과정은 집합적 교육과정과 통합적 교육과정으로 구분할 수 있다. 집합적 교육과정은 과목, 전공 분야, 학과들이 엄격하게 구분되므로 과목·전공 분야·학과 간의 상호 관련이나 교류가 없고, 종적 관계를 중시함에 따라 교육과정 운영에 교사와 학생의 참여가 적다. 통합적 교육과정은 과목·전공 분야·학과 간의 구분이 뚜렷하지 않아 교류가 활발하고, 횡적 관계를 중시함에 따라 교육과정 운영에 교사와 학생의 재량권이 확대된다.

개념형 #신교육사회학
22 미드(Mead)의 상징적 상호 작용 이론의 기본 입장과 특징 2가지를 설명하시오.

> 상징적 상호 작용 이론은 인간의 사회적 행위를 거시적 구조나 법칙의 지배를 받는 것이 아니라 행위자들이 서로의 행동에 의미를 부여하고 해석하는 상호 작용 과정으로 보고, 인간의 자아의식과 사고 능력은 사회적 상호 작용에 의해서 형성된다고 주장한다. 상징적 상호 작용 이론의 특징은 다음과 같다. 첫째, 교실에서 일어나는 교사와 학생 간의 상호 작용을 중시한다. 둘째, 학생에 대한 교사의 차별적 기대가 기존의 불평등한 사회 구조를 유지·강화하는 데 영향을 미친다고 본다.

개념형 #신교육사회학
23 하그리브스(Hargreaves)의 교사 유형에서 분류한 교사의 자아개념 유형 3가지를 설명하시오.

> 교사 유형에서 분류한 교사의 자아개념 유형에는 맹수 조련사형, 연예인형, 낭만주의자형이 있다. 맹수 조련사형은 학생을 난폭한 존재로 보고, 교사가 필요한 지식을 가르쳐 교양 있는 인간(모범생)으로 훈련시켜야 한다고 생각하는 권위주의적 유형이다. 교사는 담당 교과의 충분한 전문적 지식을 갖추어야 하고, 학생은 교사의 지시에 충실히 따라야 한다고 생각한다. 연예인형은 교사가 학생의 흥미와 학습 동기를 중시하고 다양한 교수법을 활용하는 등 학생이 즐겁게 배울 수 있도록 해야 한다고 생각하는 유형으로, 학생과 비형식적인 관계를 유지하기 위해 노력한다. 낭만주의자형은 앎에 대한 인간의 자연적 경향성을 전제로 교사는 학습에 대한 학생의 자율적 선택권을 보장하고 스스로 선택할 수 있도록 다양한 학습 기회를 만들어야 한다고 생각하는 유형으로, 학생과 신뢰와 애정을 바탕으로 한 관계를 유지하기 위해 노력한다.

개념형 #신교육사회학
24 맥닐(McNeil)의 방어적 수업의 기본 입장과 방어적 수업 전략 4가지를 설명하시오.

> 방어적 수업 이론은 한 명의 교사가 많은 수의 학생을 상대하는 학급 상황에서 자신을 지키기 위해 방어 의식을 갖게 된다는 이론이다. 방어적 수업 전략으로는 단편화, 신비화, 생략, 방어적 단순화가 있다. 단편화는 학습 내용을 서로 연결되지 않는 목록으로 환원시키는 방법으로, 기계적인 요목화를 의미한다. 신비화는 복잡한 주제의 논의를 막기 위해 수업 내용을 매우 신비한 것 또는 어려운 것처럼 다루는 방법이다. 생략은 어렵거나 논란이 있을 만한 내용을 생략하여 가르치지 않는 방법이다. 방어적 단순화는 학생들의 능력이 부족하다고 생각할 때 사용하는 방법으로, 어려운 주제는 깊이 들어가지 않은 채 간단히 언급하고 넘어가고, 학생들에게 양해를 구함으로써 학생의 불만을 중재하는 방법이다.

[개념형] #신교육사회학 #번스타인의 자율 이론

25 가시적 교수법과 비가시적 교수법을 설명하시오.

> 가시적 교수법은 전달과 성취를 강조하는 보수적 교수법으로, 집합형 교육과정에서 나타난다. 교사가 주도하여 기술과 지식을 평점화하며, 객관적 평가 방법을 중시한다. 취업을 생각하는 하위 계급일수록 선호한다. 비가시적 교수법은 학습자의 내면적 변화를 중시하는 학습자 중심의 교수법으로, 지식의 획득과 개인의 자질을 강조하고 학생이 주도한다. 객관적 평가가 존재하지 않고, 취업보다는 상징적 통제를 중시하는 상위 계급에서 선호한다.

CHAPTER 2 교육과 사회

[개념형] #교육과 평등 #교육 격차
26 콜맨 보고서(Coleman Report)를 설명하시오.

> 콜맨 보고서는 학교의 교육 조건보다 가정 환경이 학생의 학업 성취에 더 많은 영향을 미친다고 보았다. 학생의 학업 성취에 영향을 미치는 가정 배경의 변인에는 경제적·인적·사회적 자본이 있으며, 사회적 자본은 경제적 자본이나 인적 자본과 별개로 독립적인 영향력을 발휘한다. 콜맨 보고서는 단순히 교육 기회의 평등만으로는 실제 사회 집단 간에 존재하는 교육 결과의 불평등을 해결할 수 없다는 것을 밝혔다.

[개념형] #교육과 평등 #교육 격차
27 문화실조론의 개념을 설명하시오.

> 문화실조론은 특정 문화를 우월한 것으로 보는 문화 우월주의적 관점으로, 문화실조는 가정의 문화적 자본이 부족하여 학교에서 학습하는 데 필요한 문화적 소양이 결핍된 상태를 의미한다. 문화실조론의 관점에서 문화적 자본이 실조된 가정의 학생은 중류 계층의 학생에 비해 지능 지수가 낮으며, 언어 발달 수준이나 학습 능력 수준이 상대적으로 낮다. 주로 사회적·경제적 지위가 낮은 집단에서 문화실조 현상이 나타나며, 이는 학생의 학업 실패를 초래한다. 즉, 교육 격차는 학생의 사회·문화적 환경의 차이에서 비롯된 것으로, 실조된 문화적 측면을 보상하기 위해 추가적인 교육을 제공해 주는 보상 교육 정책을 제공해야 한다.

[개념형] #교육과 평등 #교육 격차
28 문화다원론의 개념을 설명하시오.

> 문화다원론이란 문화에 우열이 없으며, 각 집단은 독특한 문화를 가진다는 문화적 상대주의 관점을 의미한다. 문화다원론에서는 학교가 특정 계층의 문화를 가르침으로써 해당 문화에 익숙하지 않은 학생들의 학업 성취가 낮게 나타난다고 보았다. 즉, 교육 격차는 편향된 문화를 가르치는 학교의 문제에서 비롯된 것으로, 학교 교육과정은 여러 집단의 문화를 균형 있게 다루어야 한다.

[개념형] #교육과 평등 #교육 평등관
29 교육 기회의 허용적 평등과 보장적 평등을 설명하시오.

> 교육 기회의 허용적 평등은 모든 사람에게 교육받을 기회가 동등하게 보장되어야 한다는 것으로, 성별·인종·신분 등에 의한 제도적 차별을 제거하고, 동등한 출발점 행동이 보장해야 한다는 것이다. 모든 사람이 같은 수준의 교육을 받아야 하는 것은 아니며, 주어진 기회를 누릴 수 있는가의 여부는 개인의 능력에 달렸다. 보장적 평등은 교육받을 기회를 허용하는 것만으로는 완전한 교육 평등의 실현이 불가능하다는 것으로, 취학을 가로막는 경제적·사회적·지리적 제반 장애를 제거하여 누구나 학교에 다닐 수 있는 실질적 교육 기회를 보장해 주어야 한다는 것이다.

[개념형] #교육과 평등 #교육 평등관
30 보상적 평등을 설명하시오.

> 보상적 평등에서 교육은 배워야 할 것을 배우는 것에 목적이 있으므로 도착점 행동이 같아야 한다는 것으로, 학생들은 최종적으로 학교를 떠날 때 동등한 결과를 가지고 떠나야 한다. 따라서 교육 결과의 평등을 위해 열등한 학생에게 더 좋은 교육 조건을 제공해야 하고, 역차별의 원리에 근거하여 가정의 조건적 결손을 사회가 보상해야 한다. 즉, 불리한 여건에 있는 학생들의 환경적 어려움을 극복하기 위한 적극적 조치를 취해야 하는 것이다.

[개념형] #청소년 비행 문화 이론
31 아노미 이론의 개념과 적응 양식 5가지를 설명하시오.

> 아노미 이론은 사회의 모든 구성원이 바람직하다고 생각하는 문화 목표와 이를 달성하는 데 합당한 방법인 제도화된 수단 간의 괴리가 나타날 때 일탈이 발생한다고 보는 이론이다. 사회 구조는 계층에 따라 각기 다른 적응 방식을 유도하여 특정 사람에게는 정당한 방법으로 규정된 목표를 달성할 수 없으며, 이로 인한 욕구의 좌절로 일탈 행동이 발생한다. 아노미 이론의 적응 양식에는 동조형, 혁신형, 의례형, 도피형, 반역형이 있다. 동조형은 문화 목표와 제도화된 수단을 수용하는 이상적 적응 방식이다. 혁신형은 문화 목표를 수용하지만 제도화된 수단을 거부하는 범죄 유형이다. 의례형은 문화 목표를 거부하지만 제도화된 수단을 수용하는 유형이다. 도피형은 문화 목표와 제도화된 수단을 모두 거부하는 유형이다. 반역형은 문화 목표와 제도화된 수단을 모두 거부하고, 새로운 문화 목표와 제도화된 수단으로 대체하는 유형이다.

[개념형] #청소년 비행 문화 이론
32 아노미 이론을 반박한 통제 기제에 대한 이론의 명칭과 사회적 유대를 설명하시오.

> 아노미 이론을 반박한 이론은 사회 통제 이론이다. 사회적 유대는 일탈 통제의 대표적 기제로, 사회적 유대가 약화될 때 일탈 행동이 발생한다. 사회적 유대의 요소에는 애착, 전념, 참여, 신념이 있다. 애착은 부모, 또래 등의 의미 있는 타인에게 정서적으로 밀착된 정도이다. 전념은 사회적 보상이 높은 목표를 설정하고, 목표를 달성하기 위해 끈기 있게 전념하는 것이다. 참여는 관례적 활동에 투입하는 시간의 양이고, 신념은 사회의 규범과 가치를 내면화하는 것이다.

[개념형] #청소년 비행 문화 이론
33 중화 이론의 개념과 중화 기술 5가지를 설명하시오.

> 중화 이론은 이분법적 사고인 하위문화 이론을 비판하고, 일탈 행동을 정당화하는 과정을 설명한다. 중화 기술의 종류에는 책임 부정, 가해 부정, 피해자 부정, 범죄 통제자에 대한 비난, 높은 충성심에의 호소가 있다. 책임 부정은 일탈의 책임을 가정 환경이나 친구 등의 외적 요인으로 전가함으로써 합리화하는 기술이다. 가해 부정은 자신의 행동으로 상해를 입거나 피해를 본 사람이 없다는 이유로 일탈을 합리화하는 기술이다. 피해자 부정은 피해자가 피해를 입어 마땅하며, 자신의 행동을 피해자가 받아야 하는 정당한 행동이라고 합리화하는 기술이다. 범죄 통제자에 대한 비난은 비난하는 사람을 역으로 비난함으로써 일탈을 합리화하는 기술이다. 높은 충성심에의 호소는 보다 높은 상위 가치나 대의명분에 호소함으로써 자신의 일탈 행동을 충성심을 위한 것으로 합리화하는 기술이다.

[개념형] #청소년 비행 문화 이론
34 다른 친구와 싸우던 A학생은 다른 친구들이 자신을 보고 문제아라고 하자 더 거칠게 행동하기 시작했다. 이 현상을 설명할 수 있는 이론의 명칭과 해당 이론을 설명하시오.

> 주어진 현상을 설명할 수 있는 이론은 낙인 이론이다. 낙인 이론은 일탈 행위를 설명하는 이론으로, 일탈 행위의 원인을 개인이나 집단의 특성에 두지 않고, 일탈자와 이에 영향을 주는 낙인자 간의 상호 작용의 결과로 파악한다. 낙인은 추측, 정교화, 고정화 단계로 형성된다. 추측은 교사가 처음으로 학급의 학생을 만나 첫인상을 형성하는 단계이다. 정교화는 교사가 실제 학생이 보여준 첫인상과 같은지를 확인하는 단계이다. 이는 학생의 행동이 처음의 판단과 일치하지 않을 경우 첫인상을 바꿀 수 있는 가설 검증의 단계이다. 고정화는 교사가 학생에 대해 비교적 분명하고 안정된 개념을 갖는 단계이다. 학생에 대한 교사의 개념이 고착화되면, 학생에 대한 교사의 평가를 바꾸는 것은 어려워지게 된다.

개념형 #학교 팽창

35 인간 자본론의 관점에서 학교 팽창 현상을 설명하시오.

> 인간 자본론은 인간이 교육을 통해 지식과 기술을 갖추게 될 때 개인의 생산성이 증가하고, 개인적 측면의 생산성 증대를 통해 국가적 측면에서 사회적·경제적 발전이 이루어질 수 있다고 본다. 즉, 학력에 따른 수입의 차이는 교육에 의한 생산성의 차이로, 교육을 많이 받은 사람에게 더 많은 보상이 주어지는 것을 정당화한다. 결국 교육에 대한 투자가 사회적 생산성과 수익을 보장하므로 학교 교육이 발달하고 팽창하게 되는 것이다.

개념형 #학교 팽창

36 학습 욕구 이론의 개념과 한계점 2가지를 설명하시오.

> 학습 욕구 이론은 학습 욕구를 충족하기 위해 누구나 학교 교육을 받고자 하므로 학교 팽창이 일어난다는 것이다. 학습 욕구 이론의 한계점은 다음과 같다. 첫째, 현대 사회의 학교는 학생의 학습 욕구를 충족시켜 주는 기관으로 볼 수 없다. 둘째, 현대 사회의 학교는 교육 기관으로서의 기능을 제대로 수행하지 못한다.

개념형 #학교 팽창

37 김 교사는 학교가 산업 사회의 핵심 기관으로, 사람들의 학력이 높아지는 원인은 직종이 다양해지기 때문이라고 생각한다. 김 교사의 생각을 반영하는 학력에 대한 사회 이론의 개념을 설명하고, 대표적인 학자 2인과 그 입장을 각각 설명하시오.

> 김 교사의 생각을 나타내는 사회 이론은 기술 기능 이론이다. 기술 기능 이론은 산업 사회에서의 기술이 발달함에 따라 기술 사회에 적합한 전문가가 요구되는데, 사회를 구성하는 하위 요소인 학교는 기술 사회의 요구를 충족하기 위해 직업에 적합한 특수 기술이나 훈련을 제공하여 전문가를 양성하고자 하고, 기술의 발달과 이로 인한 직업의 전문화에 따라 학교 팽창이 발생한다고 본다. 기술 기능 이론의 대표적인 학자는 클라크(Clark)와 슐츠(Schultz)가 있다. 클라크는 직업 세계가 복잡해지고 전문화됨에 따라 요구되는 교육 수준이 상승한다고 보았다. 슐츠는 교육이란 인간 자본에 대한 투자로, 인간 자본의 발달은 사회적 생산성과 수익을 보장하므로 학교 팽창이 발생한다고 보았다.

[개념형] #학교 팽창
38 지위 경쟁 이론의 개념과 한계점 2가지를 설명하시오.

> 지위 경쟁 이론에서 학력은 사회적 지위 획득의 수단이 되며, 한정된 학력과 사회적 지위는 불평등하게 분배된다. 교육은 한정된 자원에 대한 집단 간의 경쟁으로 볼 수 있으며, 사회적 지위가 낮은 사람들은 높은 사회적 지위를 얻기 위해 경쟁적으로 높은 학력을 취득하고자 한다. 이에 따라 기존에 지위가 높은 집단은 위협을 느끼고 학력을 더 높이고자 하므로 학교 팽창이 일어난다. 지위 경쟁 이론의 한계점은 다음과 같다. 첫째, 학교 팽창을 경쟁의 결과로만 파악하므로 학교 교육의 내용적 측면을 경시했다. 둘째, 학교 교육과 경쟁의 긍정적 측면을 무시했다.

[사고형] #교육과 평등 #교육 평등관
39 결과적 평등 실현 방안 3가지를 설명하시오.

> 결과적 평등 실현 방안은 다음과 같다. 첫째, 일과 중이나 방과 후에 학습 부진 학생들을 위한 특별 보충 수업을 실시하여 이들의 학습 결손을 해소시켜 주어야 한다. 둘째, 맞벌이 가정의 저소득층 자녀의 경우 가정에서 교육적 지원을 받는 데 한계가 있으므로 방학 중에 다양한 프로그램을 편성하고 운영하여 이들을 참여시켜야 한다. 셋째, 학습 부진 학생들의 개인차를 고려하여 수준에 맞는 수업을 운영하되, 학습 부진 학생들에게는 학습 도우미나 보조 교사 등을 활용하여 누적적인 학습 결손이 발생하지 않도록 한다.

CHAPTER 3 평생 교육과 다문화 교육

개념형 #평생 교육 #평생 교육의 이해

40 교육의 수직적 차원과 수평적 차원에 대해 설명하고, 이를 활용하여 평생 교육의 개념을 설명하시오.

> 교육의 수직적 차원은 태어나서 죽을 때까지의 교육으로, 인생의 모든 단계에 교육 기회를 균등하게 재분배하는 것이다. 수평적 차원은 가정·학교·사회에 걸쳐 이루어지는 교육으로, 교육 기관의 유기적·협력적 관계를 통한 교육 체제를 추구한다. 랑그랑은 평생 교육을 교육의 수직적 차원과 수평적 차원의 통합이라고 보았다.

개념형 #평생 교육 #평생 교육의 이해

41 다베(Dave)가 주장한 평생 교육의 개념과 핵심적 특성 4가지를 설명하시오.

> 다베는 평생 교육이 변화하는 사회에서의 적응과 생활의 질적 향상을 추구하는 교육으로, 개인과 집단의 삶의 질을 향상하는 데 목적이 있다고 보았다. 평생 교육의 핵심적 특성에는 총체성, 통합성, 유연성, 민주성이 있다. 총체성은 평생 교육을 형식적 교육과 비형식적 교육의 통합으로 보는 것이다. 통합성은 평생 교육을 수직적 교육과 수평적 교육의 통합으로서 전 생애를 통한 교육이라고 보는 것이다. 유연성은 평생 교육의 학습 내용, 학습 방법 등의 융통성과 다양한 여건과 제도의 조성을 설명하는 것이다. 민주성은 평생 교육이 모든 사회 구성원에게 평등한 교육 기회를 제공한다고 보는 것이다.

개념형 #평생 교육 #평생 교육의 이해

42 들로어(Delors)의 평생 교육 실천 원리 4가지를 설명하시오.

> 들로어(Delors)의 평생 교육 실천 원리에는 알기 위한 학습, 행동하기 위한 학습, 함께 살기 위한 학습, 존재하기 위한 학습이 있다. 알기 위한 학습은 인간 개개인의 삶에 의미를 주는 살아 있는 지식의 습득을 위한 학습, 실생활의 문제 해결과 학습 방법에 대한 학습을 의미한다. 행동하기 위한 학습은 개인의 환경에 대한 창조적인 대응 능력의 획득에 대한 학습, 앎에서 행동으로 옮기는 실천의 학습을 의미한다. 함께 살기 위한 학습은 공동체 속에서 타인을 이해하고 타인과 조화로운 삶을 영위할 수 있는 능력의 학습을 의미한다. 존재하기 위한 학습은 교육의 궁극적 목표로, 개인의 전인적 발전을 통해서 이룩되는 학습을 의미한다. 이는 개인의 인성을 성장시키고, 자율성·판단력·책임감을 가지고 행동할 수 있게 한다.

[개념형] #평생 교육 #평생 교육의 이해
43 평생 교육에 대한 기능론적 관점과 갈등론적 관점을 설명하시오.

> 평생 교육에 대한 기능론적 관점은 평생 교육을 사회 변화에 적응하기 위한 것으로 보는 관점이다. 사회 변화 속도에 뒤처지게 되면 낙오자가 되므로 평생에 걸쳐 교육을 계속해야 하는 것이다. 평생 교육에 대한 갈등론적 관점은 평생 교육을 삶의 질을 유지하고 향상하기 위한 것으로 보는 관점이다. 평생 교육은 개인과 사회에게 변화에 적응하는 기회뿐만 아니라 변화에 참여하고 혁신하도록 하는 기회를 제공한다. 또한 서로 갈등하는 이해관계를 지닌 집단들이 서로 투쟁하면서 자신의 이해관계에 맞는 구조를 만들어 내려고 하는 과정에서 사회 변동을 촉진시킨다.

[개념형] #평생 교육 #평생 교육론
44 순환 교육론의 개념과 순환 교육의 원리 5가지를 설명하시오.

> 순환 교육론은 OECD가 제안한 교육 정책 모델로, 정규 학교를 졸업한 성인들에게 직업과 관련된 새로운 지식과 기술을 교육하는 것이다. 순환 교육의 원리는 다음과 같다. 첫째, 의무 교육 이후 가장 적절한 시기에 교육의 기회를 부여한다. 둘째, 모든 사람이 필요한 장소와 시간에 교육을 받을 수 있는 적절한 시설을 골고루 분포시킨다. 셋째, 입학 규정이나 교육과정 작성 시 일과 사회적 경험을 주로 고려한다. 넷째, 학업과 직업을 교대할 수 있는 계속적 방법으로 생애 과정을 구성한다. 다섯째, 교과 과정, 교과 내용, 교수 방법 선정 시 흥미 집단, 연령 집단 등을 고려한다.

[개념형] #평생 교육 #평생 교육론
45 전환 학습의 개념과 유형 3가지를 설명하시오.

> 전환 학습은 우리가 당연히 받아들이던 준거 틀을 보다 포괄적·개방적·성찰적인 것으로 전환하는 과정을 의미한다. 전환 학습의 유형에는 도구적 학습, 실제적 학습, 해방적 학습이 있다. 도구적 학습은 학습에 사용된 전략과 방법을 중심으로 한 학습의 효과성에 대한 판단이다. 실제적 학습은 타인과의 관계와 규범에 대한 이해와 반성이다. 해방적 학습은 비판적 인식을 통한 편견으로부터의 해방과 새로운 삶으로의 진입이다.

개념형 #평생 교육 #평생 교육론

46 페다고지와 안드라고지의 차이점 3가지를 설명하시오.

페다고지와 안드라고지의 차이점은 다음과 같다. 첫째, 페다고지는 학습자를 의존적 존재로 보고, 교사가 전적으로 학습 내용·시기·방법을 결정하지만, 안드라고지는 학습자를 자기주도적으로 성숙하는 존재로 보고, 교사는 학습 촉진자의 역할을 수행한다. 둘째, 페다고지는 강의, 과제 부여 등의 전달식 학습 방법을 중시하지만, 안드라고지는 학습자의 경험을 중시하고, 실험, 토의 등의 학습 방법을 활용한다. 셋째, 페다고지는 교육을 교과 내용의 습득 과정으로 보고, 교과 과정이 논리적·체계적으로 조직된다고 보지만, 안드라고지는 교육을 학습자가 자신의 잠재력을 계발하는 과정으로 본다.

개념형 #다문화 교육 #다문화 교육의 이해

47 다문화 교육의 개념과 목표 3가지를 설명하시오.

다문화 교육은 다양한 인종, 민족, 계층, 문화 집단의 학생들이 균등한 교육적 기회를 보장받고, 긍정적인 문화 교류적 태도·인식·행동을 발달시키도록 돕는 교육으로, 자기 문화에 대한 정체성을 바탕으로 타 문화에 대해 개방적·이해적 태도를 길러 미래의 문화 사회에 적응하도록 돕는다. 다문화 교육의 목표는 다음과 같다. 첫째, 다른 문화의 관점을 통해 자신의 문화를 바라보게 함으로써 자기 이해를 증진시킨다. 둘째, 교육과정과 학교 문화 간의 차이를 줄이기 위해 주류 교육과정에 대한 대안을 제시하고자 한다. 셋째, 공동체에서 살아가는 데 필요한 지식·태도·기능을 다양한 집단의 학생들이 습득하도록 한다.

개념형 #다문화 교육 #다문화 교육의 이해

48 동화주의와 다원주의를 설명하시오.

동화주의는 소수 집단을 주류 문화에 통합(동화, 융합)시키는 과정으로의 동화를 강조한다. 소수 집단의 학생들이 주류 사회에 빠르게 적응할 수 있도록 지원하지만, 소수 집단 문화의 가치를 무시하고, 열등한 존재로 파악한다는 비판을 받는다. 다원주의는 타 문화를 존중하는 문화적 상대주의를 바탕으로 동화주의에 반대하는 입장이다. 소수 집단 문화의 고유한 가치를 인정하며, 문화적 다양성의 관점에서 다문화 교육을 강조한다.

사고형 #다문화 교육 #다문화 교육의 이해

49 소수자 적응 교육, 소수자 정체성 교육, 소수자 공동체 교육을 설명하시오.

> 소수자 적응 교육은 동화주의 관점에 기초하여 주류 사회로의 동화에 초점을 맞추는 교육으로, 기존의 주류 사회가 새로운 소수자를 받아들이는 첫 단계에서 보편적으로 행해진다. 소수자 정체성 교육은 다문화주의 관점에 기초하여 소수자의 정체성 함양에 초점을 맞추는 교육으로, 소수자가 자신이 속한 집단에 자부심을 갖도록 소수자 문화의 고유한 가치를 인정한다. 소수자 공동체 교육은 소수자의 정서적 지원망 확보에 도움을 주고, 소수 집단 간 이해를 도모하여 사고의 전망을 확장하는 데 초점을 맞추는 교육으로, 소수 집단 간 또는 소수 집단 내 갈등이 발생할 때 요구된다.

메가쌤 교육학

개념 인출서
인출 연습문제 & 모범답안

PART 08

교육사 및 교육철학

CHAPTER 1 | 한국 교육사
CHAPTER 2 | 서양 교육사
CHAPTER 3 | 교육철학

CHAPTER 1 한국 교육사

[개념형] #삼국시대의 교육 #고구려의 교육
01 고구려의 교육 기관 2개와 그 특징을 각각 설명하시오.

> 고구려의 교육 기관에는 태학과 경당이 있었다. 태학은 소수림왕 2년에 국가적 인재를 양성하기 위해 설치된 국립 교육 기관으로, 중앙 관료나 귀족 자제를 대상으로 유교 경전을 가르쳤다. 경당은 일반 평민들이 그들의 자제를 교육하기 위해 설립한 교육 기관으로, 유교 경전과 함께 전쟁에 대비한 무술 교육을 병행했다.

[개념형] #삼국시대의 교육 #신라의 교육
02 신라의 화랑도 교육에 대해 설명하시오.

> 화랑도 교육은 청소년을 대상으로 한 민간 교육으로, 국가에서 필요로 하는 인재를 양성하기 위해 시작되었다. 화랑도는 주로 진골 출신 귀족으로 구성되었으며, 국가와 민족을 수호하기 위한 무술 교육, 도덕과 이성의 도야를 위한 정서 교육, 호연지기(浩然之氣) 교육을 수행했다. 또한 교육 이념으로 세속오계를 강조했다.

[개념형] #통일 신라시대의 교육
03 통일 신라의 고등 교육 기관과 그 특징을 설명하시오.

> 국학(國學)은 통일 신라의 최고 고등 교육 기관이었다. 대사 이상의 관등 소지자나 관등이 없는 15~30세의 젊은이를 교육 대상으로 삼았으며, 현재 교수와 같은 역할을 하는 박사(博士)와 조교(助敎)가 『논어』와 『효경』을 가르쳤다. 유교 기반의 교육으로 관리를 양성하고자 했으며, 어느 정도의 과정을 이수하면 5두품으로의 신분 상승과 관리로의 진출이 가능했다. 그러나 골품제에 의한 인사 관행을 지양하겠다는 의도와 달리 진골 귀족의 독점을 막지 못했다는 한계가 있다.

[개념형] #고려시대의 교육 #교육 기관 #사학
04 고려시대 사학인 12도의 교육 방법 3가지를 설명하시오.

> 12도는 고려의 사립 교육 기관으로, 최충이 설치한 문헌공도를 비롯하여 개경에 설립된 12개의 사학(私學)을 의미한다. 12도의 교육 방법으로는 하과, 조교제도, 각촉부시 제도가 있었다. 하과는 사원에서 산수를 즐기며 공부하는 여름 강습회로, 계절에 따른 효과적 교육에 관심이 있었음을 알 수 있다. 조교 제도는 과거에 급제했으나, 관직에 나가지 않은 학생을 교도로 삼은 제도이고, 각촉부시 제도는 일정 시간 내에 시를 창작하도록 하는 일종의 경시대회였다.

개념형 #고려시대의 교육 #교육 사상가
05 지눌의 핵심 교육 사상 2가지와 그 의미를 설명하시오.

> 지눌은 결사 운동을 통해 종교적 깨달음뿐만 아니라 깨달음 이후의 수양과 실천을 강조했으며, 핵심 사상으로 돈오점수(頓悟漸修)와 정혜쌍수(定慧雙修)를 주장했다. 돈오점수는 깨달음을 먼저 분명히 하고 그 깨달음에 의지하여 점차적으로 닦아 나가야 한다는 것을 의미하고, 정혜쌍수는 선정(수양)과 지혜가 모두 중요하므로 이를 부지런히 닦아야 함을 의미한다.

개념형 #조선시대의 교육 #교육 기관 #관학
06 조선시대 성균관의 입학 자격에 대해 설명하시오.

> 성균관은 조선시대 최고의 고등 교육 기관으로, 엄격한 입학 자격이 있었다. 일반적으로 생원시나 진사시를 통과한 자가 입학 가능했는데, 이들을 상재생으로 불렀다. 상재생에 결원이 있을 시에는 사학(4부 학당)의 학생 중 승보시를 통과한 자에게 성균관 입학 자격을 주었고 이들을 하재생으로 불렀다. 하재생은 반드시 소과(생원시·진사시)를 치러야만 상재생이 될 수 있었다. 또한 문음을 통해 입학하는 경우도 있었는데, 문음은 아버지나 할아버지의 공적에 따라 그 자손을 등용하는 인사 제도였다.

개념형 #조선시대의 교육 #교육 기관 #사학
07 조선시대 서원에 대해 설명하시오.

> 서원은 성리학의 연구와 교육을 위해 지방에 세워진 사립 학교로, 주세붕의 백운동 서원이 시초이다. 서원은 학덕이 높은 선현을 제사하고, 그 학덕을 본받아 이를 계승하기 위한 목적으로 운영되었는데, 주로 유교 경전 강독과 글짓기 중심의 교육을 진행했다. 한편 지방의 여론을 수렴하여 정치에 반영하는 역할을 하기도 했으며, 17세기 이후 서원을 중심으로 학파가 형성되면서 당쟁이 격화됨에 따라 문벌과 학벌이 강조되기 시작했다.

개념형 #조선시대의 교육 #과거 제도
08 조선시대 과거 제도의 의의와 한계점 2가지를 각각 설명하시오.

> 조선시대 과거 제도의 의의는 다음과 같다. 첫째, 신분제 사회에서 개인의 능력에 따라 공정하게 인재를 선발했다. 둘째, 과거 응시의 특전을 줌으로써 성균관에 관학 기반으로 학문과 사상을 주도했다. 그러나 다음과 같은 한계도 존재했다. 첫째, 교육이 인격 양성이 아닌 시험을 위한 교육으로 변질되었다. 둘째, 당쟁의 요인이 되어 공평성을 잃고 부정과 협잡이 자행되었다.

[개념형] #조선시대의 교육 #교육 사상가 #성리학
09 이황의 위기지학(爲己之學)과 거경궁리(居敬窮理)를 설명하시오.

> 위기지학은 나를 채우기 위한 학문으로, 이황의 교육 목적이라 할 수 있다. 거경궁리는 주자학에서 중시하는 학문 수양 방법으로 거경은 몸과 마음을 항상 바르게 가지는 내적 수양법이고, 궁리(窮理)는 사물의 이치를 고심하여 정확한 지식을 얻는 외적 수양법이다.

[개념형] #조선시대의 교육 #교육 사상가 #성리학
10 이황과 이이의 교육 사상의 차이점을 설명하시오.

> 이황은 이기이원론적 주리론을 주장하여 사람의 본성을 타고나는 것으로 보고, 사회적 계급의 차별을 타고난 기질로 설명했다. 반면, 이이는 이기일원론적 주기론을 주장하여 인간의 기질을 교육을 통해 끊임없이 변화시킬 수 있는 것으로 보았다. 또한 이이는 이황에 비해 학문의 실용적인 측면을 강조했으며 군사력을 강조했다.

[개념형] #근대의 교육 #교육 개혁
11 갑오개혁의 주요 교육 개혁 내용 3가지를 설명하시오.

> 첫째, 갑오개혁을 통해 과거 제도가 폐지되었고 신분제가 타파되었다. 둘째, 근대적 교육 행정 기구인 학무아문이 설립되었다. 이를 통해 소학교와 사범 학교가 설립되었으며, 대학교와 전문학교 설립에 대한 계획이 발표되었다. 셋째, 교육입국조서를 발표하여 국가 차원의 근대화 교육에 착수하게 되었다.

[개념형] #일제 강점기의 교육 #통감부의 교육 정책
12 통감부의 교육 정책을 설명하시오.

> 을사조약 이후 설치된 통감부는 학교의 수업 연한을 단축시켰다. 보통학교는 6년에서 4년으로, 고등학교는 7년에서 3~4년으로 단축시키고, 4년제 상공 학교와 외국어 학교의 연한을 각각 2년과 3년으로 단축시켰다. 학교 교육 과정에 일본어를 필수 교과로 지정했고, 사립 학교령을 반포하여 사립 학교를 탄압했다. 또한 친일 세력 및 일본 종교 기관의 학교를 설립하여 친일 세력 육성에 힘썼다.

[개념형] #일제 강점기의 교육 #일제의 교육 정책
13 제3차 조선 교육령(1938)의 교육 정책에 대해 설명하시오.

> 제3차 조선 교육령이 내려진 시기는 일제의 대륙 침략이 본격화된 시기이다. 보통학교를 일본의 소학교로 변경하여 일본에 대한 충성심을 배양하고자 했고, 1941년에는 국민학교령을 반포하여 소학교를 국민학교로 개칭했다. 또한 내선일체를 앞세워 조선어의 사용을 금지하고 일본어 교육을 강화했으며, 학교에서는 창씨개명과 규율 및 훈련을 통한 우상화의 황민화 교육을 실시했다.

[개념형] #일제 강점기의 교육 #교육 사상가
14 안창호의 교육 사상에 대해 설명하시오.

> 안창호는 국력이 교육에서 나온다는 의미의 교육 입국 사상을 주장했으며, 실용적 지식뿐만 아니라 역사적, 사회적 의식을 포함하는 민족적 각성을 강조했다. 교육 대상, 방식, 내용의 개방성을 주장하여 남녀공학의 점진학교를 설립했으며, 인격 교육과 실용 교육의 통합과 신분제에 구애받지 않는 교육 평등을 주장했다.

CHAPTER 2 서양 교육사

[개념형] #그리스의 교육
15 고대 그리스 교육에 대해 설명하시오.

> 고대 그리스의 교육은 크게 인문주의적 특성을 가진 전인 교육과 자유 교육으로 구분할 수 있다. 전인 교육은 개인의 가치를 존중하여 개인의 자유롭고 조화로운 발달을 추구하는 교육이며, 자유 교육은 지식 그 자체의 가치를 목적으로 자유 시민으로서의 자유를 추구하는 교육이다.

[개념형] #그리스의 교육 #교육 사상가
16 플라톤의 국가론에 대해 설명하시오.

> 플라톤이 주장한 국가론은 이상적인 국가를 형성하기 위한 교육 방법이다. 플라톤은 국가를 이루는 구성원을 크게 세 계급으로 구분했다. 1계급은 철인(지혜의 덕), 2계급은 군인(용기의 덕), 3계급은 노동자(절제의 덕)로 각 계급에 해당하는 덕을 발휘하여야 사회 전체가 조화를 이룰 수 있고 이를 통해 정의가 실현된다고 주장했다. 이처럼 사람마다 타고난 능력이 다르므로 국가는 이를 구별하기 위한 공동 교육을 실시해야 한다고 주장했다. 이 때문에 소수 엘리트 교육을 강조했다는 비판을 받기도 한다.

[개념형] #그리스의 교육 #교육 사상가
17 아리스토텔레스가 주장한 개인의 발달 과정에 대해 설명하시오.

> 아리스토텔레스는 개인의 발달을 크게 신체, 정서, 이성의 3단계로 구분했다. 초등 교육 시기에는 신체적 성장이 두드러지므로 신체의 발달을 강조했고, 중등 교육 시기에는 정서의 발달을 강조했다. 이때 이성이 발달하기 전에 욕망을 통제할 수 있는 습관이 형성되어야 한다고 주장했다. 마지막으로 고등 교육 시기에는 이성적 사고가 나타나므로 이성을 발달시켜야 한다고 주장했다.

[개념형] #중세의 교육 #세속 교육
18 중세시대 대학의 발생 배경과 발달 과정에 대해 설명하시오.

> 상업과 도시가 발달하자 학생들은 교수에 맞서 자신들의 요구와 권리를 관철시키기 위한 조합을 형성했고, 이에 맞서 교수들도 교수 조합을 형성했다. 이후 학생 조합과 교수 조합이 결합하여 학문 연구를 위해 형성한 단일 공동체는 대학으로 발전했다. 처음에는 법학·신학·의학 중심의 전문 대학이 등장했으며, 이후 본산학교의 '일반학과'를 흡수하며 발달했다.

개념형 #종교 개혁기의 교육
19 종교 개혁의 교육적 의의 4가지를 설명하시오.

> 종교 개혁의 교육적 의의는 다음과 같다. 첫째, 종교 개혁을 통해 개인의 이성을 존중하는 교육이 발달했다. 둘째, 성경을 번역하여 일반 대중에게 보급하고, 공교육의 무상 교육을 주장하는 등 대중 교육에 기여했다. 셋째, 여교사 양성을 통해 여성의 사회적 지위를 인정하고, 과학적 진리를 강조하여 실생활에 유용한 인물을 양성했다. 넷째, 대중 교육이 확산됨에 따라 교육의 주도권을 교회에서 국가로 양도하고, 국가와 교회의 협력에 대한 필요성을 주장했다.

개념형 #실학주의 교육
20 실학주의 교육의 특징 3가지를 설명하시오.

> 실학주의 교육의 특징은 크게 지식의 실용성, 광범위한 교육 내용, 직접적·감각적 교육 방법으로 구분할 수 있다. 첫째, 지식의 실용성은 인간에게 필요한 실용적인 지식을 강조한 것으로, 모국어와 외국어, 실생활에 활용 가능한 과학적 지식을 강조했다. 둘째, 광범위한 내용을 피상적으로 다루어 학습자에게 25~30개 정도의 교과목을 공부할 것을 권장했다. 셋째, 직접적·감각적 교육 방법은 사물에 대한 경험을 통해 학습이 이루어져야 한다는 것으로, 구체적이고 직접적인 도구를 학습에 사용하고, 여행, 관찰, 시범, 실험 등을 교육 방법으로 채택했다.

개념형 #실학주의 교육 #교육 사상가
21 코메니우스가 주장한 교육 단계에 대해 설명하시오.

> 코메니우스는 어머니 학교, 모국어 학교, 라틴어 학교, 대학의 교육 단계를 주장했다. 어머니 학교는 6세까지의 유아를 대상으로 외부 자극에서의 감각 훈련과 도덕적 습관, 신앙 훈련을 강조했다. 모국어 학교는 7~12세의 아동을 대상으로 이해, 기억, 판단, 추리 등의 내면적 감각 훈련을 위해 그리기·노래·셈하기 등의 기초 지식을 가르친다. 라틴어 학교는 13~18세의 청소년을 대상으로 광범위한 지식 획득을 위해 언어와 7자유학과 등 모든 학문을 종합적으로 가르친다. 마지막으로 대학은 19~24세의 청년을 대상으로 이미 배웠던 모든 분야의 학문적 지식을 철저히 익혀 인간다운 삶을 주도해 나가도록 한다.

개념형 #실학주의의 교육 #교육 사상가

22 코메니우스의 합자연의 원리와 이에 따른 교수 원리 4가지를 설명하시오.

> 코메니우스가 주장한 합자연의 원리에 따르면 교육은 인간이 태어날 때부터 가지고 있는 본성과 소질을 개발하여 표출하게 하는 것으로, 인간 내면을 자연의 원리에 따라 발달시켜야 한다. 합자연의 원리에 따른 4가지 교수 원리는 다음과 같다. 첫째, 자연은 보편적인 것에서 특수한 것으로 형성되므로 교육에서도 보편적인 지식에서 특수한 지식으로 가르쳐야 한다. 둘째, 자연은 4계절에 따른 시기와 순서가 있으므로 인간의 발달 단계에 따른 교육을 해야 한다. 셋째, 자연은 불필요한 일을 하지 않고 혼돈에 빠지지 않으므로 교육에서도 유용한 지식을 명확하게 가르쳐야 한다. 넷째, 자연은 형성 과정에 있어 재료가 먼저 있고 형태가 나중에 생기므로 교육에서도 추상적인 관념이나 기호가 아닌 직접적인 관찰과 경험을 통해 가르쳐야 한다.

개념형 #계몽주의의 교육

23 계몽주의 교육 목적과 특징 3가지를 설명하시오.

> 계몽주의는 교육의 목적을 합리적 사고 능력을 길러 사회 구조의 속박에서 벗어나는 것으로 보았다. 계몽주의 교육의 특징은 다음과 같다. 첫째, 합리적이고 비판적인 이성을 중시함에 따라 교육을 통한 합리적·비판적 사고의 계발을 강조했다. 둘째, 객관적인 관찰과 경험의 교육 방법을 강조하여 과학을 가치 있는 교과로 보았다. 셋째, 개인 존중의 원리가 확산됨에 따라 사회보다 개인이 더 중요하다는 점을 강조했다.

개념형 #계몽주의의 교육

24 로크의 교육만능설과 형식도야설에 대해 설명하시오.

> 로크는 인간의 타고난 마음이 백지와 같아 경험을 통해 감각과 지식을 획득할 수 있다는 경험주의 인식론에서 출발하여 경험을 통해 어떤 학습도 가능하다는 교육만능설을 주장했다. 형식도야설은 능력심리학에 기반하여 훈련을 통해 인간의 심적 능력을 단련하고 발달시킬 수 있다는 것으로, 교과의 내용보다 교과 형식에 따른 요구 능력에 주목한다. 따라서 결과보다는 과정을 중시하고, 이를 실생활에서 적용할 수 있는 능력을 강조한다.

[개념형] #계몽주의 교육 #자연주의 교육
25 루소의 합자연의 원리에 의한 교육을 설명하시오.

> 루소는 합자연의 원리에 의한 교육으로 자연에 의한 교육, 인간에 의한 교육, 사물에 의한 교육을 주장했다. 자연에 의한 교육은 인간이 태어날 때부터 자연적으로 타고난 능력의 자발적 성숙을 의미하고, 인간에 의한 교육은 자연적 능력을 신장시키기 위한 교사의 노력과 방법을 의미한다. 사물에 의한 교육은 직접적인 경험과 환경을 의미한다. 이때 자연과 사물은 바꾸기 어려우므로 인간에 의한 교육을 자연에 맞추어야 한다고 주장했다.

[개념형] #계몽주의 교육 #자연주의 교육 #19세기의 교육 #신인문주의 교육
26 루소와 페스탈로치의 사상을 비교하여 설명하시오.

> 루소가 소극적 교육을 강조했다면, 페스탈로치는 교육을 통해 아동의 능력을 계발할 수 있다고 보고, 교육의 적극적 측면을 강조했다. 루소는 사회를 악한 존재로 보고, 개인주의적 교육을 주장하며 학교 교육을 부정했지만, 페스탈로치는 교육을 통한 개인과 사회의 조화로운 발달을 강조하고 학교 교육이 가정 교육의 연장선이 될 수 있다고 보았다. 또한 교사의 소극적 역할을 강조한 루소와 달리 페스탈로치는 교사의 적극적 역할을 강조했다.

[개념형] #19세기의 교육 #신인문주의 교육
27 헤르바르트가 주장한 교수 4단계를 설명하시오.

> 헤르바르트는 교수의 단계로 명료화, 연합, 체계, 방법을 주장했다. 명료화는 학습해야 할 주제를 명료하게 제시하는 것이고, 연합은 새로운 주제를 이미 알고 있는 것들과 관련지어 해석하고 이해할 수 있도록 하는 것이다. 체계는 새롭게 배운 내용을 기존의 지식 체계 내에서 자리 잡도록 하는 것이며, 방법은 새롭게 배운 내용을 활용하여 새로운 문제에 적용하는 것이다.

사고형 #그리스의 교육 #교육 사상가

28 소크라테스의 반문법과 산파법에 대해 설명하고, 적용 사례 1가지를 서술하시오.

> 소크라테스는 대화를 통한 문답법(반문법+산파법)으로 보편적인 진리를 획득할 수 있다고 주장했다. 반문법은 학생의 고정관념을 깨뜨리기 위한 질문이고, 산파법은 학생이 스스로 진리에 도달할 수 있도록 유도하는 질문이다. 만약 소크라테스의 문답법을 활용하여 학생에게 '사랑'이라는 관념을 가르친다면 교사는 "사랑은 무엇인가?"라는 질문을 하고, 학생이 답하면 반례가 될 수 있는 사례를 제시한다. 이를 통해 학생은 자신이 가진 지식이 진리가 아님을 깨닫는다. 이에 대해 교사는 진리에 도달할 수 있는 여러 질문을 함으로써 학생이 진리에 도달하도록 유도한다.

CHAPTER 3 교육철학

개념형 #교육철학의 이해 #교육 철학의 영역

29 교육철학의 4가지 기능을 설명하시오.

> 교육철학의 기능에는 분석적 기능, 평가적 기능, 사변적 기능, 종합적 기능이 있다. 분석적 기능은 교육과 관련된 언어의 개념과 논리적 근거를 고찰하고, 교육 이론이나 철학의 목적과 동기, 이념과 가치관 등을 분석하여 드러내는 기능을 말한다. 평가적 기능은 교육과 관련된 모든 것들을 어떤 기준에 비추어 평가하는 기능으로, 평가 기준에 입각하여 교육 이론에 대한 수용 여부를 판단한다. 사변적 기능은 다양한 교육의 문제를 해결하기 위해 새로운 이론, 원리 등을 창출하여 제언하는 기능으로, 문제 해결을 위한 새로운 방안 창출과 교육의 목표 설정에 도움을 준다. 종합적 기능은 교육에 관한 다양한 이론이나 관점을 종합적으로 이해하는 기능으로, 다양한 이론의 관점을 유기적으로 연결한다.

개념형 #전통 철학과 교육

30 실용주의의 교육 원리에 대해 설명하시오.

> 실용주의는 경험과 변화를 유일한 실재로 보고, 객관적·보편적 실재는 존재하지 않는다고 주장한다. 교육은 끊임없는 경험의 재구성 과정(경험 중심 교육)으로, 생활 그 자체이므로 학교와 생활은 분리될 수 없다고 보았다(생활 중심 교육). 아동은 미숙하지만 수용력과 잠재적 능력을 갖춘 발전적 성장체이고(아동 중심 교육), 교사는 수업 활동의 참여자로 아동의 학습을 안내하고 원조하는 역할을 수행한다. 그러나 인류의 역사를 통해 지속되어 온 가치 있는 지식에 대한 교육이 부족하고, 진보만을 강조하여 사회에 대해 지나치게 낙관적인 입장을 취한다는 한계가 있다.

개념형 #현대 고전적 교육철학과 교육

31 킬패트릭의 진보주의 교육 방법에 대해 설명하시오.

> 킬패트릭은 학습자 스스로 계획하고, 구체적인 활동을 전개하는 유(有)목적적 활동으로서 프로젝트 학습(구안법)을 강조했다. 또한 아동의 창의적 활동을 범주화한 교육과정을 제시했는데, 교육 방법으로는 구성·창조적 프로젝트, 감상·음미적 프로젝트, 문제 해결력 프로젝트, 연습·특수 훈련 프로젝트 등이 있다.

[개념형] #현대 고전적 교육철학과 교육
32 진보주의의 교육 원리에 대해 설명하시오.

> 진보주의는 루소의 교육관에 영향을 받은 교육 사상으로, 실용주의 철학과 경험주의, 과학주의 등을 배경으로 생활 중심 교육, 경험 중심 교육, 아동 중심 교육을 강조한다. 교육은 현재의 생활 그 자체이며, 교육은 현실 생활의 경험과 직접적으로 관련이 있어야 한다(경험 중심 교육). 학습은 전적으로 아동의 흥미와 관련되어야 하며, 교육 내용의 이수보다 더 중요한 것은 문제 해결의 방법을 학습하는 것이다(문제 해결 학습). 교사의 역할은 아동을 지휘하는 것이 아니라 돕는 것이고, 학교는 경쟁이 아닌 협동을 장려하여 아동에게 공동체적 가치를 함양시켜야 한다.

[개념형] #현대 고전적 교육철학과 교육
33 본질주의에서의 교사 역할에 대해 설명하시오.

> 본질주의는 학습을 지나치게 아동에게 맡겨서는 안 된다는 입장을 취한다. 따라서 미성숙자인 한 개인이 인간으로서의 잠재 능력을 충분히 발휘하려면 객관적 자격을 갖춘 교사의 지도와 통제가 필요하다. 즉, 교사는 교육 상황 속에서 실질적인 지도자로서의 역할을 수행해야 한다. 또한 전통적인 지식의 전달이 필요하므로 교사는 지식 교과를 효율적으로 학습할 수 있도록 유용한 기술을 가르치고 숙달시켜야 한다.

[개념형] #현대 고전적 교육철학과 교육
34 진보주의 교육과 본질주의 교육의 차이점을 설명하시오.

> 본질주의는 진보주의에 대한 수정주의적 입장으로, 진보주의의 약점을 보완하고자 한다. 진보주의는 아동의 입장에서 흥미를 중시하고 현재의 생활을 중시하지만, 본질주의는 훈련을 중시하고 교사의 역할을 강조한다. 또한 현재 생활이 아닌 장래 생활의 준비에 중점을 둔다.

[개념형] #현대 비판적 교육철학과 교육
35 실존주의 교육 사상가인 부버의 교육관에 대해 설명하시오.

> 부버에 따르면 교육은 인간과 인간 사이에 이루어지는 활동으로, 교육을 통해 독자적이고 자유로운 인격의 형성을 도와야 한다. 참된 만남을 전제로 한 인격 교육을 교육의 목적으로 보고, 교사 – 학생 간의 직접적인 의사소통이 교육 매체로 대체되는 것을 비판하고, '만남을 통한 교육'이 이루어져야 한다고 주장했다. 즉, 교사는 언제나 학생과 동등하게 만날 준비를 하고 있어야 하며, 학생의 자발성과 개성을 존중해야 한다고 보았다.

[개념형] #현대 비판적 교육철학과 교육 #분석철학
36 피터스가 주장한 교육 성립의 준거 3가지를 설명하시오.

> 피터스는 교육이 성립하기 위해서는 규범적 준거, 인지적 준거, 과정적 준거가 성립해야 한다고 주장했다. 첫째, 규범적 준거는 교육 목적으로, 교육은 외재적 가치가 아닌 내재적 가치를 실현해야 한다. 둘째, 인지적 준거는 교육 내용으로, 학문의 형식을 가르쳐야 한다. 셋째, 과정적 준거는 교육 방법으로, 학습자의 의식과 자발성이 있는 상태에서 도덕적으로 온당한 방법으로 가르쳐야 한다.

[개념형] #현대 비판적 교육철학과 교육
37 푸코가 주장한 규율적 권력의 행사 방법 3가지를 설명하시오.

> 푸코는 규율적 권력을 행사하기 위한 3가지 방법으로 관찰, 규범적 판단, 시험을 제시했다. 관찰은 규율을 효과적으로 행사하기 위해 구성원을 관찰하고 감시하는 것이고, 규범적 판단은 일정한 규범을 정하고 이를 위반할 경우 구성원을 처벌하여 통제하는 것이다. 마지막으로 시험은 인간을 '정상'과 '비정상'으로 구분하고, 질서에 순응하도록 하는 것을 의미한다.

[개념형] #현대 비판적 교육철학과 교육
38 포스트모더니즘의 교육 원리에 대해 설명하시오.

> 포스트모더니즘은 교육에서 소외되었던 정의적 영역에 관심을 갖고 인지적 영역과 구분하지 않는 다양한 교육 목표를 추구했으며, 다원주의에 근거하여 지식을 사회적·문화적 맥락에 따라 구성되는 상대적인 것으로 보았다. 또한 기존의 암기식 교육에서 벗어나 토론, 탐구 학습, 창의적 문제 해결 학습 등의 다양한 교육 방법을 강조했으며, 여성, 성차별, 빈민 문제 등을 중요한 교육 주제로 다루었다.

[개념형] #현대 비판적 교육철학과 교육
39 분석 철학에서의 교사 역할에 대해 설명하시오.

> 분석 철학은 논리적 분석을 통해 문제를 명확히 하고 해결하고자 하는 입장으로, 지식의 성격에 대한 탐구를 통해 교육 내용을 선정·조직하는 데 도움을 주었다. 분석 철학에서 교사는 명료하게 생각하여 의사를 전달해야 하고, 문제 상황에 대해 일관성 있게 추론해야 한다. 또한 교사가 주장하는 지식은 객관적이고 신뢰할 수 있는 것이어야 한다.

[개념형] #현대 비판적 교육철학과 교육

40 비판 이론가인 하버마스의 비판 이성과 의사소통적 이성을 설명하고, 하버마스의 이론이 교육에 주는 시사점을 설명하시오.

> 하버마스가 주장한 비판 이성은 자기 스스로 반성하는 이성으로, 현대 사회에서 대화와 토론으로 합의를 이끌어 가는 데 필요하다. 의사소통적 이성은 대화에 대한 준비와 근거를 제시하려는 성실한 자세를 의미하는 것으로, 서로의 주장을 논증함으로써 의견의 차이를 좁히고 갈등을 해결하려는 이성이다. 하버마스는 두 가지 이성을 통해 합리적인 의사소통이 가능하다고 보았으며, 합리적인 의사소통을 대화의 가장 이상적인 상황으로 보았다. 하버마스는 교육의 모든 관계에서도 권력 관계가 존재한다고 보았으며, 이에 따른 불평등한 의사소통 관계에 주목했다. 따라서 비판 이성을 기르고 합리적인 의사소통을 확립하는 것이 교육의 중요한 목적임을 주장했다.

메가스터디가 만든 교원임용 전문브랜드 메가쌤 | 메가쌤

부족한 부분은 더 채우고 X 시작은 실전처럼 독하게

한번에 One stop!
언제라도 응시 가능한
채움모의고사
상시 연습 모의고사
(온라인)

오직 합격을 위한
본질에만 집중한
전국모의고사
실전 대비 모의고사
(현장&온라인)

메가쌤 임용전문관
합격을 위한 메가쌤만의 임용캠퍼스

메가쌤 임용전문관은?
- 합격을 위한 최적의 환경 구성
- 교원임용준비에 최적화된 학습 체계
- 전문 담임 제도 등을 통한 최상의 수험 분위기 조성
- 메가쌤만의 콘텐츠로 합격 지원

독학 CLASS

최적화된
합격 시스템!

동행 CLASS

프리미엄 소수정예
관리를 통한 합격!

+

등록 시 추가 혜택

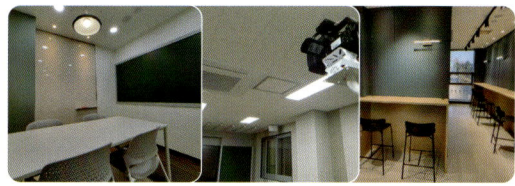

임용스터디룸   임용강의실   임용휴게실

- 문의: (02) 2039-5866   홈페이지: www.megassam.co.kr   주소: 서울시 동작구 노량진로 188, 에버스핀빌딩 5층

단순 암기 NO! 실전 적용 YES!
개념 및 사고 인출 연습을 위한 필수 인출서

다양한 학습 활용이 가능하도록 2권으로 구성
출제 영역별 필수 이론 점검 및 사고 인출 학습을 위한 **"인출 연습문제"**
빠른 답안 확인 및 개념 학습(점검·암기)을 위한 **"인출 연습문제 & 모범답안"**

80022

정가 18,000원
(2권 1세트)
ISBN 978-89-6634-173-3